四川省省级课程思政示范课程"历史课程与教学论"

历史教育测量与评价

LISHI JIAOYU CELIANG YU PINGJIA

主　编：高思超
副主编：蒋德勇　梅　攀　蒲耕翼　房　波

西南大学出版社
国家一级出版社　全国百佳图书出版单位

图书在版编目(CIP)数据

历史教育测量与评价 / 高思超主编. -- 重庆：西南大学出版社, 2023.10
　　ISBN 978-7-5697-2060-0

Ⅰ.①历… Ⅱ.①高… Ⅲ.①中学历史课 - 教学研究 - 高中 Ⅳ.①G633.512

中国国家版本馆CIP数据核字(2023)第213726号

历史教育测量与评价
主　编：高思超

责任编辑：钟宇欣
责任校对：熊家艳
装帧设计：汤　立
排　　版：江礼群
出版发行：西南大学出版社(原西南师范大学出版社)
　　　　　地址：重庆市北碚区天生路2号
　　　　　邮编：400715
　　　　　市场营销部电话：023-68868624
印　　刷：重庆恒昌印务有限公司
幅面尺寸：185 mm×260 mm
印　　张：13.75
字　　数：263千字
版　　次：2023年10月　第1版
印　　次：2023年10月　第1次
书　　号：ISBN 978-7-5697-2060-0
定　　价：69.00元

前 言

《历史教育测量与评价》为适应基础教育阶段历史课程改革的需要而编写,主要面向普通本科师范院校历史学专业的学生,可作为"历史课程与教学论"类课程的重要教材,也可作为历史学专业研究生"历史教育测量与评价"课程的主要教材,还能作为中学历史教师及教研员培训和工作的参考用书。本教材在继承以往同类教材优点的基础上,结合当下基础教育阶段历史课程改革的理念,以及教学实践中总结的经验和模式等,力图在理论和实践方面有所创新,既能体现出较高的学术水平,又能对本专业学生今后的教学工作发挥较强的指导作用。与同类教材相比,本教材具有以下特点:

一、注重理论性和实践性的有机结合

"历史教育测量与评价"虽然是一门学科教学理论课程,但是具有很强的实践性。特别是在本科阶段,要求学生通过课程的学习,既能掌握本课程的基本理论,又能初步具备一定的历史教育测量与评价的实践能力。因此,本教材注重把学科的基本概念和基础知识按其内在的逻辑体系完整地、科学地呈现出来,注重教材的理论性。同时,在内容的选择和编排上考虑到实际操作的需要,增加了案例和实践练习等内容,用案例和实践练习帮助学生理解理论、应用理论,努力做到理论性与实践性的有机结合。

二、注意吸收课程改革新成果

本教材在保证覆盖本学科基本概念和基础知识及技能的同时,注意吸纳课程改革的新成果、实践案例等,尽量反映本学科的新理论、新方法和新趋势。教材加强了对历史课程新理念的阐述,并将新理念贯穿到历史教育测量与评价的各个领域和环节。

三、实现了形式的创新

本教材在内容的呈现形式上有较大创新。根据教学的实际需要和学生的学习规律，增加了许多新颖的内容，如"中学历史核心素养评价方法""中学历史核心素养评价工具的应用""历史教科书评价程序""历史新高考测量的评价""历史新高考试题情境的评价"等，结合学习历史的过程中学生应具备的核心素养和历史高考新要求，充分调动学生的积极性，引导他们积极思考、努力实践。

本教材的写作思路、大纲和体例由高思超设计。高思超撰写第一章、第二章，蒋德勇撰写第三章，梅攀撰写第四章，蒲耕翼撰写第五章，房波撰写第六章。全书由高思超统稿。本教材是集体合作的结晶，但仍有疏漏、不足之处，希望同行批评指正。

编　者

2023 年 7 月

目 录

第一章
课程评价与历史课程评价概述……1
第一节　课程评价的内涵与功能……3
第二节　课程评价的对象与内容……6
第三节　历史课程评价的定义与现状……8
第四节　历史课程评价的内容与类型……10

第二章
教学评价与历史教学评价概述……15
第一节　教学评价的含义与对象……17
第二节　教学评价的类型与功能……20
第三节　历史教学评价的内涵和过程……27
第四节　历史教学评价的范式……36

第三章
学生历史核心素养成就评价……45
第一节　中学历史核心素养评价概述……47
第二节　中学历史核心素养评价方法……78
第三节　中学历史核心素养评价工具的应用……88

第四章

历史课堂教学评价 …… 95

第一节　历史课堂教学评价的内涵、类型和意义 …… 97
第二节　历史课堂教学评价的特征和发展趋势 …… 105
第三节　历史课堂教学评价的标准 …… 110
第四节　历史课堂教学评价的方法 …… 116
第五节　历史课堂教学评价的方案设计与实施 …… 118

第五章

历史教科书评价 …… 131

第一节　历史教科书和历史教科书评价概述 …… 133
第二节　历史教科书评价指标体系 …… 139
第三节　历史教科书评价程序 …… 143
第四节　历史教科书评价的方法与工具 …… 152

第六章

历史新高考命题及评价 …… 155

第一节　历史新高考评价目标 …… 157
第二节　历史试题的编制 …… 176
第三节　历史新高考测量的评价 …… 196
第四节　历史新高考试题情境的评价 …… 205

参考文献 …… 213

第一章

课程评价与历史课程评价概述

第一节　课程评价的内涵与功能

对于课程评价的定义尚未有一个较确切的、统一的界说,众说纷纭,莫衷一是。这主要因为课程本身的含义很复杂,并且随着时代的发展,人们对评价有着不同的理解。1949年,拉尔夫·泰勒在《课程与教学的基本原理》一书中,认为课程评价即确定课程目标实际上被实现到何种程度的过程。[①]课程评价的实质就是测定学生成绩满足预定课程目标的程度。1963年,美国课程论专家克罗巴赫在《通过评价改革课程》中指出课程评价是搜集、应用信息来做出有关的决策。斯泰克、库巴、林肯等人则认为,课程评价是客观地描述并做出判断的过程。桑德斯从要素、过程等方面界定课程评价的含义,认为课程评价指的是研究一门课程某些方面或全部的价值的过程。根据课程这一术语的不同定义方法,课程评价的焦点或目标可能包括课程需要和学生需要、课程设计、教学过程、在教学中使用的教材、学生成果目标、通过课程学生取得的进步、教学有效性、学习环境、课程政策、资料分配以及教学成果等内容。他指出,课程评价指的是研究课程某些方面或全部的优缺点和价值的过程,课程可以包括教育经验的设计、需要、过程、材料、目标、环境、政策、各类支持措施以及结果。在国内课程理论界,1996年,张廷凯就指出课程系统的各个组成部分都必须置于评价这个显微镜下观察,课程评价至少包含了对课程设计、课程使用、学生学业、课程系统等的评价。课程评价,就是以一定的方法或途径对课程的计划、活动以及结果等有关问题的价值或特点做出判断的过程,是指研究课程价值的过程,是由判断课程在改进学生学习方面的价值的那些活动构成的。现代课程评价包括对课程计划的评价、课程标准和教材的评价,以及课程实施效果的评价。虽然课程的概念比较复杂,但我国的课程改革实际上采用的是大课程观视野下的课程概念,即课程涵盖教学。根据我国课程改革的实际情况,课程评价的概念适宜采用广义的含义,即课程评价包含教学评价,包括对课程设计、教学过程、教师教授表现以及学生学习表现的评价。

分析以上对课程评价的界定,我们不难看出,课程评价是运用一定方法,对正在进行的课程活动的组成要素及其中全部或者部分的过程、环节收集资料并给予价值

---

① 拉尔夫·泰勒:《课程与教学的基本原理》,人民教育出版社,1994:85。

判断的过程。课程评价主要包括对课程本身的评价、课程实施过程的评价、课程效果的评价。显然对课程评价的理解不能只从学科教学、学生学业成绩角度出发,目前一些学者的论著以及一线教师把学业评价等同于课程评价的做法,并不正确。课程评价的范围不应局限于学习结果,还应包括课程实施的全过程。课程评价的方法多种多样,教育测验或测量只是评价的重要方法之一,它不等同于评价。可见,课程评价是依据一定的评价标准,采用科学的评价手段,系统地收集有关信息,研究课程活动的某一方面或整体,为课程的调整和完善提供意见与建议的过程。关于课程与教学的关系,大体有四种不同的观点:把两者视为彼此独立、互不依赖的二元独立观;认为两者是相互交叉的交叉观;认为或是课程包含教学,或是教学包含课程的包含观;认为课程与教学是既独立又相互联系的二元互联观。在学术界,许多学者在对课程评价的研究过程中,并未区分课程评价与教学评价之间的区别,笼统地将它们混为一谈,就是因为两者关系的复杂性。这样的研究在学术上虽有价值,但对于中学一线老师而言,加重了理解上的负担,他们可能本来对课程评价的认识就懵懵懂懂,看了众多的论述文章后更加不明就里。经常有老师不客气地对专家说,你直接告诉我们,这个概念到底是指什么。老师们的意思是从课程改革角度出发,能否指出明确的定义,帮助他们更好地为课程实施服务。所以,在课程标准中,对课程、课程评价的定义一定要站在基础教育课程改革的视角,而不应仅从学术研究上考虑,这才有可能使概念的研究具有一线教学上的价值。前文已述,此次课程改革实际采用的是大课程观视域下的课程概念,那么对于课程评价的理解也应站在同样的角度。这样而言,课程评价就是对课程的编制、设计方案、课程内容、课程实施以及实施效果等方面做出的价值判断。其目的在于不断推进课程改革,提高课程的建设水平和教学质量。而教学评价是针对教师的"教"与学生的"学"相统一的教学活动收集事实信息并进行价值判断的过程。教学评价一般包括对教学过程中教师、学生、教学内容、教学方法手段、教学环境、教学管理等诸因素的全面评价,但主要是对学生学习状况和教师教授质量的评价。

在课程评价的功能方面,一般而言,课程评价具有以下五方面的功能。

一、诊断功能

所谓诊断功能是指课程评价能够对教育活动中存在的问题进行揭示与分析,找到其症结和原因,进而提出改进和补救的建议。例如学业评价,它就是一种有效的评价方式。从中可以发现学生学习存在着哪些困难与不足,进而深入剖析原因,同时也可以帮助教师明晰自己在教授课程上的不足和学生学习上存在的问题,并通过师生合作采取有效改进措施。诊断功能为改善课程提供了信息基础。

二、甄别功能

所谓甄别功能是指课程评价可以对评价对象和评价指标的适应程度做出区分和认定。通过教育测量和评价的方式,能够鉴定学生的学习成就,选拔社会所需要的各种人才,也能够对教师的教育水平做出判断,为人事决策提供依据等。

三、导向功能

所谓导向功能是指课程评价对实际的课程活动有定向引导的功能。被评价指标肯定的事物,意味着很有价值,被人们争相追捧;被评价指标否定的事物,就毫无价值可言,被人们丢弃;评价指标所忽视的东西,自然也不会引起教育者的重视。因此,新课程评价指标的设计必须与新课程评价理念的要求相一致。

四、调节功能

所谓调节功能是指通过课程评价结果的反馈,可以让被评价者了解自身发展存在的优势与不足,从而调整自己的教育或学习行为,促进自身进一步的发展。这个功能也极为重要。

五、促进功能

所谓促进功能是指通过课程评价让被评价者在正确认识自己的优势与不足的基础上,从正反两方面受到激励,增强发展的积极性和主动性。国外研究者早已提出,评价的最重要意图不是为了证明(prove),而是为了改进(improve)。[①]例如,在学业评价中,积极的评价可以增强学生的自信心,使学生更加认可自己,提高进一步学习的兴趣,而适度的否定评价往往会引发学生一定的焦虑感,适度的压力就是动力,他们便会更加勤奋努力地学习。

---

① 黄光扬:《教育测量与评价》,华东师范大学出版社,2002:6。

第二节　课程评价的对象与内容

　　课程评价是对课程的计划、实施、结果等有关问题做出价值判断并寻求改进途径的一种活动。所以,课程评价的对象与内容主要是课程编制设计与实施过程中所涉及的诸多因素,如课程的目标、课程的内容、课程标准、教科书、课程实施效果等。课程评价的对象包括课程的计划、实施、结果等诸种课程要素。也就是说,课程评价对象的范围很广,它既包括课程计划本身,也包括参与课程实施的教师、学生、学校,还包括课程活动的结果,即学生和教师的发展。

　　课程评价的对象包括课程评价的范围、评价的客体。有研究者认为,课程评价的环节包括对课程目标、课程制定及实施、教学过程、学生学习课程后的结果等方面的评价和分析。有学者认为,课程评价既包括对课程标准、课程方案、教科书等的评价,也应重视对教师教学的评价、师生相互作用的评价和学生素质的评价。还有人认为,课程评价至少由对课程使用的评价、课程活动的评价、学生成绩的评价、课程系统的评价四个方面组成,对编制人员的选择和组织、编制工作的程序、课程实施的安排、领导人员所起的作用、教师水平和教学条件对课程的影响等,都需要进行评价。评价贯穿于整个课程编制过程,包括确定教育目标、选择参照经验、组织经验学习和评价教学效果。还有学者指出,课程评价的对象为课程及任何与课程相关联的实体,这些实体包括学生、教师、教育管理人员、课程大纲、教材、教学计划、教学过程及有关机构,它们分属"课程参与者"和"课程的要素"两类。上述观点表明,课程评价范围具有广泛性,它涉及教材编写的方式、教学方式、学习方式、学校管理方式、教研方式、教师角色的转变、学生角色的转变、校长角色的转变等问题,而我国的课程评价在具体的操作过程中,却局限于对某些方面的评价,缺乏整体性。

　　我们认为,虽然课程评价包含教学评价,但课程理论的研究主要是为课程实施即一线教学服务的,所以,对课程评价的研究应该与教学评价相区别。上文已对课程评价与教学评价的含义做出陈述,对于课程评价对象的认识应该从具体的概念出发。这样看来,课程评价研究的内容与对象,涉及对课程评价基本原理的研究,对课程目标、课程计划、课程实施方案、课程内容、课程标准、课程实施过程、教材以及课程效果

（包括促进学生发展的学业成绩评价；促进教师发展、学校发展的评价体系）的研究。而课堂教学涉及的问题应通过教学评价来解决。

　　课程评价具有"促进功能"。因此，在课程评价上应建立有利于学生素质全面提高、教师不断发展、课程不断完善的评价体系。强调评价过程中主体间的双向选择、沟通与协调，使评价成为教师、管理者、学生、家长共同积极参与的交互活动；注重综合素质的考察，以质评为基础，不仅考察认知层面，同时关注行为层面，如行为观察、情境测验等。注重终结性评价与形成性评价的有机结合；给予多次评价机会；鼓励将评价贯穿于日常的教育教学行为中。使评价真正实现反馈调节、展示激励、记录成长、反思总结、积极导向的功能。

第三节 历史课程评价的定义与现状

　　课标所做的对课程评价内容的具体规定可以说是权威的,从目前所掌握的历史教学界学者、教师对历史课程评价的探讨与分析来看,实际是将课程评价与教学评价混杂在一起进行论述的,没有根本意识到两者的区别。从实际研究来看,众多的关于历史课程评价的研究只是局限于教学评价的层面,没有上升到课程评价的高度。这些研究主要是从课程评价的理念出发,分析传统初中历史课程评价存在的问题,如:重结果轻过程,重知识技能轻情感、态度与价值观发展,评价形式、评价内容、评价主体单一,教师、学生处于被动地位造成的不足等。探讨历史课程评价的意义、内容,如历史课程评价应重视发展、重视过程、重视评价多元、简便易行,从学校历史教学工作、历史教师、历史课堂教学、学生学习历史课程的情况、考试、考查等几个方面开展综合评价。历史课程评价包括以下主要内容:对历史教学工作的综合评价,对历史教师的综合评价,对历史课堂教学的评价,对学生学习历史课程的综合评价,对考试、考查的评价等。

　　当前的研究普遍将课程评价等同于教学评价,把"教学"一词转化成了"课程",即把"教学评价"冠以"课程评价"之名。或者干脆把课程评价视为教学评价。站在课程论的视角透视当前的研究,不难发现,当下我们对历史课程的评价基本局限在教学评价的层面上,课程评价对象狭窄,主要关注课程实施的评价和对课程实施后效果的评价。用教学论的话语说就是主要关注教师教学评价和学生学业成绩的评价,而且对教师教学和学生学业成绩的评价也多以学生的考试成绩作为评价的指标。

　　目前我国课程评价中存在着下列误区:评价对象窄化(学业成绩为主)、评价主体单一、评价方法单调、评价标准呆板、评价目标过于量化、过分注重总结性评价以及评价过程中的"独白"化等。历史课程评价也是如此。从某种方面上我们可以说,现在我们还没有真正意义上的历史课程评价。我们的历史课程评价缺乏对课程本身质量好坏的评价,即缺乏对课程目标的评价、课程计划的评价、课程结构的评价、课程内容的评价以及对课程评价的评价。尽管也有学者和教师在研究中对历史课程标准、历史教科书等进行评价,但这种研究多是从理念上或者教学实施层面出发,鲜有站在课程论的角度进行评判的。

随着课程改革的深入,我国对课程评价理论的研究不断发展,但这种发展并没有为一线学科课程评价的研究与实践带来活力,由于缺乏真正全面而系统的关于课程评价理论的建构,严重制约了我国课程改革和课程评价的深入发展。课程改革倡导的新理念虽得到人们的认可,教师在教学中、研究中也认识到评价的目的是促进学生的全面发展、评价的内容要全面综合、评价的形式要多样化、评价的主体要多元等,但是在一线操作中,评价仍然是作为一种对教师进行奖惩、对学生进行甄别的手段,教师和学生是作为评价的客体存在的。时下的评价研究大都关于教师的评价和学生学业成绩的评价,虽然文章很多,但缺乏新意,造成了评价研究的虚假繁荣。

除了上述提到的把课程评价视为教学目标的弊端之外,概括而言,目前历史课程评价还存在以下主要问题:

一、理论对实践问题的关注不够

近年来,关于历史课程评价研究的课题大多局限于对理论方面的研究和历史学业成绩的探讨,涉及较多的是关于课程评价的范围、功能、方法、理念等问题,但缺乏对实践领域问题的广泛关注。课程评价对象狭窄、评价方法和技术落后,缺乏明确具体的评价标准和评价指标体系;并且对如何建立健全课程评价机制、如何在课程改革试验中全面发挥课程评价的功能,怎样建立全面、科学的评价标准和指标体系等问题较少涉及。

二、理论研究不能有效地转化为实践依据

总体来说,课程理论的研究并没有完全转化到实践的环节中,没有结合我国的国情和课程改革的实际加以运用,没有把它完全作为指导实践的武器。这造成理论与实践"两张皮"的问题。目前的课程评价主要集中在学业评价方面,把学生的成绩作为主要依据,但对课程内容、课程目标本身、学校本身、课程效果等方面的评价还没有得到充分重视。教学评价虽受到重视,但是我们常把它作为一个独立的过程,并没有把它与课程之间联系起来,没有把课程作为教学活动的起点,把其放在这样一个基础地位上。在相当程度上,我们是用学生的学业评价替代了课程评价,使课程评价丧失了很大一部分改进和决策的功能。

第四节　历史课程评价的内容与类型

一、历史课程评价内容

历史课程评价内容体系的构建应该从历史课程评价的内容与对象出发。前文已述，课程评价研究的内容与对象，涉及课程评价基本原理的研究，对课程目标、课程计划、课程实施方案、课程内容、课程标准、课程实施过程、教材以及课程效果（包括促进学生发展的学业成绩评价；促进教师发展、学校发展的评价体系）的研究。这样看来，历史课程评价的内容体系应该包括：

（一）历史课程目标评价

课程必须具有明确的目标和适当的实现目标的手段，否则就不能进行全面的评价。确立课程目标作为课程评价的标准，应注意课程目标的表述要清晰和可测。许多专家认为，用一种可测量的术语清晰地、客观而具体地表述教育目标，有助于教师认真思考自己要帮助学生去实现哪些变化，满足哪些要求。这一过程还有助于教师找出被遗漏的目标，以及了解学生在教学中所处的各种位置，从而不仅有助于评价工作的开展，而且有助于教学质量的提高。历史课程具有明确的目标，但是否具有具体的、可以用行为来进行测验的目标？如果有，课程各个不同部分的内部组织是不是有可能实现这些目标？

课程目标是教师、学生在教学活动中的行为的出发点和准则，也是教科书编写、课程评价的依据。对课程目标进行评价，就是为了判断课程目标的合理性和可行性，为课程目标的修订提供改进的方向，为编制教材、实施课程和判断课程实施结果提供依据。把课程目标作为课程评价标准，据此判断分析预期的课程目标是否真正达到，哪些方面达到，哪些方面尚未达到，为什么没有达到等，就可使教师的教授行为和学生的学习行为有更明确、更具体的方向，从而达到有效改善教学系统、提高课程教育质量的目的。

(二)历史课程标准评价

课程目标、课程标准等的重要作用并不代表它一旦确定,就是固定不变的。正是由于它的重要性,决定了它也必须成为评价的对象。只有通过对课程设计的持续性评价,才能使课程目标及设计不断反映新的情况,并在此基础上进行适当的调整,使课程目标发挥其应有的作用。课程标准是教材编写、教学评估和考试命题的依据,是国家管理和评价课程的基础,应体现国家对不同阶段的学生在知识与技能、过程与方法、情感态度与价值观等方面的基本要求,规定各门课程的性质、目标、内容框架,提出教学和评价建议。课程标准编制恰当与否,直接影响着课程实施的效果,影响到课程改革的结果。对课程标准进行评价,是为了判断课标编制的合理性,评价课程标准是否有利于实现课程目标,有利于课程的实施,并发现课程标准中存在的缺陷,为课标的修订提出改进的建议。

(三)历史教科书评价

其评价对象是依据历史课程编写的教科书,评价的目的在于判断教科书在内容的选择、组织及编写等方面是否符合课标的要求,是否有利于实现课程目标,并对教科书中存在的问题提出改进的建议。教科书评价的结果能够显示出教科书的内在特征和价值,预测教科书的使用效果,为课程方案的实施提供指导。评价教科书,离不开一定的指标体系。对于教科书评价标准指标体系,《为了中华民族的复兴 为了每位学生的发展——基础教育课程改革纲要(试行)解读》(简称为"纲要解读")认为应该从四个维度进行评价:①知识维度,选取什么样的知识作为教学的内容,能否将学生学习的必要知识以恰当的方式汇集起来,与教科书的质量水平有密切的关系。②思想品德与文化内涵维度,教科书必须有丰富的思想文化内涵,必须展现高尚的道德情操。③心理特点和发展水平维度,教科书应充分注意调动学生学习的主动性,发挥学生的主体性,同时又要处理好主动学习与教师指导的关系,这是衡量教科书质量水平的第三个重要维度。④编制水平维度,教科书编写和出版制作水平也是衡量教科书的很重要因素。教科书的编写如果脱离了当前的教育环境、学生和教师的实际情况,使用起来就不会产生好的效果,就不是好的教科书。这是反映教科书质量的又一重要维度。在教科书的内容编写方面,纲要解读认为评价的指标体系应该是:①教科书编写要从生活经验出发,能够激发学生学习的积极性。②能够让学生通过自己的经验来建构认识。③能够引发学生产生问题,促进学生思考和探究。④能够把知识学习、能力培养与情感体验有机地结合起来。⑤有利于师生在教学中进行互动。⑥要体现范例性课题原则。⑦能够鼓励学生透过教科书文本进行想象和思考。⑧教科书编写要留有较大的余地。

(四)历史课程实施过程评价

课程实施过程是过程评价的重要内容,它是联系课程预期结果与实际结果的中介。由于课程实施过程中涉及的因素更多、更复杂,在实施过程中也有更多的变数,因此课程实施过程的评价对课程的调控以及拉近课程理想与现实的距离,具有特殊意义。

过程评价对象是正在进行的历史课程实施过程,课程与教材的实施和检验需要一个过程。影响实施过程的因素很多。课程评价不仅要考查课程实施的结果,而且要考查课程是在什么背景下实施的、是如何实施的,哪些因素影响课程实施的结果。过程评价实质上就是对课程实施过程进行全面的记录、检查、反馈和调整,它的目的:一是了解课程方案按照原计划实施的程度,二是发现课程实施计划中存在的缺陷和问题,三是了解实施过程中教师、学生及有关人员对课程教材的反应。过程评价的主要功能是为课程实施人员提供反馈信息,帮助他们按照原计划实施课程,如果原计划存在缺陷,则帮助他们及时修正计划。同时,过程评价的结果,也是我们判断和解释成果评价结果的一个非常重要的信息,因为对任何课程实施结果做出判断,都必须先了解该课程的实施过程究竟是如何进行的。

至于课程实施与课程评价之间的关系,是课程实施为课程评价提供内容,课程评价考查课程实施的可能性、有效性及其教育价值等,并为课程实施提供反馈信息以便及时对课程实施中的各种要素进行调整。

(五)历史课程结果评价

课程结果评价就是对课程实施效果的评价。课程结果是每一个从事课程改革的人员以及课程改革相关人员都很关注的问题,它是决定课程改革能否成功推广的关键问题。全面了解课程效果,是进行课程改革的关键一环,也是课程评价必须回答和解决的问题,其评价对象主要是学生群体,通过对学生的测量评价,解释和判断课程教材的效果和价值,决定课程方案是否要继续使用或需要进行修改。

二、历史课程评价的类型

（一）以主体为依据的分类

根据主体的不同,分为内部评价与外部评价。内部评价,是指评价对象作为评价主体对自我进行评价,有时是内隐性的,有时具有外显性。内部评价建立在对评价对象信任的基础上,能够激发评价对象的自尊心、自信心,增强自我评价的意识和能力。通过内部评价可以披露深层次的信息,揭示问题的本质,及时反馈与调适。内部评价的缺陷在于缺乏外界参照体系,不便进行比较;主观性强,评价结果可靠程度比较低。

外部评价,是指除评价对象之外的其他评价主体对评价对象的评价,是一种外部的显性评价。如教育行政部门的检查鉴定评价,督学系统的督导评价,还有专家、同行的评价和社会评价等。外部评价从外部反映评价对象的情况,比较客观,可信度较高。但组织工作颇为繁杂,耗费时间和人力较多。

（二）以评价作用为依据的分类

依据评价所起的主要作用的不同,分为诊断性评价、形成性评价与终结性评价。

诊断性评价,一般是在某些课程与教学活动开始之前所进行的预估性或测定性的评价。其目的是了解和掌握评价对象的基础情况,为下一阶段工作做准备,为因材施教提供依据。诊断性评价既重视诊断现状,又重视指导。

形成性评价也叫过程评价,是在课程研制、教学过程和学习过程中,对课程编制、教师的教授和学生学习的动态状况进行的系统性评价。其目的是及时了解活动进程的效果,及时反馈信息,以便及时修正、调节、强化。这种评价,意在改进工作,不注重区分等级,而且频率高、一次涉及的内容少、评价内容概括性水平低、常常伴随着各项改正程序等,这些都是形成性评价与终结性评价的区别所在。

终结性评价是在课程与教学活动告一段落时,为了解并确定其最终成果而进行的评价。终结性评价实施的频率较低,评价内容概括性较高。评价着眼于对评价对象的总体认识,其主要目标是评定成绩,做出结论。

（三）以实施评价的正式程度为依据

依据实施形式的规范程度不同,分为正式评价和非正式评价。正式评价,是根据明确的评价目标,通过规范的评价程序,使用经过设计的评价工具收集信息资料,系统地、有针对性地了解评价对象状况的评价类型。正式评价设计全面,组织完备,标准统一，评分规范，可靠性较强，便于评定学生等级与水平。学校的各类毕业、升学考试一般都是正式评价。但正式评价的形式与方法缺乏灵活性，对于评价对象的解读缺乏深刻性，正式评价往往是阶段性的事后评价，对评价对象的日常行为表现不能做出及时反馈，容易延误最佳的评价时机。

非正式评价，是指在日常教学活动中，在评价者和评价对象的相互接触、互动过程中，评价者以观察和交流为主要方式，不断地了解评价对象，进而在有意或无意之间形成对评价对象的某种看法和判断的一种评价类型。非正式评价所提供的是关于评价对象全面的、生动的信息，把评价纳入了日常教学过程中，有利于学生成长、教师发展以及教学改进。在实施非正式评价的过程中，要注意摆脱主观偏见，防止先入为主。

在当前课程改革中，人们针对传统评价的弊端，着力开发和应用一些新型评价，诸如表现评估、档案袋评估、自我评估等。

第二章

教学评价与历史教学评价概述

第一节　教学评价的含义与对象

1929年,泰勒首次在俄亥俄州的教育科学系里创造了"教育评价"这一概念。随着时间的推移,教育评价逐渐成为教育领域的热点问题。有效评价教师的表现不仅可以指导他们使用更好的教育手段,选择更合适的教学内容,还可以促使他们反思教育过程,提高教育质量。

一、教学评价的含义

何谓评价?"评价"一词在古代既有讨价还价、评估货物价格的意思,也有衡量人或事物的价值的含义。而《现代汉语词典》还将评价解释为评定价值高低(动词)或评定的价值(名词),其实也就是主体基于事实对客体价值的概念性判断,其主要价值特征表现在判断价值、发现价值和促进价值三个方面。评价的定义因应用场景而异。从教育学的角度来看,评价是指在教育价值观指导下,以一定的方法确定教学活动、过程和结果。综上所述,评价是一个系统性的行动过程,需要持续使用有效的方法和技术来收集、筛选和分析信息,以做出价值判断并指导问题解决,以判断预设目标的实现程度。

教学评价是非常重要的一项教育活动,它需要基于教育目标制定科学的教育标准,通过使用各种技术方法进行评估,从而对教学活动和其结果进行测量、衡量和评价,判断其价值。在教学设计中,教师对学生的评估是关键环节之一。

二、教学评价的对象

教学评价对象包括:从学生到教师再到教育管理者;课程原则、方案和标准;课本、参考资料、教师指南;补充材料、教材配套(含网络教材)、课程计划、课程大纲、课程进度、课程评价等多个因素。教学评价应以课程设计与教学设计、教师教授质量、学生学业成就、教学系统和教学评价为主要对象,在五个层次中,以学生的学业成就为中心,以教师的教授质量为重要指标,同时关注课程设计与教学设计。

(一)课程设计与教学设计

课程设计评价的重点在于评价课程内容的合理性,其中包括对课程方案、课程标准以及教学材料等的评价。对于教学计划或方案的评估,需关注其是否合理和可行,而课程标准评估需要考虑其与课程开发的大环境是否相适应。对教科书的评估需要以正确性、可理解性和可操作性为主要标准。教学计划的编制应注重科学性以及内容的规范性。而课程实施评估主要关注教学成效与效益,最终评估结果的焦点在于对结果与问题的分析。在评估过程中,教师需要全面评估各个环节,以达到评价目标并考虑其文化要素的相互关系,同时也需要对学生心理适应能力进行评估。

教学设计评价是提高教育设计有效性和调整教育设计人员心理的重要手段。它包括对教学目标、教学内容、教学策略以及教学媒体和环境等进行评估。教学设计评估的指标主要基于课堂教学计划、媒体和教材,其中课堂教学评估和教材评估是关键。教师应当结合目标因子、学生因子和教师因子等方面来评估教学内容和教学方法,同时考虑教学管理等其他方面的评价。教科书评估更侧重于教育与技术、艺术、经济等几大基础。

(二)教师教授质量

教师在教学活动中主要涉及备课、上课、课外辅导、作业评估和指导以及考试等教授环节。教师教授课程作为其教学策略的出发点,并将课程材料作为其教学活动的基本依据。评估教师教授质量时,需要考虑课程材料对于实现教学目标的适应性、可行性和有效性,教材的补充、删除和改编也需要满足学生的不同需求。教师要适当调整教学环节、方法、策略和媒体的应用,以提高教学效果。

(三)学生学业成就

学生的学业成就是教学评价的核心之一,也是评估教学效果的关键指标。其反映学生学习活动的成效,评估包含认知、情感和运动技能领域。对于认知领域而言,评价主要关注六大类:记忆、理解、应用、分析、综合以及评价。当前,我国重视对学生整体素质进行综合评价,强调实践能力和创新意识的培养。

为了对学生的学习成就进行一个完整、准确的评价,需要制定出科学的评价指标与方法。在评估学生综合素质时,应以促进学生全面发展为导向,减轻学生负担为目标。同时,要根据学生的不同情况进行个别辅导,准确、适当地评价他们的学习表现。

评价体系的主要内容包括信度、效度、难度、差异和标准偏差等。学生学习成绩是学业成就的重要组成部分,成绩考核及成绩组成要公正、合理,同时也需要学生进行自我评价。

(四)教学系统

在学校教育体系中,课程系统和教学系统是两个相对的主要子系统。课程系统通过课程的编制、执行和评价等三方面的功能,来保证课程计划的成功实施,并且依据评估结果进行修正。课程实施受课程改革、教学策略与效果等多种因素的影响。授课老师是课程实施的主要人员,而课程评价也应该对教师运用课程、课程设计、学生学习成绩和整个课程系统进行考查。只有对学科体系各个层面进行评价,才能让它变得更加完整和充满活力。

教学系统评价需要从每个环节以及整个过程入手,包括教师、学生、教学内容、教学情境和反馈信息等。评价教学系统需要考虑到教学时间、教学量和教学负担等因素,同时不能忽略代价和学术成就等变数。为了建构最优的教学系统,必须对影响教育效果的各个因素进行最优控制。在课堂上,应尝试通过对各个要素的最优控制来缩短课堂时间、减少课业量和工作量,同时保持最低的花费,学生取得最高的学业成就。

(五)教学评价

教学评价自身也是一项被评估的任务,教师对教学评价的意义和效果进行评判,这是一种元评估。元评估是针对已经完成或结束的评价进行价值判断,以回顾评价方案、实施过程和结果,总结成功经验,同时弥补存在的缺陷。核心问题在于评价的尺度,即评价过程中使用的尺度。

思考题:

1.秦始皇被称为千古一帝,他建立的秦朝是我国历史上第一个统一的多民族封建王朝。然而他的统治后期也出现了一些问题。请同学们结合史实,对此人物进行评价。

2.武则天作为中国历史上的唯一一位女皇帝,自其统治以来,文人骚客和史家对她评价不一。请同学们课后搜集相关史料和文献,对其做出评价,并以小论文的形式呈现出来。

第二节 教学评价的类型与功能

一、教学评价的类型

在教学评价中,必须准确把握教学目标的广度、深度和难度。因此,要采用多元化的教学评价方法,并灵活运用不同的评价方法,以适应不同类型的教学活动。根据实施的作用、标准、工具和对象等因素,教学评价可分为多种类型。

(一)以教学评价实施的作用为依据的评价

1.诊断性评价

诊断性评价是在教学活动开始之前进行的评价,目的是了解学生整体现有水平和个别差异,为教学活动提供依据。主要功能在于帮助教师确定学生对新学习任务的准备程度,并将他们分置在适当的教学序列(组别)中,同时也有助于教师找到最佳的教学起点,设计出可以排除障碍的最佳教学方案。教学过程中的诊断性评价主要用于对学生不能从教学中获益的原因进行诊断。

(1)"诊断"在教学工作中的必要性。为了制订有效的教学策略,教师必须充分了解学生。了解学生的储备、技能、能力水平、学科态度和抱负,以及学生学习成功或失败的原因。其中一种了解学生的手段是测试。然而在教育中,诊断的含义不仅是查明、辨认和确定学生的不足,还包括鉴别学生的优点和特殊才能。教育诊断的目的并非给学生贴上标签或证明他们在学业上的能力或不足,而是在理解学生背景的基础上,设计发挥学生长处,补救或克服短处的活动方式,即在了解学生的基础上协助学生取得最大进步。对学生的诊断不限于单独设计和进行,也可以利用之前的总结性或形成性评价结果进行设计和进行。

(2)诊断性评价的作用。它能够在学年或课程开始之前,帮助教师确定学生的实际情况并进行适当布置;同时,在教学进程中,它也可以帮助教师察觉并解决可能妨碍学生学习的问题。

①确定学生的入学准备程度。要让每个学生都对学习充满热情并积极参与学

习,必须通过诊断他们的入学准备情况和其他方法来了解他们。如果教师能够识别出学生在情感、认知、语言和技能方面的缺陷和特点,那么可以根据这些确定每个学生的教学起点,并采取一些补救措施,或者给予学生情感上的关心和支持。

②决定对学生的适当安置。学生在知识储备、能力、优劣势、学习风格、志向抱负及性格等方面存在差别。因此,教学条件和环境应该具有多样性,以充分适应每个学生的特点。教师应该了解学生在各方面的水平和差异,从而根据学生的特点对学生进行分班、分组,为他们提供适合的学习环境,这是教师组织教学活动的基本前提,也是确保每个学生充分发展的必要条件。

③辨识造成学生学习困难的原因。一些学生虽然已被适当安置,但在学习过程中其取得的学习效果不佳,进步缓慢,无法达到教师设定的学习目标。在这种情况下,教师必须寻找各种办法(包括诊断性测试)来确定学生不能获得教学益处的原因。如果教师认为学生学习困难是由于教学方式有问题,就应该通过各种考试(考查)来确定,并改进自己的教学方法。如果教师认为学生学习困难不是由教学方式问题引起的,就应该与其他教师一起进行"教育会诊",分析造成学生学习困难的原因。如果教师认为学生学习困难是由非教育方面的因素引起的,就应该让学校请相关专家(如心理学家、医生等)或将相关信息交付给有关机构进行更深入的诊断。

学生的学业成就受到多种因素的影响,其中包括但不限于学生自身的生理、心理和生活条件等。生理问题如营养不足、生病等,可能导致学生的学业水平下降。情感问题如情感稳定性不足、自信心下降以及青少年时期的焦虑等,会对学生的日常生活产生影响。此外,家庭经济状况、父母婚姻关系、父母受教育程度等因素会对学生的学业产生直接或间接的影响,同时家长对孩子的教育期望值也会对学生的学业产生影响。区域社会环境的负面作用也可能对孩子的学习产生影响。

2. 形成性评价

形成性评价是教学中一种非常重要的方法。它利用反馈和矫正技术来进行教学效果的检验并找出问题,从而提供依据以改进教学。通过形成性评价,学生能够集中注意力学习必须具备的特定知识,并及时获得反馈信息。教师还可以发现他们的教学方法的优点和缺点,并进行针对性调整。每个教学单元结束时应当进行形成性评价,以确保大多数学生能够达到预期目标。

(1)形成性评价的特点。形成性评价指的是在教学的过程中,为了指导这项教学的发展或使其更加完美而对学生的学习结果进行确定的活动。由于总结性评价考试次数少，概括水平高，所以它只能对学生的学习成果进行单一的综合评分，并且只能对已经完成的学习做出一个总结性的判断，这种做法很容易引发学生极端的焦虑和抗拒情绪。在教学中，应该采用另外一种评价方式，这种方式侧重于对学习过程的测试，侧重于考试结果对学生和教师的反馈，侧重于定期进行的检查。它的目的是通过多种反馈，对学生的学习以及教师的教授进行改进，让教学在不断的测评、反馈、修正或改进的过程中逐渐向完美靠拢，实现教学的最终目标。

(2) 形成性评价的作用。为了提高学生的学业水平，我们可以通过形成性测验来发现学生对教材的理解不足和学习困难等问题。教师可以将批改好的卷子提供给学生并让他们对照正确答案，发现其自身在解题时存在的困难和缺点，并在教师的指导下进行改进。此外，我们也可以使用测验结果来制订学习计划，指导学生的学习，同时加深对学生的认识。最后，形成性评价还可以为教师提供必要的反馈意见，帮助他们提高教学水平。

3.总结性评价

布鲁姆认为，在一个教学过程结束后，总结性评价的主要目的是为学生提供教育方式和教育效果是否成功的证据。评价的主要作用是检查和总结教学目标的实现情况，对学业成果进行评价，并验证学生对知识技能的掌握程度和能力水平，同时预测他们在后续学习中获得成功的可能性。这种评价还有助于指导教师新一轮的课堂教学。

(1) 总结性评价的特点。在学生评价方面，总结性评价是一种综合评估方法，其目的是评估学生在某一门学科或关键环节上的学习成就，并提供一个基础框架来安排他们的学习计划。该评价方法注重学生对整个科目知识的掌握程度及其对学科完成情况的衡量，因此其数量较少，频率较低，通常为每年一至四次的期中、期末考试或毕业会考。总结性评价涵盖的内容广泛，测试的层次也较高，每道题都涉及很多基础知识、技巧和能力。

(2) 总结性评价的功能。总结性评价涉及的功能较多，包括评价学生的学业成就，预测学生在后续教育中的成功率，决定学生在后续教育中的学习出发点，验证学生对知识、技能的掌握程度，对学生的学习进行反馈等方面的功能。

我们把诊断性评价、形成性评价和总结性评价列于表2-1，供参考。

表2-1　诊断性评价、形成性评价和总结性评价对照①

种类	诊断性评价	形成性评价	总结性评价
作用	查明学习准备和不利因素	确定学习效果	评定学业成绩
主要目的	合理安置学生，考虑区别对待，采取补救措施	改进学习过程，调整教学方案	证明学生已达到的水平，预测在后续教学过程中成功的可能性
评价重点	素质、过程	过程	结果
手段	特殊编制的测验、学籍档案和观察记录分析	形成性测验、作业、日常观察	考试
测试内容	必要的预备性知识、技能的特定样本，与学生行为有关的生理、心理、环境的样本	课题和单元目标样本	课程总教学目标的样本
试题难度	较低	依据教学任务而定	中等
分数解释	常模参照、目标参照	目标参照	常模参照
实施时间	课程或学期、学年开始时，教学过程中需要时刻注意	每节课或单元教学结束后，经常进行	课程或一段教学过程结束后，一般每学期1—2次
主要特点	—	"前瞻式"	"回顾式"

(二)以教学评价实施的标准为依据的评价

1.常模参照评价

常模参照评价是一种评价方法，它以常模（团体测验的平均成绩）为参照点，用个体的成绩与常模比较，从而确定个体在团体中的位置和成绩的适当等级。以常模为参考进行的评定虽然在分组排队及学生选择等方面具有较好的筛选能力，但它缺乏对落后群体的正确认识。当一个人在经过多次测验后取得了真正的进步时，他的地位（排名）可能并没有发生改变，这会给他带来挫败感。因此，我们应该注重每个个体进步的价值与意义，并充分肯定和激励他们的努力与进步。

2.标准参照评价

标准参照评价是一种用于测试学生在特定知识和技能方面的成就水平的方法，旨在帮助教师及时了解学生的学习情况，并进行相应调整和教学改善。与常模参照评价相比，标准参照评价是一种更常用的教学评价方式，可以评价学生的综合水平，

---

① 李龙：《教学过程设计》，内蒙古人民出版社，2000：393。

但无法反映学生在团体中的相对位置,并且只适用于知识教学。因此,在教学过程中,教师需要根据具体情况,选择合适的评价方式来评价学生的学习效果。

(三)以教学评价工具的标准化程度为依据的评价

1.标准化测验评价

标准化测验评价是近年来发展很快的一种评价方式,其包括专家或专业机构编制的标准化测验。该测验试题数量庞大,覆盖面宽广,具有较高的信度和效度,并且试题难度适中,区分度高,施测要求严格,结果客观、准确、迅速。这种评价方式具有客观性、真实性、准确性等优点,是目前评价学生成绩的重要方式之一。然而,由于标准化测验的编制难度大,施测要求高,建立标准化试题库更是艰巨的工程,因此该评价方式推广困难,需要不断努力,逐步扩大应用规模。

2.非标准化测验评价

教师自编测验是一种非标准化测验评价方式,它是根据教师对学生学业情况的检测需要而自行设计的测验。与标准化测验不同的是,它的制作过程简便、灵活方便,适用范围广泛,并可满足不同学科和教学阶段的具体教学情境需求。教师自编测验的突出优势在于其制作过程的简单和使用的灵活性,教师可以在实践中与标准化测验结合使用,互相补充,从而提高教学评价的效果。

(四)以教学评价的对象为依据的评价

1.教的评价

教的评价是对教师在教授方面的表现和效果进行价值判断和决定的一个持续过程。为了了解教师的优点和缺点,收集教师的表现,并结合相关信息作为标准,以充分了解教师的教授效果及其原因,并协助他们改进教授方法或用于人事决策。对教师的评价不仅可以评估教师教授的观念、内容、方法、行为、管理、资源利用和效果等方面的表现,而且还是一种促进教师职业发展的方法。教育工作者可以根据评价结果及时调整教授计划,改进教授方法,采取必要的补救措施,最终实现最佳的效果。

2.学的评价

学的评价是针对教学目标,对学生知识、技能、能力和品德等发展情况进行测量分析,以评估他们的进步程度,并做出教学实施价值的判断。进行多个方面评估,包括认知领域、情感领域和动作领域评估,使用标准参照测验或知识掌握测验评估学生对课程目标的达成程度或对学习内容的掌握程度。此外,评价者也可以通过观察和评价学生的动态行为,获得大量有助于了解和判断教学状况及效果的信息。有效了解学生的学习情况,能促进教师有针对性地调整教授方式,促进学生的学习进步。

二、教学评价的功能

教学评价是教育教学活动中一个非常重要的环节,它在整个教学过程中具有许多作用,可以有效地调控教学活动的开展,促进教学活动朝着既定目标前进并最终达成目标。具体而言,教学评价对教学活动的架构起到了至关重要的作用,而且还可以从多方面影响教学结果,包括:

(一)检验教学效果

教学评价是衡量教师教学水平以及学生掌握知识、技能情况的重要指标。通过评价可以验证教学目标和任务是否得以实现,是提高教学质量的必要途径。因此,检验和判定教学效果对于了解教学状况至关重要。

(二)诊断教学问题

诊断是教学评价的又一重要功能。可以让教师确定教学目标是否合理,检查教学方法和手段是否得当,弄清楚教学的重点和难点是否讲得清楚以及了解学生遭遇问题和困难的原因。通过这些信息,教师可以有针对性地调整教学策略和有效改善教学效果。

(三)提供反馈信息

实践表明,教学评价是学生和教师之间交流的重要渠道,其结果不仅为教师提供了有益的反馈信息,也可以帮助学生了解自己的学习情况。评价内容既包括肯定的方面,也包括否定的方面,即反馈出不足之处。肯定的评价可以鼓励学生更加积极地学习,而否定的评价则可以帮助学生找到问题所在,及时加以改正。然而,需要注意的是,过度的焦虑和紧张会带来负面影响,因此教学评价中的否定反馈需要适度,并由教师予以解释和引导。

(四)引导教学方向

教学评价对于学生学习的方向、重点及时间分配,乃至于教师教学目标、重点的确定都有着显而易见的影响。如果评价标准和内容能全面反映教学计划和大纲的要求,并能体现学生全面发展的方向,则其导向作用为积极的、有益的。但若评价结果限制了教学的方式,则可能使教学偏离正确的轨迹。

(五)调控教学进程

对于教学活动基本进程的调控,教学评价扮演着至关重要的角色。教学评价是对教学效果的验证、教学问题的诊断以及多种反馈信息基础上的综合表现,具体作用体现在对教学方向、目标、速度和节奏的调整,教学方法和策略的优化,以及教学内容和环境的调整等。评价的核心目的是客观地判断教学效果,合理地调整和控制教学过程,使之朝着预定的教学目标前进。

思考题:

1.小明月考成绩出来以后,想知道自己的考情,把自己的成绩和班上同学的成绩进行比较,最后得出了结果。请问以上案例运用了哪些评价方式?

2.《普通高中历史课程标准(2017年版2020年修订)》中,历史学业质量水平将"唯物史观""时空观念""史料实证""历史解释""家国情怀"五大核心素养划分为四个水平。四个水平是对学生学习结果做的具体性描述,对学习目标的要求均是由低到高逐渐递进,同时每个水平中都包含着核心素养的五个方面。所以,学业质量水平是很重要的一种体系。请同学们探讨一下学业质量水平与历史教学评价的关系,另外,学业质量水平能体现出历史教学评价的哪些功能?

第三节　历史教学评价的内涵和过程

一、历史教学评价内涵

历史教学评价应以提升学生综合素质为目标,采取灵活多样的评价方法,注重学生学习过程和学习结果的评价,充分发挥历史教学评价的教育功能。以上对历史教学评价的界定,凸显了新课改背景下对学生观的充分重视,强调以学生为主体,注重对学生综合素质的培养。同时,它摒弃了传统落后的教学理念,不仅注重结果,更注重过程。如果只注重结果,而忽视了过程,就把教学评价和考试完全等同了起来,众所周知,我国设立中高考的考试制度,就是为了选拔人才,这种评价方式是尤为注重结果的。这种评价方式能选出高智商的人才进入高等学府进行学习,他们也被社会认可为优秀人才,毕业以后也会成为社会精英,成为各行各业的领军人物,为国家建设贡献了很大的力量。虽然按照这种模式来评价学生,确实在一定程度上具有可行性,在目前选拔人才方面,结果评价依然占据主导作用。但是,它忽视了一个问题:学生数量庞大,其中普通学生占比最大,而优秀生和名校生是占比最小的。当前,国家提倡素质教育,注重学生全面发展。这就隐喻着国家强调教育要注重学生个体的发展,不能以传统的方式来评价学生。所以,过程评价被着重强调。而在这个过程中,要注重学生的日常表现,还要挖掘学生的潜能,即使是不善学习的学生,教师也要在平常多多关注,发现他们擅长的技能,并给予鼓励支持,以此作为评价方式,使他们得到自身的成长和发展。像经典的教育影片《放牛班的春天》,就是我们素质教育开展的典范,马修老师对学生一视同仁,善于挖掘学生的优点,最终学生也得到了很大的发展。而近些年来,国家也大力发展职业教育,培养了一批批技术人才。这一方面响应了科教兴国的号召,另一方面,也是国家对素质教育的贯彻落实。追根溯源,就是教学评价注重过程评价,以此为国家输送各种技术技能型人才,充实各行业的后备力量。

由赵亚夫先生主编的《历史教育测量与评价》一书中提出:课堂教学评价是依据现代教育评价理论,对课堂教学活动状态和价值所进行的判断。这种观点提纲挈领,紧扣现代教育评价理论,对教学做出价值判断。张大均先生在其著作《教育心理学》中提出广义的课堂教学评价通常有过程和结果、教师和学生两个方面的维度。笔者认为历史教学评价就是依据历史课程标准,依托科学的评价方法,对历史教学过程、教师教授成果、学生学习状况以及影响教学的各种要素进行定量和定性分析,最后做出价值判断和价值选择。简言之,历史教学评价就是对历史教学做出的价值判断和价值选择。

即搜集历史课堂所需信息,运用常用的评价手段对信息进行科学的分析,从而对课堂教学过程中的各个要素进行价值判断。

二、历史教学评价过程

目前的历史教学评价,主要采用常规课、公共课、评优课、赛课等形式。但其根本都是要落实到课堂中来,评价要紧抓课堂中的各种要素,做出客观的评价。基本的评价过程由三个部分组成,分别是:课前准备、课堂评价、分析评价。

(一) 课前准备

常言道,良好的开端是成功的一半。在教学之前,备课就显得尤为重要。在教学前,首先,要拟定名单,也就是具体安排哪些教师来进行授课。教师也会有心理准备。其次,教师要提前备课,备课也要掌握几个关键要素。第一,需要多关注历史课程标准。课程标准几经修改完善,是我们教学的主要依据。在备课前,要对课标有深入的理解,要深入挖掘,以便在教学设计时能得心应手。设计出好的教案,也是教学成功的良好前提。第二,需要深入钻研教材,以构建教学框架,确定重难点知识。教材和每一节课的框架脉络都是教材编写组的专家经过多方考证和依据史实审慎编订的。教师在讲授一节课时,要分析教材,分析这一节课在本单元和整本书的地位,以及分析这节课的框架安排。尤其要厘清每一小节之间的内在逻辑,分析它们的关系。教师也常提到一个解题技巧:要善于揣摩出题人的意图,擅长抓字眼,捕捉关键文字信息,透过它们分析出题人的思想。同理,分析教材也要努力往这个方向看齐。另外,教师要备一节课,依据自己的理解,也可以对这节课的知识框架进行调整,但是也要有据可依。这也为教学注入了新活力,学生也会提起兴趣,听得津津有味。第三,需要查找出整堂课的亮点。而这个亮点也是本节课的点睛之笔,运用得好,这节课就成功了大半,专家评价肯定也不错。这个亮点一般具有创新性,可以是一个新颖的导入视频,也可以是一个新史料。总之,形式不一,但创新性是不可或缺的关键要素。无论在任何领域,创新一直是被重点关注的,但创新谈何容易,不仅需要有扎实的基本功,还需要多关注学生和生活,善于观察周围事物,从中获得灵感,这也是创新之源。最后,下发评价标准,安排评价表。

前面所论述的是授课教师在课前所需要做的基本准备,而接下来讨论的是评议专家所需要做的准备。作为评价的发出者,来听课,不能走马观花,需要依据评价标准来进行评议。评价标准一般写在评价表里面。而评价标准主要有以下五个方面。

第一,讲解表达方面。①普通话标准、规范。作为教师,普通话过关是基本素养,国家对这一方面尤为重视。②语言逻辑要严密,用语要规范,多运用书面语,少用口头语。表达生动流畅。③思路清晰,层次分明,循序渐进,布局合理。④讲解进度适中,时间安排恰当。⑤导入新颖,整体设计、讲解富有一定创意。

第二,教学内容方面。①教学目标明确。②内容精确,重难点突出。③结构严谨,脉络清晰。

第三,教学方法方面。①内容展开生动形象,推理步步深入,逻辑性强。②注意理论联系实际,引导学生。③有现场互动,课堂气氛活跃。

第四,教师形象方面。①仪态端庄,服装得体。②教态自然平和,有一定感染力。③情绪饱满,热情振奋,能吸引学生注意力。

第五,教学手段方面。①恰当使用各种手段辅助教学(如多媒体)。②讲授与多媒体运用衔接自如,接替自然。③板书要体现自己的设计,工整清楚,条理清晰,有审美价值,字体规范漂亮,体现知识结构。以上这些方面,评议专家更注重第一方面,因为它是教学的核心部分。

(二)课堂评价

课前做好准备之后,就正式进入课堂环节,课堂结束以后,留几分钟给专家进行当堂评价。一般听课教师与授课教师都被固定,教室容量也有限。所以,考虑到这一层面,就需要组成评价小组,并将他们分工,组织各个小组进行听课。

下面,正式回归课堂。从初中步入高中,意味着新阶段的开始。学生的思维方式也会发生变化,所以高中历史教师在正式上课之前,要上好导言课。以下就是教师的导言课示例:

同学们，刚踏进高中大门的你们即将开始新的生活。在这里，你们将会有新的同学、老师，也会面对新的学科和新的要求。历史学科也将在这里和你们一起携手翻开新篇章——中外历史。对于你们而言，历史是一门包罗万象的学科，涉猎范围很广，由于你们受到年龄和认知的限制，还不是特别能感知历史。但是我们每一个人和这个世界上的其他生物，都深深地参与到"历史"当中，我们不仅可以学习历史，记录历史，我们也可以创造属于自己的历史。

一、什么是历史

学好中外历史，首先要知道"历史"是什么。

"历"字又写作"歷"，其下部是"止"字，在甲骨文和金文里的意思是人穿过一片森林，我国古代的字典《说文解字》中也提到："历，过也，传也"。"过"表示空间上的移动，"传"则表示时间上的移动。

"史"字在甲骨文中则是一只手拿着笔在书写的样子，在商朝表示一种专门掌管祭祀和记事的官员，也就是我们通常说的"史官"。

所以，历史与时间、空间、书写相关。中外历史，是由华夏大地各个民族和世界各地各个民族组成和造就的，与各民族在空间内不断迁移和时间中持续演变，不断诞育和发展的历程紧密相关。中国是世界上历史最为悠久的国家之一，也是世界上最为重视史学传统的国家。

二、为什么要学好中外历史

（一）学好中外历史获益终身

古人云："以古为镜，可以知兴替。"历史是一个民族或一个国家形成、发展及其盛衰兴亡的真实记录，是前人各种知识、经验和智慧的总结。学好历史将使人终身受益。中国古代很多帝王将帅、名臣学士都是饱读史书的人，如唐太宗就常常以前朝隋炀帝的所作所为和结局来督促提醒自己，最终开创"贞观盛世"。

另外，教师进行课外拓展。推荐观看央视纪录片《如果国宝会说话》《大国崛起》《世界通史》《中国通史》，央视文博探索节目《国家宝藏》。推荐阅读二十四史、钱穆《国史大纲》、茅海建《天朝的崩溃》、陈旭麓《近代中国社会的新陈代谢》。

（二）学好中外历史适应当前需要

中国自古有重史的传统，当前新课改将历史放到了极高的地位。高中的你们，不管是选历史，还是不选历史，都将在水平测试或高考这两大考试中直面历史，只有将之掌握好,才能在升学之途披荆斩棘,也能为自身沉淀丰厚的文化与学识素养。终有一天回头看,你们会感谢现在这么喜欢历史的自己。

[知识链接]二十四史,是中国古代各朝撰写的二十四部史书的总称,由于《史记》的写法被历来的朝代纳为正式的历史写作手法,故将和《史记》一样用纪传体写作的史书称"正史"。二十四史上起传说中的黄帝时期,止于明朝崇祯十七年(1644年),内容非常丰富,记载了历代经济、政治、文化艺术和科学技术等各方面的事迹。

(三)学好本国历史是承担历史责任的表现

正如梁启超所言:"中国于各种学问中,惟史学为最发达;史学在世界各国中,惟中国为最发达。"那么,为什么和中国同样是四大文明古国的古印度、古埃及和古巴比伦都没有如此令人瞩目的史学成就呢?因为中国从来不缺乏主动承担历史责任的人。从历史的继承者到历史的记录者和开创者,都一直有人默默地坚守着岗位。从现在开始,我们也应该主动承担起历史的责任。

1.做历史的继承者

所谓历史的继承者,并不要求死记硬背将历史记住,而是要知道古人的智慧,用古人的智慧磨炼自己的智慧,懂得为人处世的道理,读懂人性到底是什么。一个人要想有一个美好的未来,多读历史是一个很好的方法。

以周总理为例,周恩来早在童蒙时代,就史书不离左右。在美国前总统尼克松笔下,周恩来浑身散发着中国古典文化气息,他的涵养,来自儒家"修身、齐家、治国、平天下"君子观的熏陶,他具有智慧、宽厚、仁慈、刚毅的美德。

2.做历史的记录者

[小讨论]信不信你也可以成为记录历史的人?

从今天开始把每天国内外发生的大事,人们关注的焦点、现实问题,校内外发生的大小事都记录下来,可以采用图片、表格、日记等形式。

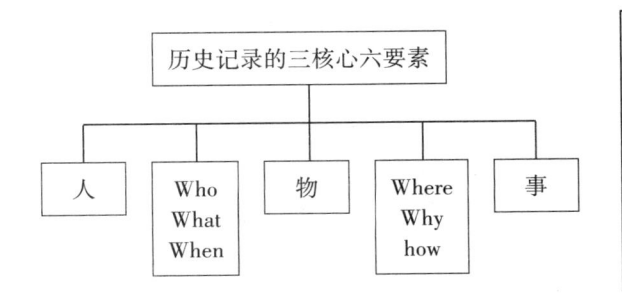

```
历史记录的三核心六要素
├── 人
├── Who What When
├── 物
├── Where Why how
└── 事
```

记录历史事件必须具备:什么时间、什么主体、做了什么事情,事情的经过、发展和结局如何。也就是三核心和六要素都要尽量满足。

3.做历史的创造者

人民群众是历史的创造者。在现代社会,我们每一个人的一言一行都将构成未来历史的一部分。我们的一个普通行为,可以影响身边的人,甚至可以触动历史。因此我们要不断向善向上,努力创造一个更好的历史。

三、怎样建立与中外历史的友谊

(一)课堂上的想象力——回到历史现场

历史的学习非常有趣,需要大家有想象力,能够在老师的带领下在脑中回到当时的历史现场,甚至以当时的社会背景来考虑当时人处理问题的方式。历史教科书是一座宝库,一旦你们将好奇心运用到课堂上的英雄人物、朝代更替和大国相争的事件里,你们就能发现大家都在关注的热点、焦点等现实问题与他们息息相关,由此得来的历史知识和现实生活的经验,将会使你们终身受益。

[想一想]

> 如果你是清末维新派的一位代表,你会用什么方式来救亡图存,推动中国的近代化发展?

(学生:参加公派留学,学习西方先进的科学技术,学成归来后造福国家。同时学习西方先进的制度与文化,从中汲取有益的部分,应用于中国改革。)

(二)生活中的观察力——发现不一样的历史

同学们,你们肯定看过一些相关的历史剧,也知道你们家乡的风土人情、文物古迹和历史名人吧。除此之外,你们还能发现哪些历史呢?

(学生:故宫博物院中的历史、旅游中发现的历史、古诗词中的历史、身边的历史。)

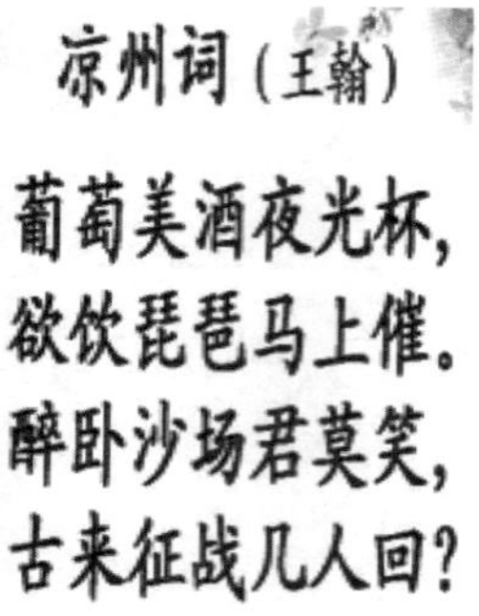

[课后作业]

1.做一段家族史

采访爷爷奶奶,询问他们自己一生中最难忘的一件事或者一段经历(如举家搬迁移居、就业找工作、面对某个重大困难时的应对办法等),对这个家庭的影响。

2.小活动

在纸上写下你对于下列问题的答案,随后师生、同学之间讨论交流:你认为历史是什么?你认为学习历史有什么作用?你对历史存在哪些疑惑?

以上内容就是教师的授课环节。授课完毕后,同行专家给出了以下的评价与建议。

专家甲评价:该教师的逻辑严谨,注重理论和实例结合,本课主要分为三部分,第一部分介绍了历史的含义,第二部分说明了学习历史的重要性,第三部分讲述了怎么学习历史。三个部分紧密相联,丝丝入扣,逻辑严密。尤其在历史的继承者这一部分,以我们伟大的周总理为例,不仅贴近我们的生活,还能强化责任意识,有利于培养学生的家国情怀,这是鲜明的优点。但是,该课的缺点是互动相对较少。难以凸显学生的主体地位,本课更多的是教师讲授,学生参与感低。这也是唯一的缺陷。

专家甲建议:该教师在以后授课过程中,要多与学生互动,在互动的过程中,也能渐渐地了解学生。同时,多与学生互动,也契合了新课改的要求,突出学生的主体地位。所以,教师在课堂中要与学生有效互动,并善于提问,提出有意义的问题,供大家讨论。

专家乙评价:该教师善于拓展知识,这是一个特别显著的优点。高中历史与初中历史相比,更有深度,所以教师讲授不能泛泛而谈,浮于表面。需要深入挖掘,并将琐碎的知识点联系起来,该教师在这一方面就做得不错,如在知识链接部分,就引用了史料,这对学生学习历史尤为重要。所以,教师要让学生了解其重要性,善于分辨史料,提取史料中的关键信息,这是提升史料阅读能力的关键所在。教师在第二部分推荐了一些经典历史纪录片和经典书籍,这些都是辅助学生学习的重要学习渠道,能拓宽学生的视野,学习深度也进一步加深。所以,该教师在这一方面做得不错,能够将知识深化。但是,整个导言课还不够细化,再聚焦一下,兴许会更完善。

专家甲建议:该教师在第三部分,即"怎样建立与中外历史的友谊"这一部分注重该如何学习历史，教师只讲述了两个方面，建议在这方面继续深化，挖掘出新的思想。本课主要从课堂与生活两个方面着手，其实，教师和学生还可以自主地在课堂与生活之外去发现历史，以作为他们讲授和学习历史的素材。

由于时间有限，以上两位专家比较中肯地给出了自己的评价和建议，对教师后续改进教学起到很大的作用，也能使教师及时发现自己的问题，并加以改正。所以，课堂评价是教学评价过程中的核心一环。要牢牢把握住这一环节，只有做好这一环节，这个过程才会更有灵魂，更加完整。

（三）分析评价

首先，在第二部分，专家给出评价之后，我们需要进一步分析评价，毕竟专家也不是圣人，难免有些评价存在争议。所以，我们首先要分析出专家的评价是否中肯，这是最为根本的。专家的评价不一定面面俱到，我们主要关注的是专家对教师的评价是否客观，是否符合事实，要讲求客观性。这就是分析评价的第一步。

其次，就是要分析评价者站在哪个立场去看待问题。评价者站在教育家和史学家的角度去看待问题，评价时会综合考虑，将两个要素结合起来。而当评价者只注重其中一个方面，评价就失之偏颇。假如只以教育家的角度去看待问题，只评价教师的讲授是否切合教育的初衷，是否符合国家大政方针对教育的基本要求，是否完成了教育目标等，这就完全忽略了历史的基本要素，与之完全脱节，这不是历史课堂，仅仅是教育学的课堂。而如果只以史学家的角度去分析问题，只评价教师的讲授是否符合史实，是否切合历史学科五大核心素养，是否去探索历史背后的真相等方面，那就又忽视了教育的意义，历史课的本质虽是带领我们去探索真相，可是它有更深层次的教育意义。所以，在历史课上只关注史实本身，而忽视了教育意义，这个课堂也就失去了它的精髓和内核，所以，在分析评价时要综合考虑。

最后，在分析评价之后，就需要反馈结果。专家在听完课后，不仅会给出评价和建议，一般还会打分，这就是最后的结果。如果你是年轻教师，教学经验不足，那么要根据这个结果，及时查找出自己的问题所在，并加以改正，避免以后犯同样的错误。这对教师的成长极为关键。对于工作经验丰富的优秀教师，要精益求精，不断打磨自己的课堂，使自己的课成为精品课，争取成为同行领域的翘楚。因此，处于不同阶段的教师要做好定位，及时制定目标，并朝着这个方向努力前进。

总之，教学评价的过程就是要抓好课前、课中、课后三个环节，这三个环节相辅相成，相互影响，缺一不可。因此，一定要把每一个小的环节完善好，然后串联起来，这样就组成了完整的教学评价过程。这个过程需要多方的共同努力，才能完成得更好。

思考题：

1.关于辛亥革命是否成功，史家众说纷纭，教师提出这个问题，学生进行分组讨论，然后回答这个问题。（要求：史论结合，论据充分）

2.太平天国运动是否成功？它的影响和评价如何？同学们结合史料，以及阅读一些关于太平天国的文献，回答这些问题。

第四节 历史教学评价的范式

一、范式的含义

何谓范式？范式是一种科学哲学概念，这一概念和理论是由美国著名科学哲学家托马斯·库恩提出的，并在其经典代表作《科学革命的结构》中系统阐述了这一概念。他在《科学革命的结构》中定义科学范式为：那些被观察和被检查的内容，那些会被提出的相关问题以及其希望被解答的问题如何组织、科学结论如何被解释。

范式是库恩范式理论的核心，而范式从本质上讲是一种理论体系。库恩指出："按既定的用法，范式就是一种公认的模型或模式。"这一术语英文表述为"paradigm"，由词根para变化而来，将此单词分解开来，para含义为在旁边，digm为显示之意，合并后其含义主要为示范和模范。另外，他给出这个词语的现代用法，认为范式是在某一个指定时间内限定某一个科学学科的一系列活动。他自己则比较偏好exemplar和normal science这两个更有哲学意义的概念。前面这一单词为榜样、模范之意，与范式一词的释义相契合。他采用这个术语是想说明，在科学实际活动中某些被公认的范例——包括定律、理论、应用以及仪器设备统统在内——为某种科学研究传统提供了模型。在库恩看来，范式是一种对本体论、认识论和方法论的基本承诺，是科学家们所共同接受的一组假说、理论、准则和方法的总和，这些东西在心理上形成科学家的共同信念、理论。瑞泽尔认为：范式是存在于某一科学论域内关于研究对象的基本意向。它可以用来界定什么应该被研究、什么问题应该被提出、如何对问题进行质疑以及解释我们获得的答案时该遵循什么样的规则。范式是一科学领域内获得最广泛共识的单位，我们可以用其来区分不同的科学家共同体或亚共同体。它能够将存在于一科学领域中的不同范例、理论、方法和工具加以归纳、定义并相互联系起来。周晓虹认为：可以将宏观和微观、自然主义和人文主义视为两对既有一定的区隔，同时又互为过渡的"连续统"，可以由它们进一步获得四种理论范式。这四种范式分别是社会事实范式、社会行为范式、社会批判范式、社会释义范式。其中社会释义范式可以理解为作为社会行动者的个人行动的主观意义，以及这种意义对行动者和社会现实的影响。认为社会现实是由人的有意义社会行为建构的。

总之,结合范式理论,以及其他学者的研究,范式就是一种理论模式,对核心理论具有提纲挈领的作用,并且具有指导人与社会的价值与意义。

二、历史教学评价的范式

历史教学评价的范式主要分为两大类:一类是量化教学评价,另一类是质性教学评价。结合哲学中的质量观,这两种评价范式具有本质上的差异,也有着不同的评价指标。

(一)量化教学评价

量化教学评价,即通过测验、调查、统计等可视化的方法和手段,在历史教学中进行定量分析,把复杂的历史现象和教学现象进行数量上的比较和分析,最后做出评价。量化评价范式的认识论根基是科学实证主义,科学实证主义认为只有定量的研究和量化的数据才是科学的,得到的结论才具有可信度。因此,量化评价特别重视评价的信度和效度。所谓信度,即可靠性,采取同样的方法对被试者进行重复测量,结果所具有的一致性。简言之,经过多次测量与验证,得出的结果保持一致,说明其结果是有效力的。所谓效度,就是指测量工具或手段能准确测出所需测量的事物的程度。其价值取向是"工具理性"。所谓工具理性,就是通过精确计算,以实践的途径确认工具的有效性,是一种以工具崇拜和技术主义为生存目标的价值观,很注重效率。量化评价的主要功能是甄别、鉴定和区分。量化教学评价主要运用数学分析方法,常用的量化教学评价方法有测验、考试、结构性观察等。众所周知,数学等理科学科注重结果的准确性和客观性,历史学科虽然在本质上与数学等学科有着很大的差异,但在方法的运用上可以相互借鉴。虽然历史是人文学科,但是历史事实是不可更改的,它是真实存在的。在之前的学习生涯中,历史老师习惯于进行单元考试,即每一单元学习之后,老师就出一套题目测验学生。之后的评分工作让同学们完成,互相评阅,目的是让学生互相学习,从中发现自己的不足之处。最后由老师抽样检查,经过计算、比较、统计分数的分布情况,分析出学生目前的学习情况,以及对本单元知识的掌握情况。

以上举的这个例子,就是典型的量化教学评价,也是形成性评价方法的运用。其实,量化评价范式如果使用恰当,确实能凸显教育现象和教育问题,提供具有说服力的证据,但它提供的证据也只是有说服力的一个方面。[1]

---

[1] 束鹏芳:《中学历史教学评价》,东北师范大学出版社,2005:30。

很多事物都有双面性,教学评价也不例外。历史这门学科要追根溯源,它的根本任务是要还原历史的真相,并且人文色彩很浓重,其中夹杂了众多学者和历史学家的思想。所以,在历史教学中,以数据为基础的量化评价,很难反映教育现象,也很难保证教学的有效开展。这是因为量化评价有自身难以克服的缺陷:第一,忽视了思想性。每个学生都是独立的个体,都有自己的想法。学生在学习过程中有很多因素是难以量化评价的,如学生的理想、看待事物的角度以及学习的动机等,有着很大的差异。并且也具有不稳定性,易受环境的影响而变化。除此之外,有一个教育误区,并且还是历史积累的结果:个别教育工作者把学习成绩作为考量学生的唯一指标,优等生往往被众星捧月,而差生往往得不到关注。有的更为糟糕,认为差生一无是处,甚至对其人格进行攻击,觉得差生人品不行。如果这样评价学生,那就失去了教育的本心。现实生活中,不排除存在品质存在问题的学生,但也只是误入歧途,受到周围不良风气的影响。只要运用正确的方法加以引导,他们也能步入正轨。另外,还有一种学生,就是不爱学习,对学习有本能的抗拒,但是他们除了学习,也有自己的一技之长,有的喜欢音乐、美术,并且在这些领域很有天赋,如果鼓励他们发展下去,将来一定会取得巨大的成就。历史上有些亡国之君,虽然他们处理国政的能力欠缺,使国家处于风雨飘摇之中,但他们也有值得称道的地方。比如南唐后主李煜,虽对国运民生多有感慨,奈何大势已去,只留下些脍炙人口的诗篇传世。宋徽宗以书画见长,瘦金体的问世,是书法史上的独创,开创了一代先河。明熹宗虽然不理朝政,大权旁落,但是他也有一技之长,就是擅长木工活儿。以这三人为例,分析出他们缺乏治国理政之能,抑或如李煜时运不济,成为末代君王,但是他们可以称得上是优秀的词作家、书法家和匠人。所以,每个人都是独特的个体,有的学生虽然不喜欢学习,但是他们也有自己的闪光点。不能唯分数论,以分数论学生的优劣,这种教学评价是很失败的。第二,忽视了发展性。由于量化教学评价往往注重计划性结果,从而有一个显著的弱点,就是忽视了非计划性结果。正如著名诺贝尔物理学奖获得者丁肇中的观点:思维不能固化,要发散思维,要有创造性思维。理科学科虽然讲求精准,但也有新的理论推翻旧的理论。而历史学科更是如此,随着考古新发现,会还原一些历史真相,推翻一些原来不成熟的结论。这在教材中也会体现出来。所以,在教学中,如果只关注以往那些结论,而忽略史学新动态,忽略其中的变化过程,在教学中也会出现问题,教师不能完善自身的知识系统,学生也没能掌握学术前沿。假如由专业的教学名师来点评,就会发现一些问题,反馈一些意见。所以,在这种情况下,量化教学评价就不适用了。因为这种评价太固化了,难以准确评价这种教学现状。第三,忽视了多元性。量化教学评价只信奉一元的评价标准,忽视了价值的多元性。[①]因为其过度依赖工具,而工具不是万能的,其结果也会存在误差,所以其只能覆盖教学的一部分,而不能着眼于整体教学。课程目标也难以得到落实。平时我们考查学生对知识的掌握情况,最终是通过考试。而这种方式就是量化评价的主要一种,而评价标准就是分数。虽然目前这是最为有效的一种评价方式,但是这种方式无法从本质上体现出教学评价的价值。教学评价的价值是多元的,量化教学评价只评价了知识与能力层面,这只是最基本的价值追求。除此以外,还有过程与方法,情感态度与价值观等层面的价值。这些价值,量化教学评价没有兼顾,并且也很难做到。尤其情感态度与价值观这一层面,这个层面人文气息浓厚,单靠量化教学评价达不到基本要求。所以,这也是量化教学评价最大的缺陷。

(二)质性教学评价

20世纪60—70年代以来,质性教学评价诞生。它是在量化教学评价的弊端出现以后产生的。随着当时批判思潮兴起,人们意识到评价不是单纯的技术问题,所以质性评价应运而生。质性教学评价,就是通过自然调查的方法,在教学中,更注重过程,能全面反映教育现象的评价。其方法论基础是人文主义和自然主义。对于人文主义,我们很熟悉。而自然主义,一般指那些主张用自然原因或自然原理来解释一切现象的哲学思潮。因为质性教学评价根基是自然主义,质性教学评价也被称为自然主义评价。质性教学评价的主要功能是沟通、反思与改进。主要方法有行为观察、行为记录、档案袋评价、情境测验、苏格拉底式评定、活动法、学年报告法、艾斯纳评定等。而最为典型的三种方式:档案袋评价、苏格拉底式评定、艾斯纳评定(又称教育鉴赏和教育评定)。通过了解其基本方法,了解到质性教学评价主要采用"多元价值"的评判标准,弥补量化教学评价的缺陷。

1. 档案袋评价

这种评价方式诞生于20世纪80年代,在西方中小学评价改革运动中兴起。它是指把有关学生表现的各种材料收集起来,经过合理的分析和解释,反映学生在学习与发展过程中的情况,对此进行评价。档案袋的基本成分是学生作品,而且数量很多;作品的收集是有意而不是随意的;档案袋应提供给学生发表意见和对作品进行反思的机会。从不同的角度可将档案袋分成不同的类型,美国学者格莱德勒以档案袋的

---

① 陈伟国、何成刚:《历史教育测量与评价》,高等教育出版社,2003:33。

不同的功能为标准,将其分为:理想型、展示型、文件型、评价型以及课堂型五类。其中最具代表性的是理想型,而理想型档案袋主要由三个部分构成:作品产生过程的说明,主要是学习计划产生和编制的文件记录,它的形式可有各种不同类型;系列作品,是学生在完成某一学习计划的过程中创作的各种类型的作品集;学生的反思,反思一方面为学生的成长提供重要契机,另一方面也培养了学生自我反思和自我教育的习惯,它对于学生在学习上的成长尤其重要。比尔·约翰逊则把档案袋评定分为最佳成果型、精选型和过程型。以最佳成果型为例,各学科选入档案袋的内容可包括:语言艺术,写作类型的最佳作品;科学,学生做的最佳实验室成果,开发的最佳原创假设等;社会研究,学生写的最佳历史研究论文,学生提出最佳原创历史理论等;数学,对教师所提出的问题的最佳解答等。

  档案袋评价还有一些功能。首先,档案袋里面收集了学生的有效材料信息,这些材料弥补了传统材料的缺陷,传统材料中更多的是成绩单这些可量化的材料,而档案袋除了这些还有学生的反思。教师让学生对自己的作品进行自评,通过自我评价发现一些自己存在的问题,以便后续改进。所以档案袋评价有助于学生反思能力和自我评判能力的提高。其次,档案袋能帮助教师了解学生的基本情况,也就是学情。了解了学生的基本特点之后,方便对其进行学习上的指导,这也就是因材施教思想的应用。然后根据学生的学情,提出有效的教学策略,帮助他们提升,有助于教学评价。最后,档案袋能促进教与评的有机结合。在教学中,它起到举足轻重的作用。总之,档案袋评价突出了学生的主体地位,使得他们学会评判和反思自己,最终得到质的提升。

2. 苏格拉底式评定

  苏格拉底式评定方式是美国教育学家莫蒂默·阿德勒在1982年提出的一种质性教学评价的方法。它把学生"班级参与"和"课堂讨论"中的表现作为学业成绩评定的一个部分,让学生更有效思考,并为自己的见解提出论据。教师根据学生的课堂表现,然后按照既定的评分标准对学生进行评价。"课堂讨论"的评分依据主要是学生论点的清晰与否,以及学生的逻辑思维和思辨能力。除此之外,还有学生的整体风貌,所以苏格拉底式评定很注重学生的综合能力。正因为此,它也是一个权威的评价方式,自诞生以后,产生了很大的教育效应,被世界上多个国家广泛应用。它更多的是关注如何引导学生参与讨论,如何来评定学生参与讨论的质量,如何才能促进更广大学生间的互动,怎样做才能使讨论成为对其进行可靠评定的依据。

苏格拉底式评定的具体步骤包括以下几个方面：

第一，明确教育结果。注重结果评价，它与传统的评价方法做法相同。但它更关注的是评价如何才能真正实现这些结果。其结果不是对某项单一技能的考查，它是对批判性思维、阅读理解技能、多样的写作技能等多种技能的考查。这些技能对于历史专业的学生是很关键的能力，需要学生掌握。最终评价学生的表现时，需要依靠结果来判断。

第二，选定研讨采用的文本，文本形式多样。无论是小说或者影视剧，都可以是选择的对象。优秀的历史小说，比如：《大明王朝1566》和《大秦帝国》系列小说，都是取材于某个历史王朝，是历史的缩影。历史影视剧，比如：《建国大业》《建党伟业》《汉武大帝》等，这些影视剧制作精良，对历史还原度高，学生可以从中提取灵感，然后就某个问题展开讨论。总之，只要能促进学生的学习，教师都可以把它们选为文本。

第三，教师提出一个高质量、有深度、可探讨的问题。教师提出一个高质量的问题是很重要的，它直接影响研讨的质量与进展。一个好的问题往往能起到百家争鸣的效果，学生各抒己见，碰撞出思想的火花。这种问题是开放式探索性的，能不断引发学生思考，并不断地向下挖掘，提出新的疑惑，然后又提出新的观点。如此循环往复，就像打地洞一样，越挖越深。这样的问题有深度，也有探讨价值，是很有意义的。同时能激发学生的学习热情，潜移默化中培养了他们的能力，让学生受益无穷。

第四，选择记录研讨过程的方式或设计简明的记录表。在展开研讨前，教师和学生代表经过商量，确定了辩论法。先是教师确定一个历史议题，然后把学生分为两大组进行辩论，分为正反双方。每一方又分为几个小组，先进行小组淘汰赛，然后选择6位优秀的辩手组成一个阵营，最后就是两大阵营的较量。赢的一方给予奖品，另一方也给予优秀奖。在辩论过程中，设计记录表，选择记录员进行专门的记录。记录时要客观公正，教师也要现场监督，这是进行评定的客观依据。通过对一系列记录的分析、对比，就可以对学生的基本情况有大致的了解。

3. 艾斯纳评定

艾斯纳评定是指一种课程方案的评价方式。它是以教师、家长、学校行政人员、政府部门等作为评价者，对课程方案及其实施进行的评价。评价者通过观察课堂实践和学校各项活动，分析学生作业等途径，了解学校生活的全貌，并对教育活动中各项有意义的因素给予关注，对成功的教育经验加以鉴赏，对评价对象的特性予以评定，对不足之处提出批评。

20世纪60年代,艾斯纳将美学评论的思维方式引入教育评价领域,提出了教育鉴赏和教育批评理论,即艾斯纳评定。1976年,艾斯纳发表了《教育鉴赏与教育评价:它们在教育评价中的形式和功能》一文,首次提出了教育鉴赏与教育批评模式。1979年,他在《教育想象:论学校计划的设计和评价》一书中系统论述了这一理论的思想基础和操作实践。[①]作为美国著名的美育与课程学家,艾斯纳为教育评价相关的美学理论的发展做出了重要贡献。首先,在评价的认识论方面,批判了以"理性主义知识论"为基础、重视操作主义和测量的评价,也就是传统的量化评价,而更注重评价的实践性;艾斯纳指出课程评价的诞生,是以启蒙运动以来现代科学的发展及其方法论为背景的。这种评价方式注重预测与控制,忽视了协商和合作。艾斯纳强调"实践性",他指出,评价是理解和改善学校实践,包括改进学校课程的一种途径。另外,他注意到往往因为教育测量忽视了教育实践的复杂性而对教育进行了简单化处理。这也是他着重强调实践性的原因。艾斯纳把教育评价的历史归纳为四个时期:创立于社会科学早期的教育测量时代、考虑复杂教育实践的评价时代、把学校和课堂作为社会教育组织进行研究的评价时代、真实性评定时代。这四个时期的评价概念可以用四个词汇来概括:测量、评价、研究、评定。从桑代克的早期研究开始,占据美国研究主流的,是心理学上的行为主义和哲学上的操作主义。艾斯纳对过于注重理性主义进行了批判。有些知识我们无法运用推论形式表达。像史料、文学、诗歌等形式,需要我们用非理性的形式表达。对这些知识的掌握需要我们有生活实践的参与,需要我们运用感知能力,进行艺术的加工。而有些实践,是我们无法用语言来进行评判的。正如杜威在《经验与教育》中的观点,教室生活是复杂的、不可预期的,它远比系统分类及科学管理所想象的更为参差不齐……在教学和研究中,存在大量具有丰富实践知识的人。这类评判反映了人类最高形式的理性,而这些具有丰富实践知识的人,也是在教学评价中注重实践性特征的一批人。

在评价的方法论方面,提倡鉴赏式的评价方法。艾斯纳提出了教育鉴赏与教育批评的概念,教育鉴赏是指有见识的感知行为,也是对对象的精妙性、复杂性及重要性等特质的洞察过程;教育批评是把组成艺术作品的必要的、不可言喻的特质,翻译成有助于他人更深刻地理解这些作品的语言。教育批评的主要目的是给人以启发,为教育工作者提供方向,以增强他们的能力。艾斯纳提出的"教育鉴赏"概念重在"感

---

① 李雁冰:《课程评价的新途径:教育鉴赏与教育批评——艾斯纳的课程评价观再探》,《外国教育资料》,2000(4):14—18。

知",这种"感知"调动了我们人类的众多意识行为,包括想象、感觉、理解、注意、记忆等大脑行为活动。艾斯纳认为,评价包含三个重要对象:课程评价、教学评价和实现结果评价。评价的第一个对象是课程。课程鉴赏与批评的标准概括为课程的智力重要性、课程对学生发展的适切性、课程对学生经验背景的适切性,课程鉴赏与批评的方法主要包括:查看实物材料,观察课程活动实际展开的过程,观察教师和学生的课堂表现等。评价的第二个对象是教学。教学鉴赏与批评包含三个重要内容:教学内容本身的价值;教学形式的价值,譬如讲课、组织讨论、小组活动、个别咨询和指导等,不同的教学形式需要不同的技巧,其评价标准并不相同;教师的需要。评价的第三个对象是学生所获得的结果。艾斯纳将课堂上学生可能实现的结果分为三个方面:关于学科特性的结果、关于教师特性的结果、关于学生特性的结果。这种以美学为根基的质性评价理论,开创了教学评价的新形式,对很多国家产生了很大的影响,被广泛采用。

在历史教学中,这种评价方式也起到很大的作用。历史包罗万象,其中以文化史中的艺术史最为典型。在教学中,师生需要发挥自己的审美能力,去鉴赏和感知那段历史,使自己身临其境,融入那段历史。而作为评价者,运用审美的方式去评价,能使教学变得更全面、丰富,也能促进师生的成长和进步,挖掘教学中美的真谛。

总之,无论是量化教学评价,还是质性教学评价。作为教学评价的范式,它们都具有极大的意义。虽然它们也有缺陷,有着历史局限性,但是,在教学中,它们都能起到至为关键的作用。面对教学现象比较复杂的情况时,就可以结合两种评价方式进行评价,这样才会起到更好的教学效果。

思考题:

1.科举制作为中国古代史上的一种选官制度,自从诞生以来,被历任统治者沿用,实行了上千年,直到1905年才被废除。说明这个制度有其优越性,但也有人提出它有很大的弊端,不然为什么会被废除,没有沿用至今。关于这个话题,同学们下来搜集相关材料,进行讨论。

2.罗斯福新政在当时的时局下对国家发展很有利,使得美国的经济得到恢复和发展。但有人认为它对市场经济造成了破坏,影响了民主政体。同学们通过阅读教材以及相关文献资料,讨论一下,并为此观点找出论据。

第三章

学生历史核心素养成就评价

第一节　中学历史核心素养评价概述

　　进入改革开放以来,我国教育事业逐步步入正轨,一系列教育方针政策逐渐落地,全国各级各类学校专注于教育研究,教育思路得以打开,教育事业得以快速发展。改革开放的几十年是我国社会发生翻天覆地变化的几十年,也是教育理念更新换代的几十年。始于20世纪70年代末的社会改革也包含教育改革,取得了累累硕果,培养了一代又一代的人才。这些源于教育工作者的辛勤耕耘,也是在新的教育思想、教育理念指导下的结果。改革开放以来教育发展的几十年,也是教育理念不断迭进的几十年。从"双基"到"三维"再到如今的核心素养,尽管找到一条适合中国国情的教育之路的任务依然未完成,但是这不否定教育人一代又一代潜心探索的成果。

　　经过多年酝酿,《普通高中历史课程标准(2017年版2020年修订)》以及《义务教育历史课程标准(2022年版)》相继出台。它们包含了标准制定的理念、原则,也阐述了核心素养。如《义务教育历史课程标准(2022年版)》(简称为"历史课标")就强调历史课程是落实立德树人根本任务的重要课程,注重培育学生核心素养。通过发掘人类优秀文化遗产的育人功能,使学生树立正确的历史观、民族观、国家观、文化观,增强责任意识和社会担当,成为德智体美劳全面发展的社会主义建设者和接班人。这里强调了历史课程的功能定位,也提出了课程建设的指导思想。

　　历史课标第一次全面介绍和阐述了五大核心素养,它们分别是唯物史观、时空观念、史料实证、历史解释和家国情怀。五大核心素养中,唯物史观排在首位,可见其地位的重要性。何为历史唯物史观呢?历史课标给出了这样的解释:唯物史观是揭示人类社会历史客观基础及发展规律的科学的历史观和方法论。这里,唯物史观既包含了历史观念,又包含了历史方法。笔者认为,这是迄今为止最为科学的解释人类社会发展演进的哲学观。纵观人类历史发展进程,对自然、社会和人类本身做出的解释有很多,中国远古神话中的女娲造人说,西方的上帝造人说,都对人类起源做出了唯心的解释。在社会发展方面,君权神授同样属于唯心主义。当然,就中国古代哲学而言,其中也曾出现过朴素唯物主义,比如,宇宙起源于五行元素、起源于气等观念。但事实上,五行元素也好,气也罢,它们都解释不了世间万物,遂逐一被马克思主义所否定。

唯物史观是马克思主义哲学鲜明的特点,当然也是其重要内容。马克思主义哲学是至今为止最宏大的哲学,它吸收和借鉴人类的优秀文化成果。其包含在马克思主义之中,马克思主义以《共产党宣言》的发表为标志,在19世纪40年代诞生。马克思主义具有科学性,因为其研究的是人类社会的发展规律;马克思主义具有发展性,因为它需要且事实上也在不断发展、完善和丰富;马克思主义具有实践性,它是用来指导人类实践而非挂在空中;马克思主义还具有人民性,它服务于全人类的解放,自诞生之日起就在关注全人类的命运和前途。马克思主义显示了其强大的生命力,诞生在伦敦,但是在俄国获得了发展。其产生于欧洲,但是也发展于亚洲。

　　中国与马克思主义结缘在20世纪初。在狂飙猛进的近代中国,先觉知识分子们努力寻找救国救民的药方,资产阶级政治学说实验过,怪力乱神也尝试过,但无一例外宣告失败。直到十月革命的隆隆炮声,方将万里之外的马克思主义送入中国。也自那时起,迷茫彷徨的中国人认清了未来的路,找到了出口。先觉知识分子们宣传学习马克思主义,让马克思主义在中国发展。

　　在马克思主义指导下,中国的政治革命步入快车道,1921年中国共产党成立,宣告马克思主义有了政治依托,开辟了马克思主义在中国发展的新道路。而在唯物史观的指导下,中国民主革命逐渐走出歧途,摆脱亦步亦趋的模仿,找到正确的道路。

　　马克思主义唯物史观传入中国前,在一段时期内,社会达尔文主义横行一时,它曾激起中华民族的生存危机感,带给国人深深的焦虑。以李大钊《我的马克思主义观》等为代表,马克思主义进入国人的视野,中国革命的路逐渐清晰起来。而众多趋新分子正是读过陈望道翻译的《共产党宣言》后,逐渐选择了信仰马克思主义,信仰历史唯物主义。唯物史观在关键时刻更彰显其理论力量。1927年,国民党右派背叛国民革命,中国革命陷入歧路,以毛泽东为代表的中国共产党人将马克思主义基本理论、原理和中国国情结合起来,以唯物史观为指导,为中国革命寻找到一条新的胜利之路。此后,星星之火,可以燎原,红色政权在全国多地开花。

　　抗战爆发后,毛泽东领导共产党人,从我们是弱国、是大国的国情出发,走人民抗战道路,坚持历史唯物主义,不断将人民抗日武装发展壮大。全面抗战爆发后,"速胜论"和"亡国论"猖獗一时,在唯物史观的指导下,毛泽东再次从国情出发,指出中国的抗战是持久战。中国共产党人带领中国人民创造了地道战、地雷战、麻雀战、破袭战等经典战法,陷日本侵略者于人民战争的汪洋大海。这再次显示了马克思主义、唯物史观的强大力量。

如果说，1945年中共七大确立毛泽东思想为党的指导思想是对我国革命成功之路做出的贡献，那么它本身也说明唯物史观在中国获得了胜利，马克思主义在中国实现了第一次跨越。而伴随着新民主主义革命在中国的胜利，唯物史观完成革命指导任务后，又开始指导中国人民进行建设社会主义的准备工作。在它的指导下，中国共产党人对我国1949年前后面临的复杂严峻的国内外形势进行分析，对主要矛盾和次要矛盾做出判断。通过抗美援朝，在国际上打出了中国的军威、国威，让中华民族以集体胜利者的形象展现在世人面前。抗美援朝战争同样是唯物史观的胜利，面对武装到牙齿的世界第一强国，志愿军坚持你打你的，我打我的，以我之有打击你之无，以"钢少气多"打败美帝国主义"气少钢多"。通过土地改革与镇压反革命，迅速消灭了国内敌人，少数人统治多数人的历史从此终结，少数人自我神话的唯心论再也无法左右中国历史的发展。因为坚持唯物史观，中国共产党人迅速医治战争创伤，让一个经历了一百多年战争的国家焕发新颜。由乱到治，中国人民享受到了难得的世纪未见的和平。

唯物史观是救中国的史观，也是发展中国的史观。新中国成立后，面对西方列强的封锁孤立，中国共产党人紧紧依靠马克思主义，坚持唯物史观，紧紧团结中国人民，我们战胜了一个又一个困难，创造了一个又一个奇迹。我们迅速初步建立了工业化的基础，在国防医疗、农业、航天航空等领域取得了举世瞩目的成绩。

进入改革开放新时期，我们坚持开放、迎客人，通过开放，助力中国的社会主义现代化事业。经过40多年的发展，我们走出了一条致力于公平正义的中国特色社会主义道路，我们以中国奇迹惊艳世界。我们在实现站起来之后，实现富起来，如今正在实现强起来，在唯物史观指导下，中国人民无限接近中国梦的实现，被拒绝几百年后，我们再次回到世界舞台的中央。

纵观人的发展历史，影响其世界观、人生观、价值观的理论有很多，如唯心主义、文明史观等，但是它们所站立场要么是坚持外在主宰内在，要么坚持认为"我"之优越。诚然诸如文明史观在一定程度上曾发挥过它的作用。它坚持文明标准，从地域或空间上将世界不同地区、不同类型的文明进行划分。按照这样的分法，世界文明可以分为东方文明与西方文明，农耕文明与海洋文明，亚非文明与欧洲文明，农业文明与工业文明等。这样的划分便于我们从不同角度来认识人类创造的文明，但是这样的分法是从西方文明出发，然后又回到西方文明的路子。因为板块化的划分，影响了世界文明的整体性。

此外，还出现过现代化(后现代化)史观，所谓现代化，就是社会发展的主要方面与当今最先进的文化、技术、理念同步，或者本身就是这方面的代表。按照这样的理解，过去的就成了不现代的，殊不知，过去的在当时也是现代的。古代的也是世界文明的一部分，也在当时或现在拥有它独特的历史地位。再比如说英雄史观，这样的观点就片面强调个人在历史发展中的作用，认为个人造时势而非时势造英雄。由于片面强调个体的作用，英雄史观也容易滑向唯心论。

只有马克思主义唯物史观才符合中学生的认知水平和心理发展特点。因为马克思主义强调服务于人的发展，服务于人的自我解放。它强调人是在群众中的人，每个人的发展是他人发展的条件，每个人的发展又是为了他人。马克思主义强调人的价值，这与教育的立足点不谋而合。

一、唯物史观的基本内容

《普通高中历史课程标准(2017年版2020年修订)》对唯物史观的基本原理做了说明：唯物史观是揭示人类社会历史客观基础及发展规律的科学的历史观和方法论。它包含社会形态由低级到高级的发展演变、生产力与生产关系的辩证关系、经济基础与上层建筑相互作用的原理、人民群众在社会发展中的重要作用等；唯物史观的基本方法包含阶级分析法、必然性与偶然性的关系、主要矛盾与次要矛盾的关系、一切从实际出发、具体问题具体分析、实践是检验真理的唯一标准等。这些原理和方法在分析和解决问题时没有严格区分，可以互用。

(一)社会形态由低级到高级的演变

人类社会的发展是不可逆的，任何力量都无法阻止改变。社会发展一定是由旧到新，由低级到高级的过程。按照马克思主义的理解，社会形态是由生产力和生产关系、经济基础和上层建筑所构成的社会结构。理解人类社会的发展需要寻找其发展的规律，这一规律就是新代旧，旧让位于新，就是生产力水平不断发展，社会思想不断进步，就是由低级到高级。马克思主义根据生产力发展水平的高低将人类社会分为原始社会、奴隶社会、封建社会、资本主义社会和共产主义社会五种社会形态。一般而言，它们是按照由前到后的顺序演进的。不论人类处在哪一地理空间，哪一文明形态，大体都要经历上述社会形态。但是，并非所有地理空间的人类经历的社会形态都是由前到后依次进行，因为各国的国情不一样，各个国家国民的认知水平、民族心理有差异，历史发展阶段也不一样。

比如,近代中国总体上处于半殖民地半封建社会,中国共产党带领全国人民经过28年浴血奋斗,终于推翻了三座大山,迎来了人民当家作主的新时代,中华民族以独立姿态登上世界舞台。新中国成立后党带领全国人民进行新解放区的土地改革,进行三大改造,我国进入了社会主义社会。但是在某些地区,在进入社会主义社会之前,它们并非处于资本主义的发展阶段,有的是奴隶社会,有的甚至还处于原始社会。而事实上,就我国社会而言,我们也并非由资本主义社会发展到社会主义社会,而是先经历半殖民地半封建社会,再经历新民主主义社会。

在世界范围来看,也并非所有国家和地区都是按照由低级到高级,每一种社会制度都要经历。第二次世界大战结束后,一些亚洲、东欧国家建立无产阶级专政,进入社会主义社会,但是非洲国家有的维持原有社会制度,有的建立资本主义社会,有的是混合型社会。一国采用何种社会形态与该国发展水平和人民的选择有关,也与该国各种政治力量的斗争有关。

人类社会总体发展趋势是上升的,但不意味着是一帆风顺的,其间一定会经历曲折反复。如英国资产阶级革命,1649年共和国建立,国王被处死,但是随着克伦威尔的去世,权力结构的平衡被打破,旧势力趁机反扑,酿成复辟闹剧。直到1688年"光荣革命"发生,才实现权力的和平过渡,资产阶级经过近50年的斗争方才建立资产阶级政权,即便如此,该政权也还掺杂着旧势力。再如辛亥革命,虽然相较于后来的新民主主义革命,其斗争规模、社会影响、组织动员等存在差异,但是它是自鸦片战争以来,对旧制度的斗争最没有妥协的一次革命。辛亥革命结束了中国两千多年的封建君主专制制度,但是旧思想并未得到根除,王权思想依然在作祟。先有袁世凯复辟,再有张勋复辟,革命政权还和旧势力妥协,在北京划定区域让遗老遗少们继续做着皇帝与臣子的旧梦。直到1924年北京政变,这一局面方才得以改观。这十几年间,旧制度就"登台演出"过。

再如中国明朝资本主义萌芽便出现了,但是之后的中国并不具备发展资本主义的土壤,官方的盘剥折断了本就脆弱的资本主义幼苗,直到新中国成立,资本主义都没有获得充分的发展,这期间已经经历了漫长的几百年。西欧14世纪的地中海产生了资本主义萌芽,但直到19世纪,资产阶级才在西欧主要国家取得统治地位,这之间也经历了几百年。理解社会形态由低级到高级,坚定新事物必定战胜旧事物的信心,理解新事物发展过程的艰难曲折,这便是唯物史观在社会形态更替方面的科学、理性认识。中学生学好、用好这一原理,对处理学习和今后工作中遇到的困难是有帮助的。

(二)生产力与生产关系的相互作用原理

生产力是人们改造自然、征服自然的客观物质力量。马克思主义对生产力的范畴进行了科学的说明,马克思主义认为,生产力是物质生产过程中人们与自然界的关系。生产力由多种要素组成,它包含劳动者、劳动资料和劳动对象。劳动者是从事劳动过程的人的总称,生产资料是劳动者在劳动过程中用来影响劳动对象所使用的物质资料或物质条件,劳动对象是劳动者把自己的劳动加在其上的一切物质资料。

生产关系是人们在物质资料的生产过程中形成的不以人的意志为转移的经济关系,是社会关系中最基本的关系。生产关系也有三要素,它们分别是生产资料归谁所有,人们在劳动中的地位和关系如何,产品如何分配。其中,生产资料归谁所有是最基本的,起决定性作用的关系。

生产力和生产关系相互作用原理表现在:一方面生产力的发展状况决定了采用何种形式的生产关系,即生产力水平对生产关系起支配和决定作用;另一方面,生产关系又反过来影响生产力的发展,人类社会的发展要求生产关系一定要适应生产力的发展。生产力是推动社会发展的主要动力,生产力是由低级到高级不断演变的,所以,它决定了社会发展水平也是由低级到高级。生产力的发展水平可以体现社会发展状态,正如马克思所说:"手推磨产生的是封建主的社会,蒸汽磨产生的是工业资本家的社会。"

生产关系与生产力是一种动态的适应关系,生产关系与生产力的变动推动着社会发展。生产力不是静止不前的,它的发展要求生产关系要与之相适应,适应的途径主要是改革与革命。改革或革命本质上是在重新调整生产关系,而其内在的原因则是生产力出现了新的变化。正如春秋战国时期,众多诸侯国都实施改革,内在原因是铁器和牛耕的普遍使用,新的阶级产生,要求社会提供适应其发展的土壤。

中外历史上的革命亦然。17、18世纪英国、美国及法国的资产阶级革命,其原因是资本主义发展,资产阶级力量增强,要求建立资产阶级的统治,发展资本主义。发生在19世纪中叶的俄国农奴制改革,日本明治维新的根源也在于资本主义发展,需要在政治上建立适应其发展的制度。

在理解生产力与生产关系变动原理时需要注意,它们并非推动社会发展的唯一力量,文化、思想、杰出人物乃至旧观念都对社会发展发挥着作用。从这一角度讲,社会的发展是各种综合因素共同作用的结果,只是其间,生产力与生产关系的相互作用至关重要。作为统治者,需要理解生产力与生产关系的变动,顺势而为,创造条件适应生产力的发展,否则就只有被历史所抛弃。

(三)经济基础与上层建筑相互作用原理

所谓经济基础是指社会的经济结构,它指一定社会中占统治地位的生产关系的总和,经济基础属于社会的物质关系。既然经济基础是生产关系的总和,说明一种社会不会只有一种生产关系,多种关系都会对社会发展产生影响。这些生产关系包含新的正在孕育的生产关系,也包含旧社会、旧制度遗留的生产关系。从这一角度讲,生产关系具有继承性,也具有创新性、发展性。

所谓上层建筑是指建立在一定的经济基础之上的意识形态以及与之相适应的政治、法律制度。上层建筑理解起来很抽象,它包含思想上的上层建筑和政治上的上层建筑。思想方面的上层建筑主要指意识形态、法律、艺术、哲学、宗教等。政治方面的上层建筑包含军队、警察、法院等。

经济基础与上层建筑处于相互作用的关系之中,经济基础决定上层建筑,但上层建筑又反作用于经济基础。经济基础对上层建筑起决定性作用,它要求上层建筑需要适应经济基础,需要有相应的制度,并且这样的制度不能一成不变,一定要随着经济基础的调整变化而不断变化。上层建筑对经济基础的反作用表现在其既可以推动经济发展,又可以阻碍经济发展。纵观人类社会发展历程,停滞不前、顽固保守的制度虽然阻碍了经济发展,但这一阻碍只能是暂时的,它最终要被历史所抛弃。

正如在我国古代持续发挥作用的封建君主专制制度,其在明清之际便表现出阻碍社会发展的一面,从明朝到清朝,思想界不断有人反思,提出新的主张,痛陈专制之害,但是封建君主专制制度又持续了600余年,这期间,尤其在清朝,经历太平天国运动、维新变法、辛亥革命之后,君主专制制度才结束。

经济基础与上层建筑之间的相互作用是比较抽象的,我们需要将其与具体的政策或制度结合起来理解。比如,新中国成立后,阶级关系发生了变化,占统治地位的三座大山被推翻了,我们建立起了新民主主义社会。之后,通过1950—1952年底土地改革,将地主改造成自食其力的农民,这对于我们而言是消灭了存在两千多年的封建土地剥削制度,在生产资料上让亿万农民成为主人。之后又推行三大改造,将生产资料私有制改造成公有制,使我国进入社会主义社会。新中国成立后的7年,就是经济基础与上层建筑不断相互作用的7年。

尽管经济基础与上层建筑的相互作用是普遍存在的,但是其在不同国家和民族的表现形式不一样。比如,商鞅变法推动了男耕女织小农经济的形成和发展,此后,以家庭为单位,不同性别在经济生活中各自发挥作用,这一模式延续到封建社会晚期。家庭生产的确立使得封建社会的统治根基比较牢固。这是中国封建社会的重要特点。与之相较,西欧通过土地分封,形成庄园,庄园也是自给自足的经济和政治单位,但是庄园的规模、承担的功能远大于家庭,这是西欧封建社会的重要特点。

长期以来,我们认为中国封建社会是专制社会,但是专制并非封建社会的全部面貌。在宋朝,其政治制度便比较民主。皇权也并非没有任何限制,皇帝的决断甚至经常被臣子推翻。宋朝,尤其是宋朝初期,皇帝依靠三省一起制定国家政策。同样在宋朝,皇帝定下不得杀害读书人的规定,这使得宋朝知识分子敢于直谏。读书人参政议政的风气很浓,政治环境也相对宽松。

再比如,我们谈到古代西方民主,多以古希腊作为典范,但是古希腊的民主与当代西方民主又存在差别。有学者认为,近代西方民主是从英国议会制度发展而来的,而非来自古希腊城邦文明。古代希腊民主是对掌握社会大量资源的贵族而言的民主,近代西方民主一方面是对处于政治上层的资本家的民主,另一方面,无产阶级经过斗争也获得了一定民主权利。

(四)人民群众在社会发展中的重要作用原理

人是社会的主人,为了生存和发展,人类从未停止劳动,劳动创造历史。从这一认识出发,马克思主义认为,人民群众在社会发展中发挥着重要作用。人民群众在社会发展中的作用表现在:

人民群众是物质财富的创造者。衣食住行、柴米油盐是人生存的基本条件。人类由居无定所到住有所居;人类遇水搭桥,逢山开路;人类外出步行到发明交通工具;人类由住岩洞到修住房,物质财富不断积累。尽管我们痛斥秦始皇修长城时的暴政,但修筑长城的人民群众是伟大的。从二里头文化到殷墟遗址,从秦始皇陵到明十三陵,从大运河到故宫,从金字塔到空中花园,从古希腊神庙到古罗马大剧院,从第聂伯河水电站到田纳西水利工程,从葛洲坝水电站到三峡工程,从北盘江第一桥到港珠澳大桥,无不浸透着人民群众的汗水、智慧。正是人民群众一代又一代的接力,物质财富不断被创造,不断被丰富。而后人也正是在前人创造的物质财富的基础上才得以延续与发展。

人民群众是精神财富的创造者。精神与物质不可分,精神财富都需要一定的载体来呈现,一些物质财富本身也能体现精神文化。比如在解读后母戊鼎时,通过附着其身的文字和器物本身,研究出其代表尊严、地位。另外,鼎的制作工艺也体现了当时的铸造水平,鼎身纹饰带有政治寓意等。

再比如,各地的民歌,它是劳动者生产活动中的呼号,既反映地方文化,又折射当地习俗,同时也是劳动者对生活的描写、追求。同样,大足石刻享誉世界,它是雕刻艺术的杰作。通过大足石刻,我们可以研究古代雕刻发展水平和佛教在重庆地区传播、发展状况,还能了解当地人对佛教的态度,人们的精神心理等。

人类创造精神财富犹如用材料搭建艺术品。衣食足而知荣辱,物质发展到一定程度,一定是迈向精神层面。人们在享受物质财富的同时,也在享受精神财富。这方面也可以从具有休闲娱乐、信息传播等功能的茶馆、电影院等的发展来证明。

人民群众是历史变革的决定性力量。人类历史的发展,不能否定杰出人物的贡献,但是再伟大的人,其思想、理念要发挥作用,必须要有执行的人,而这里的执行者便是人民群众。比如汉武帝、唐太宗雄才大略,治国有方,但是再好的政策也需要落地,人民群众便是负责让政策落地的人。所谓得民心者得天下,便是统治者赢取了民心背后的群众力量,而失民心者失天下,便是统治者畏惧民心背后的群众力量。

近代中国革命,自从有了中国共产党才找到适合中国国情的革命道路,那就是农村包围城市,武装夺取政权。农村是中国革命的立足点,打土豪分田地为的是广大人民,而人民群众为捍卫革命果实,参军打仗。人民群众构成军队的主体,历次战争中冲锋陷阵,攻城拔寨。因为人民,革命战争不断走向胜利。人民是革命的决定性力量。

在社会主义建设时期,小岗村探索出以包产到户、包干到户为主要内容的家庭联产承包责任制,很好地处理了权、责、利,国家、集体、个人的关系。家庭联产承包责任制这一长期推行的制度,其发明者是人民。中国改革开放几十年取得了举世瞩目的成绩,当然有政策发挥的作用,但是不可否认的是,中国人民群众参与到现代化建设的伟大事业之中,他们用双手创造了让世界惊叹的成就。

杰出人物来自人民群众,是人民中的一部分,人民群众是社会发展的推动力量,这不否定杰出人物在推动历史发展方面的贡献。纵观历史发展,往往在关键时期,杰出人物能起到关键作用。例如,法国大革命,面对反法同盟的进攻,面对国内叛乱势力兴风作浪,拿破仑及时站出来,多次打败反法同盟,平息国内叛乱。再比如,拉美独立运动,玻利瓦尔、圣马丁密切配合,南北夹击,帮助一个又一个南美民族国家实现独立。再比如中国新民主主义革命,城市道路陷入绝路,面对绝境,毛泽东开创农村包围城市的革命道路。之后,受"左"的错误路线影响,革命再次面临险境,又是毛泽东力挽狂澜,带领红军实现战略转移,保存红军的基干力量,为革命播下种子。毛泽东是领导中国革命取得胜利的伟大领导人,是新中国的开国元勋。

正因为杰出人物做出的突出贡献,我们应该有正确的英雄观。曾经,诬蔑英雄、否定英雄的历史事件的历史虚无主义盛行一时,似乎不否定便不入流。英雄是一个民族的重要资产,一个缺乏英雄的民族,一个否定自己英雄的民族,一定得不到别人的尊重,这样的民族也是没有前途的民族。

在肯定英雄人物的同时,我们还是应该回到人民之中,毕竟这才是多数。人民,普通人民的生活,他们的人情来往、吃穿住行,他们的婚姻、工作,他们的喜怒哀乐等。

(五)阶级分析法

任何人都有情感,都有自己的利益,其所处的时代、思维方式,看待事物的观点、立场等都不是凭空产生的。人是阶级之中的人,唯物史观要求掌握阶级分析法,那何为阶级呢?列宁曾为之做过这样的界定:"所谓阶级,就是这样一些大的集团,这些集团在历史上一定社会生产体系中所处的地位不同……在社会劳动组织中所起的作用不同,因而领得自己所支配的那份社会财富的方式和多寡也不同。所谓阶级,就是这样一些集团,由于它们在一定社会经济结构中所处的地位不同,其中一个集团能够占有另一个集团的劳动。"[①]

列宁对阶级的定义再明白不过,阶级是一个群体,它不是某一个人,这个群体拥有相同或大致一致的利益,他们要么处于社会的统治地位,要么处于被统治的地位。人类社会发展至今,除原始社会和社会主义社会外,从奴隶社会到资本主义社会均属于阶级社会,掌握阶级分析法对研究这些社会中的人和事具有重要意义。比如,原始社会末期,一些人的坟墓中出现了随葬品,或多或少,或简陋或稍显富贵。采用阶级分析法便可得知,这一时期,出现了财富占有多或寡的差异,出现了阶级剥削,原始社会逐步向奴隶社会过渡。

掌握阶级分析法有助于正确评价历史人物。因为阶级社会中的人一定是有阶级性的,所以,他们的所作所为也一定带有阶级的烙印,一定是从维护本阶级利益出发的。如认识唐太宗,尽管他作为一代明君早已被我们所熟知,他的治国能力也十分突出,其治理下的唐朝在整个封建社会占据突出地位。但是也不可否认他为了夺权,发动骨肉相残的玄武门之变。再如,科举在唐朝得到发展,也表现出一定的开放性。唐

---

① 中共中央马克思恩格斯列宁斯大林著作编译局:《列宁选集(第四卷)》,人民出版社,2012:10-11。

太宗在一次科举考试结束后，站在午门城楼上看着新进士们鱼贯而出，高兴地对左右说："天下英雄入吾彀中矣。"科举选士有利于消除按照门第选拔的弊病，但是这里的士依然是为李唐江山服务的士，是为地主阶级服务的士。

所以，尽管人从出生便带有阶级性，但某一阶级的人有多样性表现，是可以随着时代和社会环境的变化而发生变化的。镇压义和团运动时的聂士成是封建地主阶级，但是在抵御八国联军侵华时便是民族英雄；镇压太平天国运动时左宗棠是封建地主阶级，但是收复新疆后便是民族英雄；同样，在近代民族解放战争中，一些国民党军官曾屠杀众多革命人士，他们是反革命者，但是国共合作共同抗日，他们又转变为民族利益的捍卫者。

二、时空观念

时空观念就是对时间和空间的一种意识，历史课标指出："时空观念是在特定的时间联系和空间联系中对事物进行观察、分析的意识和思维方式。任何事物都是在特定的、具体的时间和空间条件下存在的，只有在特定的时空框架中，才可能对史事有准确的理解。"

把时空观念纳入历史学习主要还是要基于历史事件，尤其是注意事件中的人生活在一定的时空当中。人必须在某个地点、某个时间存在，否则历史事件便无序，历史人物便错乱，陷入虚无。时空观念反映人类社会的进步。在原始社会，劳作是出于生存的本能，在火用于生活、生产之前，区分白天与夜晚的意义不大。人类懂得用火之后，黑夜可以当作白天使用。时间的意义在农业社会更加突出。众所周知，不论是古代中国还是古代埃及，抑或是其他民族，人们观察天气变化，再结合农作物生长，制订出日历。以中国阴历为例，二十四节气的出现使得农业生产有了时间导向，人们依据日历制订农业生产计划，安排出行。春耕秋收，一切皆有序。进入工业社会，时间的意义再一次得到彰显。改良型蒸汽机的使用，让规模化、机械化生产成为可能，工厂这一新的生产组织形式得到推广。为了适应工业生产，管理者拟定了规程，制定了上下班时间表。为适应工厂管理，工人的生活相应做出调整。由此，人类开始告别日出而作，日落而息的粗放式时间管理，进入敲钟打铃的小时、分钟的精细化时间管理模式。

时空观念是人的观念，它与人的劳动密不可分。随着人类劳动能力的提升，改造能力的加强，人类不断拓展活动空间，时间和空间的联系更加紧密。正因此，历史学中的时间已经跳出了单纯物理学意义上的时间，成为与人类劳动时间结合起来的时间。马克思认为:"时间实际上是人的积极存在,它不仅是人的生命的尺度,而且是人的发展的空间。"[1]

在马克思看来,"人的积极存在"就是人的积极作为。如果时间不与人的社会实践结合在一起,时间便失去意义。这好比,待在监狱中的人,无法参加社会活动,无法作用于社会,但是在企业工厂上班的人则可以创造巨大财富。时间在两种状态发挥了不同价值。一高一低,一目了然。"人的生命的尺度"是指自然人的寿命。尽管长生不老是所有人的期许,尽管科技水平日新月异,但是人的寿命提升是困难的。至今我们依然迈不过人均寿命百岁大关。所以,在有限的生命里如何做出最大的贡献便是马克思追求的时间意义和社会意义。也正因此,我们应该成为一个对社会、对他人、对国家有用的人。"人的发展的空间"是在时间向度里人的成长潜力。时间对每个人是公平的,但又是不公平的。公平在于每一天都是24小时,每个人都活在24小时里。不公平在于每个人利用24小时的方法,对待24小时的态度不一样,这样就造成了人和人的差别。所有人有一个共同时间,但人和人的差别便在于对自由时间的利用。

正如前文所言,人也生活在一定的空间中,这里的空间,既包括地理空间,又包括制度空间和文化空间,前者有形,后者无形。人是有形的人,需要活动空间。地理空间影响着人的发展,人身上又体现出地理空间的特点。比如,生活在陆地上的人和生活在海洋上的人具有不同的行为习惯,不同的思维方式,不同的文化需求。从事农耕的人注重精耕细作,从事海洋贸易的人进取开拓。新航路开辟之前,人类在自己的区域生活,其视线范围受限。但新航路开辟之后,全球观逐渐形成,各地区孤立状态被打破,人类生活的地理空间得以延伸。同样,人类生活的地理空间还因为交通工具的改进发生变化。在各式各样的船发明之前,人类被限制在陆地,但船投入使用后,水资源被更好地使用和开发,水域成为人类活动的另一空间场所。依此类推,飞机发明后,天空由之前只能被想象变为能被人类的足迹所至的领域,人成为多维空间的人。现在,随着科技的发展,人类将足迹延伸到太空,延伸到其他星球。

人类依赖一定的地理空间,又在改造地理空间。常言道旧貌换新颜,其实就包含对地理空间的改造。人类发展至今,道路越修越多,越修越远,房屋越建越多,越建越高。某些空间曾经人类无法涉足,如今天堑变通途,人类逢山开路,遇水搭桥,无不体现其改造地理空间的能力。

---

[1] 中共中央马克思恩格斯列宁斯大林著作编译局:《马克思恩格斯全集(第四十七卷)》,人民出版社,1979:532。

人是处于社会关系中的人，人类由无序到有序得靠组织，得靠制度，人类创造出制度空间。人在制度空间中找到自己的位置，实现自己的价值，在制度空间中被认可，被需要。例如，秦始皇完成了我国历史上的第一次大统一，为维护统一，他和群臣建立起中央集权制度，在该制度中，秦始皇处于权力的最高层，下级官员为其服务，听命于他。秦始皇通过这一制度体现自己的权威，体现他对国家和社会的控制。同理，各级官员通过这样一套制度，各司其职，各尽所能，通过自己的活动影响历史发展。

人是思考中的人，人类在创造物质财富的时候也在创造精神财富，有形的、无形的，制度的、文化的，均与人类息息相关。因此，人类是空间的开拓者、经营者、维护者。人与人之间有多重关系，既有血缘关系，又可以是上下级关系，他们可同属一个宗教，也可以同在一个组织，他们可以是家庭成员，也可以成为竞争关系，这些均与文化空间有关。

随着社会和科技的发展，人类在开发陆地、海洋、天空、太空这些空间之后，开发出虚拟存在的网络空间。这个空间里，人可以虚拟存在，各种有形的物质被符号化，人与人的关系通过某些符号建立起来，人与人可以不见面，遥远变为近距离，一个键盘，一组数字便改变了人所处的环境和存在的形式。虚拟空间里，人的自由度增加，能更加便捷地获取信息，更加自由地追求自己的爱好。在这一个空间里，人只是作为人存在，性别可以模糊，籍贯、财富、荣誉等可以忽略，也没有人在乎肤色。

时间与空间各有所指，各有其本质属性，但因为人类活动，它们被统一起来。时间、空间服务于人类实践，在实践中产生意义。人类依据时间安排实践活动，时间体现人类活动的时序性，即实践的过程。而空间是人类活动所利用的背景、资源、条件等，是人类在一定的时间范围里从事实践拓展活动的空间。

从物理属性看，时间、空间具有稳定性，一天24小时，这颠扑不破。但是人在时间中的感受不一样，所以，对时间长短的评价会发生差异。例如，人们常说"度日如年"，把一日与一年等同，这显然是矛盾和不成立的，但是某些场景中，时间会被拉长。例如，人到一个陌生的环境，因为紧张，变得局促不安，因为想脱身，便觉得时间漫长。同理，人在一个轻松快乐的集体中，因为志趣相投，情感得到释放，身心愉悦，形成人与人的依恋，时间不够用，被"缩短"了。

人类社会发展过程中，时间和空间曾是统一协调的，尤其在农业社会，劳动者日出而作，日落而息，依照时令进行劳作。田园牧歌，人与自然和谐美妙。但是，这样的状态随着社会发展被改变。工业革命极大地提高了社会生产力，提高了劳动效率。

工业革命也改进了劳动方式，人与人之间形成新的生产关系。工业革命带来了交通工具的革新，汽船投入使用，因为航行速度更快，动力更足，人类的足迹所至之处更远。之前不易到达的地方，现在轻松自如就可到达。因为蒸汽机车的发明，人类进入铁路时代，空间的孤立被火车打破。人们更快地到达目的地，到更远的地方旅行。地球似乎突然之间变小了，时间似乎变快了。在中国古代，城市和乡村实行不同的管理，城市夜晚清场，乡村的人回原籍，但在张择端《清明上河图》中可见，城门的防守已不再严格，夜晚和白天也没有界限，乡村的人可到城市谋生，勾栏瓦舍大量出现，空间界限被模糊。

进入当代，随着电子技术的发展，距离不再是影响人和人见面的制约因素，视频通话被大量应用。一个电话就能听到对方的声音，看到对方的面目，"地球村"真的已经成为现实。

人类一直在利用时间，在时空中组织生产，创造财富。时间具有不可逆性，而人类又不可能一直守在原地，一定会利用现有工具，拓展空间，所以，时空不是一成不变而是不断变化的。

历史课标明确指出："时空观念是在特定的时间联系和空间联系中对事物进行观察、分析的意识和思维方式。""特定"一词本就表明时空的变化性，掌握时空的变化性有助于深入理解和把握历史的全貌，这在分析战争方面是有帮助的。战争参与者一定是从全局思考，布局战争。战场环境瞬息万变，需要考虑每一个细节，把握战争态势，而态势是发展的，就是指时间和空间的变化。

人类的实践活动是在时间中完成的，时间一路向前，过去的便成为记忆。因为记忆，所以便有留存，这为人类创造并保护历史提供了可能，同时，这也要求人类必须尊重和保护记忆。记忆是人类存在的重要方式，一个缺乏记忆的民族是没根的民族，是不知道自己从哪里来的民族。一个失去记忆的民族如浮萍一般，找不到自己的位置，可能陷入焦虑、恐惧。

人类是在一定的空间中完成社会时间的，空间也是人存在的条件。空间与人相互作用，人类在进行社会实践时利用空间的条件，同时人类通过实践又作用于空间，人类通过空间与自然产生联系。空间包含制度和文化，通过制度与文化空间，人与人产生联系。空间是人类活动作用的对象，尤其在战争状态下，人类会利用空间场所，进行排兵布阵。空间场所可以影响战争结局，这便与地利相关。古往今来，多少次军事冲突，双方无不竭尽所能控制空间，争取己方的优势。空间的变化反映人类实践能力,正如前文所言,一座座高楼拔地而起,一座座桥梁连接两岸,一条条隧道贯通南北,在人类活动的痕迹中拓展空间。

在制度方面,人类一直在探索更易操作、更高效率的管理模式,所以,便产生了制度创新,人类的发展史就是一部制度的演进史。从这一层面讲,制度空间在不断丰富,不断延伸。以科举为例,为解决人才选拔问题,隋朝创立了科举制,但初创期间,并不完善,选拔的方式较为单一,唐朝到宋朝增加了殿试与武举。在监考方面,为防止作弊,国家一直在创新监考方式。在阅卷方面,为防止根据笔迹判断学生,采用誊写进入科举。

空间还具有人文性。人民英雄纪念碑是新中国成立前夕策划建造的,在它屹立天安门广场之前,这里还是一块空地。为纪念为国家牺牲的无数英雄,威严壮观的纪念碑拔地而起。从此,在改变原有地理空间的同时,这片区域开始孕育人文精神。通过天安门广场每天的升旗仪式,逝者与今人出现在同一时空,二者完成对话,过去得到延续,今天变得更有意义。这一空间便成为后人追思先烈,进行精神缅怀的空间,它的神圣、高贵、庄严得到彰显。而每年,来自全国各地的人慕名前往天安门广场,在观看升旗仪式的过程中,个人与国家、现在与过去、自己与他人发生紧密联系。在此地,在此刻,更深刻地感受到国家与自己同在。所以,人民英雄纪念碑既是物质的,也是精神的,既是实体的,也是人文的。

三、史料实证

历史研究过去发生的事,过去的人是历史事件发生的当事人,他们留下或使用第一手资料,对历史的解读更具权威。但随着时间的推移,当事人变成过去的人,资料也因多种原因,要么不可见,要么不真实,所以对历史的解读可能与真实的历史不一致。后人研究历史需要尽量还原它,以求历史的真实性,但这取决于资料性质及对资料的使用,史料决定了历史的面貌,谁掌握第一手资料,谁就掌握了解释和叙述历史的权力。

历史课标指出,所谓史料实证,就是对获取的史料进行辨析,并运用可信史料努力重现历史真实的态度和方法。历史过程是不可逆的,认识历史只能通过现存的史料。要形成对历史的正确、客观的认识,必须重视史料的搜集、整理和辨析,去伪存真。史料实证包含对史料的搜集、解读、运用。学习历史首先需要弄清史料的类别。

按照表现形式,史料可以分为文献史料、实物史料和口述史料。"文献"一词最早见于《论语·八佾》,南宋朱熹《四书章句集注》认为"文,典籍也;献,贤也"。文即典籍文章,献即简介、言论等。据此,通过对典籍文章的研读得出结论,发表见解便是历史研究的过程。据此,文献最早与典籍有关,但文献的外延一直在发展,国家标准《文献著录总则》指出,文献即记录有知识的一切载体。既然是知识,那么就有用,一切记录保存有用历史信息的便可称为文献。中华文化博大精深,由古至今,先人们创造了灿烂光辉的文明,留下了丰富的文献资料。

实物史料是指各类遗物、遗址、建筑、碑刻、雕塑和绘画等。它们是当时生活生产中创造和留下的,是当时历史的见证,所以可信度非常高,为历史研究所倚重。

口述史料又分口传史料和口述历史,口传史料主要指传说。在我国,文字是夏商时期才产生的,在这之前,古人类缺乏记录历史的有效工具,历史的记录靠口口相传。由于缺乏文字印证,传说的可信度不高,但是也不能认为传说就是假历史。口述历史是人们对当事人进行采访,记录下来的关于当事人生活或当事人那个时代的历史事件。当前,这一记录可以是文字,也可以是语音,还可以是视频。

按照史料的价值可以分为第一手资料和第二手资料。第一手资料又叫原始资料,是当时产生未经加工的资料,它保持原样。第二手资料又叫间接资料,是被加工过,或者是研究者通过第一手资料进行解读后呈现的资料。

此外史料还可以分为正史与野史。所谓正史就是官方记录的历史。这类历史有美化官方的嫌疑,所以其可信度需要通过其他史料来印证。野史是民间或私人记录的历史,由于是民间或私人记录,它可能不全面,可能因记录人掌握信息不完整,导致史料的说服力不够,这同样也需要通过其他资料来印证。

由古至今,史料的范畴并非一成不变。它由之前的书籍、史诗、传说、雕刻、绘画到今天的证件、画像、税票、广告、影像资料等,这有助于扩大史家的研究范围、研究视野。

史料是历史研究的重要依据,有了史料,就需要用一定的方法来进行研究,历史学认为,实证就是这样的方法。韩震在《历史观念大学读本》中指出,研究任何事物,都应当从实证的事实材料出发,而不应当从抽象的和先验的材料出发。实证主义反对空洞的哲学玄想,重视对具体材料的发掘、观察、实验和比较,强调人们对外界的经验和感觉,提倡对事物先进行分析后做出判断。历史学中借助史料进行研究的过程其实就是史料实证的过程。史料实证既是一种研究历史的态度,也是一种研究历史的方法,通过史料的收集和整理形成结论,证实或证伪某段历史。历史学中,掌握史料实证其实就是培养用史实说话的意识,有一份史料,得一份证据,形成一个结论。而用史实说话,就是求历史之真,这首先是历史学家的责任。在这方面,我国早期历史学家便有着高度的自觉。

作为传世名作的《史记》早已为我们所知,司马迁对后世的贡献首先在于创作了纪传体的体例,把历史人物以纪、传等进行归类,这丰富了史学的记录方式。同时,更为重要的是司马迁在创作中坚持求真的风骨。众所周知,司马迁曾因替人说话,遭受了酷刑。按理,政治的禁忌应该让司马迁闭嘴,采取趋炎附势的态度保全自己。但是作为历史学家,他却有着自己的坚持。在刻画汉武帝这一致使自己身心备受打击的当权人物时,他既尊重其有功于历史的史实,但是也不回避其滥用武力,造成民生之困的现实。政治最终被科学征服,司马迁用真实的史料还原了真实的汉武帝以及汉武帝的时代。司马迁通过自己的努力为后世树立了典范,凡记录历史需要对历史和后世负责,追求历史的本源,用史料说话。

因为历史学科重史料,所以它是严谨的。通过史料实证,可以培养学生重证据的意识。这不仅有助于历史学科的发展,也有助于推动其他学科,诸如法学的发展。案件的审理就是求证据(史料),辨析证据,得出结论的过程。要做出正确的判断,就需要被告、原告双方翔实的一手资料。

史料实证是历史学科素养,同时,它也教人做人的方法,对于学生在社会上立足具有非常重要的作用。在中学阶段接受了史料实证训练的学生,一旦走出学校,走向社会,带着既有的学科知识和思维来看待社会,既有知识和思维等成为其行为的先导,在判断任何一个社会现象时,不会盲目,而是在充分掌握有效信息之后,再下结论,这样的人便是成熟的、具有理性思维的人,这样的人,便能迅速打开局面。

当前,随着网络技术的运用,大量信息被生产,被加工,被传播。网上信息满天飞,如何辨别哪些是真,哪些是伪,这需要我们本着实证精神,各方搜集材料,认真研判,最后得出结论。

明确什么是史料以及什么是实证后,教师在日常教学中要有意渗透史料教学,以培养学生的证据意识。例如,部编版教材八年级上册在"正面战场的抗战"这一课中关于1938年的抗战形势有这样的一段叙述:"武汉会战后期,日军乘广州兵力空虚之机,占领广州。在优势日军的疯狂进攻下,中国军队在正面战场节节败退,华北、华中和华南大片领土沦入敌手。广州、武汉失陷后,日军的兵力已严重不足,物力财力都感觉困难,抗日战争进入战略相持阶段。"有授课者对这段文字进行了深入分析,他发现,该段文字主要讲战争对抗战形势的影响。日军进攻并侵占广州发生在武汉会战后期,抗战形势的变化发生在武汉会战之后。大体可以认为,武汉会战后全国抗战进入了新阶段。教材给了一个结论,但是对结论的理解则需要教师通过资料补充来实现。为此,授课者摘取了如下史料,并进行了相关的问题设计。

材料一 武汉会战后,日本陆军用于中国战场的兵力已达全部兵力的94%,远超所预定的最高限额……武汉会战日军军费支出总额已达八十亿日元以上,这是其历史上四次对外战争战费总额的1.63倍……武汉会战迫使日本动用黄金储备。战争的巨大消耗,使日本经济陷入恶性循环。

——摘编自陈福安、刘光明《武汉会战研究》等

问题一 武汉会战对日本的影响有哪些?

材料二 (武汉会战后国民政府发表声明)"一时之进退变化,绝不能动摇我国抗战之决心,任何城市之得失,绝不能影响抗战之全局……将更坚忍、更踏实、更勇猛奋进,勤力于全面、持久的抗战。"

问题二 武汉会战后中国的抗战意志怎样?

材料三 武汉会战正酣之际,以民生公司为代表的企业冒着炮火抢运物资,承担起运送从……武汉等地撤退的国民政府机关人员、内迁的厂矿物资和学校师生的运输任务。靠着24只轮船和租用的1 000余只木船,民生公司将撤退到宜昌的90 000多吨轻、重工业机器设备,30 000多伤兵、难童全部运送入川,完成了宜昌大撤退。

——摘编自《重庆历史下》

问题三 武汉会战后中国的抗战实力如何?

三个问题分别从日本和中国交战双方提出,通过对日本的分析,不难发现,到武汉会战结束时,日本兵力已经出现了严重问题。透过数据看,武汉会战后的日本已经很难抽出兵力发动新的大规模战争,所以,它先前的主动进攻停了下来。战争终究是综合国力的较量,其中经济实力起着至关重要的作用。武汉会战造成了日本严重的经济负担,这也是其难以继续发动大规模侵略战争的制约因素。

再看中方,武汉会战中国在战役上失败了,但是我们在战略上却有所收获。从国民党的发言看,虽有失败,但我们并未屈服,在抗战意志上更加坚定。我们以一城一地得失作为代价,换来了坚韧、勇猛的抗战精神的培育。

日军想通过武汉会战,消灭中国抗战的有生力量,但是就在武汉会战期间,通过民生公司的努力,将国民政府机关人员、抗战伤兵、难童、大量抗战物资等安全运送到大后方,这些抗战力量得以保存,中国抗战没有亡,前途希望仍在。

三个问题,各有侧重,但都指向结论。经过综合分析,不难看出,武汉会战之后,日本无力发动新的大规模进攻,国民党也同样如此,但是武汉会战后的中国保存了抗战的希望,战局自然便来到了相持阶段。

诸如此类史料运用于教学的例子还有很多,这样一来,结论便不再枯燥,而授课者也打破了教材的桎梏,历史在生动的材料中更加有趣。

当然,因为史料的形式多种多样,除文字性的史料外,地图也具有论证历史结论的作用。用好地图,是史料实证的重要手段。如教师在论证元朝地方治理的特点时,使用了地图,通过对地图的分析,发现元朝在全国大多数地方采用了行省制度,行省制度在元朝首次出现,是一种创新,也是元朝对后世的贡献。但地方设行省不是历史的全貌,在部分地方,元朝有特殊的机构。如西藏地区当时并未采用行省制度而是设置宣政院。通过地图不难发现,元朝的地方机构设置注重因地制宜。

认识到史料实证的重要性,用史料说话,教学中采用史料应该成为教师的自觉。在这方面,目前已得到加强。正如前文已述,史料教学培养学生的证据意识。学生在求学阶段说话、做事严谨,今后进入社会才会做真人,做真事。正因为史料重要,所以保护史料便成为每个人的义务。这于文化建设,于环保事业,于生态文明建设也具有十分重要的意义。所以,历史学科影响的不仅是学科本身,跨出历史学科,历史素养依然能发挥重要作用,这也许就是史料教学的社会价值。

四、历史解释

人们说话、办事需要表达,需要把自己的需求告诉别人。同时,对某一事件,我们可以评论,发表自己的见解和意见,这一切就涉及解释。作为一门学科,历史有自己的解释,解释是历史学科的语言,解释让一些历史现象更加透彻,也让一些道理更加深刻,解释还有助于揭示历史现象背后的本质。那何为历史解释呢?在历史课标中,关于历史解释是这样叙述的:"历史解释是指以史料为依据,客观地认识和评判历史的态度和方法。"从这一概念出发,历史解释是对历史事件的认识,但这一认识不是凭空产生而是依据史料得出的。这要求确保史料的真实,要求解释者具备解读史料的能力。人具有独立性,但人生活在社会之中,他有一定的社会关系,受到情感、立场、学历、态度、价值观等的影响，所以解释难免带有主观色彩。历史解释要求解释者站在客观立场，如实解释。要做到理性客观解释，需要先认识历史解释的基本属性。

历史学科培养的是人，要求学生具有历史学科的核心素养。历史解释是人的解释，所以，应从人的属性来理解。人具有主观能动性，他依据自己的经历做出判断，采取行动，影响历史。例如，人类历史上的战争决策，尽管有众多谋士建言献策，分析利弊，但是对战争进行最后决断的还是少数人，乃至某个人。这个人对信息进行筛选取舍，这是基于他的主观。同时，历史是由人创造的，人在创造历史时带有主观能动性。这在科技发明中表现得尤其明显。蔡伦改进造纸术就因其考虑到原有书写材料的笨重粗糙及携带不方便的缺点；爱迪生通过多次试验找到适合的通电材料便带有通过发明改善人类生活的美好愿望；莱特兄弟发明飞行器就是因为想去天空翱翔。科技的发明是人类对自然的开发和利用，科技发明是智者的事业。

自然科学与社会科学既有联系，又有区别。在自然科学中，研究对象一般固定不变。例如，要研究气压对水温的影响，气压和水这一对象是固定的，通过改变气压观察水温，然后做出记录，最后得出结论便形成了研究报告。但是在社会科学中，研究对象时常发生变化。常言道，人不会两次踏入同一河流，因为时间的不可逆，历史不会重演。所以，社会科学中，研究对象与研究者之间发生背离，这对人的主观能动性提出了更高要求。在日常教学中，我们更应发挥人的因素，一些课堂活动的设计便是很好的尝试。

例如在进行"宋元时期的都市和文化"这一课的教学设计时，有老师便跳出以讲为主的课堂教学传统模式，改为组织学生活动。本课通过组织学生探索发现，得出结论，认识到宋元时期的都市与文化。这些活动，把课堂交给学生，老师只是提供素材，怎么嫁接，怎么辨析，怎么组合材料完全由学生去落实。课堂让学生从知识的接受者改变为知识的探究者、生产者。这样的课堂，就是充分发挥学生主观能动性的课堂，就是有助于培养学生核心素养的课堂。

强调历史解释的主观能动性，让学生跳出权威意识，不盲目崇拜，也不失去自我，这有助于培养健全人格。历史中记录的人物多为杰出人物，他们因其特殊贡献，占有重要地位，这些人物的成长历程对后人具有借鉴意义。例如生活在汉武帝时代的张骞，作为一名书童，受命前往遥远且当时不为中原所知的西域，这需要相当大的勇气。张骞不顾个人安危，冒着可能被匈奴抓获的风险，承担代表汉武帝与西域国家沟通的使命。其间，如果没有发挥主观能动性是不可能的。作为后人，应学习张骞不怕艰难,勇毅果敢的品格,学习张骞身在大时代,当建功立业的壮志,学习张骞忠贞爱国的可贵品质。张骞作为一名书童能有所作为,那么当代青年同样可以有所作为。一个人的事业可以不同,但通往成功的要素应该没有多大差异。小梦想的汇集最终可以变成大梦想的实现,所以不应妄自菲薄,看轻自己。

培养学生健全人格,敢于向权威挑战,这也是历史解释主观能动性的内在要求。教材是学生学习的重要依据,因为它是官方印制的,所以长期以来的观点认为,教材具有绝对权威,教材上的内容就是正确的内容,不容更改,不容否定。但是,教材终究是人编写的,是人就会在资料的选择和使用上呈现"个性",得出的结论可能存在偏差。作为后来学习历史的人,有权力就此提出自己的解释。

历史解释是人的一种判断和评价,所以它属于价值观的范畴。人是有情感的人,对身边发生的事会保持关注,倾注情感。如果我们缺乏情感,就会变成工具,我们所做的一切便毫无意义。价值是人行动的先导,人总是做有意义而摒弃无意义的事,人总是喜欢这,不喜欢那,不可能同时既喜欢又不喜欢,因为一个人的价值观很难保持中立。人总会对经历过,看见过的事进行评价,单纯叙述不评价并非历史学的本意。对历史现象的认识就包含对史实的陈述和对其价值的判断,单纯勾勒史实而不解读史实,史实便失去意义。所以,人是带着一定的价值观来认识历史的,这是一些考试试题命制的原则。如某中学的一道历史试题:

"割圆术"是计算圆周率的主要方法,如果要计算祖冲之的圆周率,需要求证圆内接正12 288边形的边长和24 576边形的面积。以古代的计算工具,完成这样的计算需要对九位数做130余次的加减乘除和开方运算,还要选择适当的有效数字。由此可见我国古代(　　)。

  A.数学人才济济　　　　　　B.科技全面发展
  C.数学成就突出　　　　　　D.数学领先世界

该试题考查祖冲之与圆周率,但是跳出传统考查中单纯记住祖冲之将圆周率计算到小数点后第七位这一知识点,而是将圆周率的计算难度进行呈现。学生在阅读文本的时候,自然产生联想,当时的计算条件下,计算如此多的多边形的面积是多么困难的一件事,但祖冲之做到了,这彰显了我国古代数学的杰出成就。命制该题时,价值观负责立意,材料负责证明价值观,是对价值观的呈现。

在承认历史解释是带有价值观的解释时,也不能否定解释必须依赖真实的史料。当前,在历史教学中存在这样的现象,由于网络技术的应用,信息呈几何爆炸式增长,使人应接不暇。而由于网络技术的发展,知识的获取与解读权不再由教师专享,学生在某些方面可能比教师了解得更多。教师可能成为学生的学生,但是部分教师并未转变身份角色,还是以教师自居,所以在某些观点的阐述上,采用未经证实的材料,或者为了标新立异,胡乱解释,以彰显自己作为教师的权威。当然也存在某种可能,即教师为了迎合学生,允许所谓的多元,在学生明显误读了历史,做出错误的价值判断时,教师不及时加以纠正。

为此,我们应旗帜鲜明地表达立场。历史解释中的价值判断必须符合人类社会的发展方向。当前,污名化历史的现象时有发生。如20世纪初,法西斯疯狂扩张,以德国为例,希特勒上台后,对内镇压犹太人,搞种族屠杀,对外侵略扩张,吞并捷克斯洛伐克,1939年,悍然入侵波兰,在欧洲点燃二战战火。在亚洲,日本发动九一八事变,侵占我国东北,对我国上千万同胞实行殖民统治,大搞文化、种族灭绝。日本组建细菌部队制造骇人听闻的人体活体实验,日本制造惨绝人寰的南京大屠杀……这些反人类、反社会、反历史的罪行本应被控诉,但一些人为法西斯站台,为战争罪犯翻案。为此,我们一定要坚持正确的价值观和正确的舆论导向,勇敢地亮出自己的观点,该批评就批评,该反对就反对。不给污名化历史哪怕一点的空间。同时,面对个别国家的种种卑劣行径,国际社会也应该坚持正义,集体施压,更不能为了一己私利,纵容这一现象。

除此之外,我们还应坚持价值判断要符合民族和人民的利益。历史学家或历史工作者既指群体,也指个体,由个体组成了这个群体。但是我们在判断历史时,不能仅仅站在自己的立场,考虑自己的需要。历史学家是有民族身份的人,但在做出判断时需要跳出自己民族的限制,从全民族利益出发。这在多民族国家的历史发展中尤其需要,尤其重要。这一方面,历史曾有过一段转折。

例如,岳飞与文天祥到底是不是民族英雄,历史上曾有过争议。一些人认为,他们抵抗了金与元,这是民族之间的战争,理应属于民族英雄。但也有一些人认为,不论金还是元建立的政权都是中华民族的一部分,他们参与的是民族内部的纷争不是中华民族与其他民族的战争,尽管岳飞、文天祥代表汉族政权,维护汉族政权,但是我们不能用少数民族是异族来作为价值评判的出发点。不过,不可否认的是,岳飞、文天祥都是南宋的著名将领。

坚持人民立场是马克思主义的鲜明特征，马克思从诞生起便表明自己要谋全人类的解放和幸福，所以，我们在做出判断时要坚持以人民的需要、人民的爱好为出发点。如果违背了人民利益，就需要及时做出调整。

历史解释是历史学家某一时刻做出的解释。这一时刻，历史学家的思维发展水平、材料解读能力、材料丰富程度等处于停滞状态，这是他赖以解释的全部依据。而思维、解读能力又在不断发展，材料在不断补充，所以，解释只能是面向过去的解释。这就决定了历史解释具有时代性。

人可以有出身的差别，代表阶层和阶级的差别，不同国家的差别，但是很难跳出时代的限制，任何人都只能站在时代规定的范畴内认识历史，解释历史。例如，中国共产党是中国工人阶级的先锋队，但是她也吸收农民中的革命分子。同时，对于那些出生于资产阶级家庭的为民族利益奋斗的先进分子，也允许其入党并发挥重要作用，担任重要职务。再者，中国共产党部分早期领导人中不乏来自地主家庭的。如果从阶级划分而言，是应该被打击的对象，但他们站在时代前列，他们为了人民利益而奋斗，所以同样被吸收进中国共产党。

再者，作为第二次世界大战亚洲策源地的日本，其国内有人民、百姓，尽管他们身处被统治的地位，但是其中有人支持乃至参加了这场战争，给亚洲乃至世界人民带来了伤害，那么他们也应该被谴责、被审判。同样，正如《辛德勒名单》所描述的，尽管主人翁来自纳粹党，但是他在能力范围内保护了犹太人，挽救了他们的生命，他也应该被铭记、被感谢。

深入分析历史解释的属性有助于进行历史解释。认识历史本就包含知道历史的原委，还要能对此进行解释和价值判断。有学者指出"解释"就是参照已知的事物来说明未知的事物，从而使未知的事物变得可以理解。那么，"历史解释"就是使过去的人和事变成可以理解的知识的过程。[1]"历史解释"需要解释什么呢？

解释现象。历史是以一定的现象呈现的，历史发生有着起因、经过、结果，需要时间、地点、人物，把它们组合在一起就构成现象。对现象进行描述就是重新勾勒历史，这一过程就是现象性解释。现象性解释是对历史事件和人物的叙述，属于史实。如重庆中考这类题型：

---

[1] 李剑鸣：《历史学家的修养和技艺》，上海三联书店，2007：278.

2019重庆A卷15题

学习历史需要区分历史史实和历史结论。历史史实是指客观存在的历史人物或事件;历史结论是关于史实的基本判断和基本观点。下列表述属于历史史实的是(   )。

A.汉武帝的"大一统"措施促使西汉进入鼎盛时期

B.中国特色社会主义理论是马克思主义和中国实际相结合的产物

C.十月革命鼓舞了被压迫民族的解放斗争

D.1967年西欧国家成立了欧洲共同体

史实是发生过的事件,是有人物活动的事件,是"……是……"的事件。学生围绕这一属性出发是能够辨别并作答的。四个选项中A中汉武帝的措施促使西汉进入鼎盛时期,C中十月革命鼓舞了被压迫民族的解放斗争,它们均属于事件的作用类型,应排除;B中国特色社会主义理论与马克思主义的关系属于价值判断,应排除;唯有D答案,是叙述什么时候发生了什么事,属于"……是……"类型。

学习历史需要知道是什么,才能知道为什么、怎么做。现象性解释帮助我们了解一些概念,如工业革命、租地农场、手工工场、工厂制度、郡县制、经济特区等,这是概念教学的重要内容,现象性解释既能推进概念教学又有助于夯实学生的基础。

解释内涵。何为内涵?《现代汉语词典》,商务印书馆第7版给出了三个定义:一为逻辑学上指一个概念所反映的事物的本质属性的总和,也就是概念的内容;二为(语言、作品等)所包含的内容;三为内在的涵养。显然,历史学中的内涵性解释与第一种定义有关,它是在现象性解释基础上,对内容进行更加全面的描述。从这一定义出发,内涵性解释要求更深刻,更具体地解释历史,而不是仅仅停留在现象的叙述上。

例如,对于中央集权,从现象上讲,地方官员由中央委派,服从中央,权力集中在中央,属于中央集权。但是从内涵上讲,中央集权是一种国家政权组织模式,以国家职权统一于中央政府,地方服从中央权力为主要标志的一种制度。现象性解释与内涵性解释有着某种联系,但也有一些区别。现象性解释只需要把现象描述清楚,让人知道是什么即可,而内涵性解释需要更加详细的介绍,以丰富人们的历史认知。

解释本质。所谓本质是指事物固有的属性,它是对事物的性质、特点以及发生、发展产生影响的因素(与现象相区别)。本质分为以下几方面:事物本身的形态;人的资质,本性;本来的事实;本来的质朴风貌;事物固有的根本属性。历史学中的本质性解释要求在现象性解释和内涵性解释的基础上揭示事物的真相,找到它们的内在联系。例如,战国时期,诸侯国纷纷变法,从制度建设方面看,属于破旧立新(如秦国废井田,开阡陌,允许土地买卖,奖励军功等),实质上是封建制度建立,奴隶制度瓦解。1953—1956年,新中国对农业、手工业、资本主义工商业进行了社会主义改造,目的在于变私有制为公有制,所以三大改造是公有制的改造,这是本质。再比如说,1921年,苏俄实施了新经济政策,农业方面,改余粮征集制为粮食税;允许使用雇佣劳动力和出租土地,农民可以自由买卖纳税后的剩余产品,实行自由贸易;允许私人经营中小企业等。上述内容从本质上看,是利用货币和商品关系发展生产。

解释现象与解释本质,互为表里,本质通过现象来表现,现象中藏着本质。透过现象看本质是学习历史的重要方法,挖掘本质,有助于认清历史的真貌,把握历史发展的脉络。一切解释都是当时最新、最好的解释,但是历史是发展的,我们对事物的认识在加深,所以对本质的揭示也是一个发展的过程。所以,没有一成不变的解释,我们要勇于接纳新观念、新提法。例如,我们曾经将孝文帝改革视为汉化的具体表现,据后来的研究发现,鲜卑族在学习汉族,但是汉族也受到他们的影响,所以,如果单纯讲汉化,就不是民族关系互动的全貌。孝文帝改革的实质是什么呢?是民族交融的具体表现。历史学家接受不断发展的解释,其本身就是历史发展的重要表现。

解释联系。事物都不是孤立存在的,任何事物都是其他事物发展的条件,任何事物都依赖其他事物存在,这样,联系便必然存在。正如城门失火,殃及池鱼一样。历史学习或教学中,需要寻找联系。与本质性、内涵性解释不一样,对于联系的解释是对事物外部关系的解释。以新航路开辟为例,新航路开辟是众多历史条件促成的。

历史因素

经济根源:欧洲商品经济日趋发达,新生资产阶级渴求开拓新的贸易市场。新航路开辟是新兴资产阶级的行动,他们是一群从事商品生产的人,而商品需要卖出去才能有投资回报,这样就有了对市场的需求,而商品生产的扩大就要求市场的扩大。

社会动因:欧洲社会出现了关注东方的热潮。某种程度上,中国是东方的代名词,中国的发展代表东方的发展,了解中国就能了解东方。新航路开辟之际,东方尤其是中国是领先于欧洲,这引起了欧洲的兴趣。《马可波罗游记》中的中国对欧洲富有强烈的吸引力,尤其是对欧洲的贵族。

直接原因:15世纪中期,奥斯曼帝国阻断传统商路。控制地中海的奥斯曼帝国坐地起价,他们向来往商人征收高税,无利可图的商人只得寻求改道。

客观条件

随着欧洲地理学发展,地圆说开始流行起来。在中国出现过的"天圆地方"学说在欧洲也曾大行其道,按此理论,人不可能回到起点,所以,远行有巨大风险。但是地圆学说的流行,让人们意识到出发点也可能是终点。

造船技术和航海技术的进步。造船技术的进步让人们能造出更大的船,能装载更多的食物和淡水,能支撑更远的航行。而航海技术的进步增强了人们抗击风浪,与大海搏斗,生存下来的能力。

葡萄牙和西班牙王室的支持,为新航路开辟提供了物质基础。迪亚士、哥伦布、达·伽马等受西班牙、葡萄牙王室的支持,他们的行为得到褒奖。

从影响看,新航路的开辟打破了各个文明区域间的孤立、分散、隔绝的状态,推动了人类文明的交融。世界那么大,不同地区生活着不同的人,他们的风俗习惯,他们的经济文化状况、政治制度等千差万别,这是文明的多样性,也是文明的多元化。通过新航路开辟,这些文明有了相互了解,进行对话的机会。从而,你知道我,我知道你。你对我不再陌生,我对你变得熟悉。

新航路的开辟证明了地圆说的正确性,冲击了神学理论,开阔了人们的眼界。新航路开辟发生在中世纪思想逐渐瓦解,近代思想逐渐形成的前夜。教会依然处于强势地位,神学牢牢地控制着人们的思想,但是新航路的开辟,在地理上打开了否定神学的缺口,在科学理论及事实面前,遮住人们双眼的神学面纱被揭开了。

世界开始连为一个整体,世界的观念也从此逐步确立起来。世界本来就是一个整体,但是在新航路开辟前,人们缺乏地理上的沟通,以为自己看到的就是世界的全貌,自己所在的地方就是全世界。新航路的开辟打破了地理界限,从地理上建立了全球一体的联系,从此,人们思考问题开始有了世界观。

这客观上有助于欧洲殖民国家资本的原始积累,给亚非拉国家带来空前的灾难。新航路开辟是欧洲建立与其他地区联系的一次地理冒险,此后,欧洲强势进入其他地区,对亚非拉地区进行殖民,殖民掠夺后获得的财富源源不断地进入欧洲,成为欧洲发展的重要支撑。但是殖民掠夺给亚非拉地区带去了灾难,造成这些地区的贫穷落后。

新航路的开辟促进了资本主义的发展,加速了欧洲封建制度的瓦解。新航路的开辟促进了商业发展,也增强了资本原始积累,它们组成资本主义发展的重要条件。新航路开辟也引发了价格革命,大量白银回流到欧洲,引起了货币贬值,那些征收货币地租的封建主受打击,实力被削弱,慢慢退出历史舞台。

解释联系有助于我们分析事件发生的前因后果,对于联系我们需要把握横向的,即该事物与其他事物之间的关系,它们之间的相互影响,也需要把握纵向的,即该事物的来龙去脉,这样才能全方位了解事物。

五、家国情怀

(一)概念内涵

正如前文所述,我们生活在一定的空间里,但我们也以某种组织存在。家庭是最小的社会细胞,每个人都来自家庭,作为家庭的一员,我们应该拥有对家庭的情感。众多情感中,爱是最重要的,它是维系家庭成员之间关系的纽带,是萌生其他情感的土壤。百姓以家庭为单位,家族是家庭的集合,它们无不透出中国人对家庭的重视。国是若干家庭的集合,家是国在国土范围内的分散,国护着家。在中国,爱家与爱国自古以来便是统一的,所以,家国情怀一直贯穿中国历史。

历史课标指出:"家国情怀是学习和探究历史应具有的人文追求与社会责任。学习和探究历史应充满人文情怀并关注现实问题,热爱家乡,热爱祖国,放眼世界,以服务于国家富强、中华民族伟大复兴和人类命运共同体的构建。"作为历史五大核心素养之一的家国情怀浓缩了人的终极价值归宿,是人关于自身、社会、国家关系的高度凝练,更是所有人行为价值的指路明灯。处在价值观形成阶段的中学生,被家国情怀引领恰当其时。处在当前价值多元的时代,应该用家国情怀作为全体中国人的共同价值追求。家国情怀是对学生的一种能力要求,同时也是一种价值规范,它找到了个人与国家的最佳结合点。作为价值认同,家国情怀建立在个人对国家富强及人民幸福的认可基础上。同时,家国情怀也是一种实践,需要通过个人的奋斗来实现国家富强和人民幸福。

家国情怀对一个人的情感归属的引导由小到大。首先要拥有对自己家乡的情感,家乡是小环境,那里的水、土、树、空气等是一个人生活的必备条件。正所谓一方水土养一方人。人是具有地域特色的人,是具有家乡情怀的人。其次是拥有对国家的情感。国家是一个整体,它既抽象又具体,抽象到你无法拥抱它,因为太过辽阔;国家又很具体,具体到它可以通过地图来展现,也可以通过一个一个地名来呈现。热爱家乡是热爱国家的起点,热爱国家要求热爱自己生长的家乡。家国情怀要求我们热爱它的现在,也要热爱它的过去。国家是一个历史的存在,从过去走来,又走向未来。

国家的过去是什么？是大好河山，是一城一地，是那些风景名胜，是一个一个英雄，是镌刻在石碑上的文字，是屹立在山岗的雕塑……家国情怀还需要我们放眼世界，跳出自己国家的文化，了解并尊重不同的文化。

家国情怀要求对国家有高度的认同，认同国家的过去。过去它曾强大过，也曾弱小过；过去曾在某方面具有领先优势，在某方面也曾落后于世界；过去这里的环境很好，过去这里也可能被污染过。过去国家是什么样子，我们无法选择，更无法决定。国家过去的发展是由过去的条件决定的，对此我们必须接受。认同国家就要认同其领土。纵观人类早期社会发展，一国的领土可能是动态的、发展的，国家是以领土范围这一自然状态存在的。领土体现一国的治理边界，深深打上国家烙印。

家国情怀还要求认同民族。中华民族是一个复合体，有着整体的名字，但又是由多个民族组成的。每个民族都有自己的历史，都在这片土地上生活，是这片土地的主人，他们曾创造过历史。国家以民族的身份存在，所以，认同国家就需要认同民族。

家国情怀不仅要求认同中华优秀传统文化，也要认同中国共产党领导的新民主主义革命时期的文化和社会主义现代化建设时期的文化。认同过去与认同当下是一致的。中华优秀传统文化是我们的根，认同它们有助于增强我们的民族自豪感、自信心，同时也让我们知道从哪里来，知道我们该维护什么、珍惜什么。近代中国是苦难的中国，我们从苦难中走向辉煌。在中国共产党领导下，我们在黑暗中摸索出一条成功的救国救民之路，在摸索中实现了民族精神的凝聚和升华。认同新民主主义革命史，就是认同一个个可歌可泣的英雄，一段段史诗般的抗争。而进入社会主义现代化建设时期，中国共产党带领全国人民找到了实现民族复兴的正确道路。新中国成立到现在，在一穷二白的基础上，短短的几十年，我们实现了从吃饱到吃好，实现了从局部地区的发展到全国范围的发展，实现了从任人宰割到扬眉吐气，实现了近10亿农村贫困人口脱贫。这是人间奇迹，所以，对国家的认同必须包含对社会主义现代化建设的历史的认同。

改革开放以来，新中国以开放的姿态拥抱世界，我们从未像今日那样深度融入全世界，参与世界分工，与世界同频共振。通过吸收借鉴世界各国先进经验，我们由农业国转变到工业国，我们正在实施城市化，我们在传承中华优秀传统文化的同时，西方外来优秀文化也进入国人的视野，如今，世界已经变成地球村，全球化时代对国家认同提出了挑战。所以，进行家国情怀教育绝非易事，也因为难，教育才更有价值。

那么中学历史教学该如何培养学生的家国情怀呢？

(二)培养途径

1.价值渗透

每个时代有时代的风气,一个国家,一个民族应该有自己的价值导向。中华民族几千年来,不同时代均有自己的时代英雄,他们的活动无不显露出那个时代的价值追求。如秦汉时期是一个建功立业的时代,生活在秦汉时期的人以为国家建功业、为自己扬名为骄傲,那个时代的人想有所作为。所以,张骞远赴西域,深入之前无人知晓、无人到达的陌生之地,承担起联系西域各国的重任。秦汉时期,忠诚爱国、建功立业是价值的基调。作为历史教师,可以充分利用挖掘张骞出使西域这段历史,从他不顾个人安危,以国家利益为重出发,培养学生的爱国情操和甘于奉献的高贵品质。

中国近现代史是一部中华优秀儿女英勇抗争的历史,其间涌现出太多可歌可泣的杰出英雄,他们身上彰显着爱国主义、英雄主义的光芒。危急时刻,舍身忘我,牺牲个人,成就他人、集体和国家。

例如,抗美援朝时期的黄继光,为了挽救更多战友的生命,为了胜利,在自己本已严重受伤,弹药用尽的情况下,拖着沉重的身躯,扑向地堡,用血肉挡住子弹,为部队夺取阵地献出了年轻的生命。这样的英雄壮举令人动容,精神令人感动。

在新时期,爱国、敬业、奉献的新时代精神同样浸润着我们。1998年长江发生特大洪水,面对百年一遇的灾难,人民子弟兵冲锋在前。哪里有危险,哪里便有子弟兵的身影;哪里有险情,哪里便是子弟兵的战场。如战士李向群不顾上级要求休息的命令,在生命最后关头还战斗在抢险一线。

伟大的事业孕育伟大的精神,伟大的精神引领着人们。作为教师,在对学生进行家国情怀培养时,完全可以将中华民族不同时期孕育的核心价值作为教学立意的出发点,大用、特用核心价值。

2.活用资源

正如前文所述,作为整体的国家又分散在一个个地方,地方与国家的互动是国家存在的重要方式。上千年来,优秀的中华儿女创造了无数的物质和精神财富,它们分散在各地,是极好的教育资源。介绍秦汉雕刻艺术可以带着学生参观秦始皇陵兵马俑;了解魏晋南北朝时期的雕塑可以让学生去龙门石窟与云冈石窟参观;了解西方侵略对中华文明的摧残可以介绍劫后的圆明园;了解日本法西斯对中国人的残害可以介绍731细菌部队;了解抗战的艰难可以让学生去云南松山战场遗址参观……在我国各地,还有很多红色文化遗址,讲述这些历史,就是在学生心中培根铸魂。让学生知道英雄向死而生,用生命换生命的伟大;让学生知道正是英雄的血肉之躯支撑起中华民族的尊严;让学生知道中华民族不可欺、不可辱是因为英雄的护佑。

博物馆是陈列具有代表性的人类文化遗产的实物场所,博物馆对人类文化成果进行科学性、艺术性等分类,供人们参观。博物馆折射出一个国家、地区的文明高度和精神厚度。博物馆能证明过去,也能帮助我们憧憬未来。博物馆跨越时代,形成过去与当代的对话。日常教学中,可以充分挖掘博物馆资源,或者带着学生有任务地参观,回学校讲解;或者让学生开展社会调查,了解本地博物馆馆藏展品。走进博物馆,品文化积淀,思"创业"艰难。

3.活动实践

当前,历史课堂教学早已走出教师满堂灌、填鸭式的传统教学模式,它强调教师为主导,学生为主体。为体现历史核心素养教学,适合课文内容的活动被大量引入。这对于培养学生动手、动脑能力,锻炼学生思维,培养团队合作意识等具有重要价值。如某校为进一步培养学生家国情怀,连续多年开展"老物件中的家国情怀——家风·传承"活动。该活动分这样几步:

(1)活动宣传:由任教老师在各班宣传,介绍家风中哪些老物件可以用来展示。宣传激发学生的参与热情,接下来学生按照老师提供的物件种类进行收集整理。

(2)文字介绍:学生对参展的老物件进行介绍。可以通过文字,也可以通过录制语音或视频讲述老物件的故事。

(3)归类整理:老师对学生提交的文字或语言资料进行归类,并打印成纸质材料,把每一份材料进行编号。

(4)正式展出:选定场所,分类摆放,集中展示。学生到场参观并投票,物件持有者负责介绍。老师负责现场拍照,记录重要时刻,留下精彩瞬间。

(5)活动分享:由参观者与展览者一起分享活动对自己的意义。一位参观者这样评论道:每一本古旧的书籍都承载着诗书济世的初心理想;每一张泛黄的照片都记录着逐梦时代的五彩往事;每一枚锈迹斑斑的勋章都闪耀着保家卫国的英雄之光;每一个静默不语的物件都叩击出家与国共奋进的历史回响;家与国,通过一个个老物件发生联系,家与国相互珍藏。通过老物件,学生与父辈完成了交接,家风在老物件中得到了传承,国家在老物件中得到刻画。

类似的活动还有很多很多。同样是这所学校,从初一到初三给学生布置了不同的实践活动。如布置初一学生访名胜古迹;布置初二学生研究道路名称的变迁;布置初三学生寻访身边的老人,听他们讲新中国成立或改革开放的故事,并完成记录。

一系列的实践活动帮助学生梳理自己与家庭、社会、国家之间的关系,帮助学生树立责任感、使命感。通过实践,增强学生的团队合作意识;通过实践,让学生感受到爱家、爱国是一致的;通过实践,让学生体悟到国家就在身边。

4.阅读

常言道,阅读是最美的修行,阅读使人的品质变得高贵。一个人的精神发展是从阅读开始的,阅读使人聪慧。阅读打开的世界才是最丰富、最精彩的。一个人的生活往往只能有一种模式,但是通过阅读,可以了解人生百态,获得更多的智慧滋养。培养中学生的阅读习惯,帮助他们一路与先贤对话,与优秀者同行。当然阅读需要有层次,首先,在起始阶段可以阅读普识性的著作,如《上下五千年》,可以对中华民族的历史有一个整体观。其次进行通史类阅读,二十四史内容太过庞大,一些研究专家穷极一生都阅读不完某个朝代,所以中学生没有必要全面涉猎,可选择一个朝代进行阅读。其中,《史记》是不错的阅读对象。再次,进行专门阅读,选择感兴趣的主题,找相关研究资料或文献进行阅读。最后,拓展阅读。历史包罗万象,除读历史类著作外,可以读一点哲学、经济学、政治学、社会学、美学等方面的作品。除读中国史外,还可以读一点世界史的著作。如马克垚《世界文明史》,王斯德《世界通史》等。除读专著外,还可以阅读一些地方资料,如某地的文史资料选集,阅读一些城市史、乡村史等。

总之,与其说家国情怀是一种宏大的历史叙述,不如说是一种历史沉淀,历经千百年,早已成为根植于中华民族最质朴的气质。国在心中,家在身边,爱国爱家。在全球化日益密切的当下,虽然各国的交往在增强,你中有我,我中有你,但这从未模糊国与国的界限,人也从未消除民族的身份。当下,社会流动越来越频繁,但家依旧是最好的归属。培养家国情怀,在国际竞争日益激烈的当下,尤其迫切和必要!

第二节　中学历史核心素养评价方法

历史核心素养的提出为中学历史教学提供了路径,它使教学有章可循。由于历史教学五大核心素养内在逻辑清晰,内容广泛,教学便有了落脚点。培养学生核心素养是教学的出发点,那么采取怎样的方法评价它们呢?

一、史实评价

历史学科的特殊性在于其以史实为依据,离开了史实,历史就失去了学科意义。史实是历史认知、历史评价等的前提,没有史实作为支撑,任何评价都如空中楼阁。解读历史是每个人都有的权利,每个人都可以构建自己的历史王国。很长一段时间以来,历史细说类的书籍在社会上很畅销,虽然大众对历史抱有热情,这对于历史的普及是好事,但是由于部分作者掌握的资料有限,很多细说、解读脱离史实。甚至为了迎合读者,一些作者带着调侃的心态任意解构历史,在没有弄清是非的前提下,高谈阔论,乃至亵渎历史,这当然是对历史的误读、轻慢、伤害。

当下,作为一线教师,在日常教学中一定要从史实出发,讲清事件的来龙去脉,求真求实。例如,关于鸦片战争爆发的真相问题。中国学者一直认为这是英国发动的侵略战争,其借口是林则徐虎门销烟。但是英国坚持认为这是其维护商业利益的不得已行为。如果这一基本史实没有弄清,对于鸦片战争的评价,鸦片战争的影响,中国进行这场战争的必要性等问题就无法回答。所以,教师在进行教学时,不妨从英国当时的国情开始,讲清随着资本主义制度的建立,英国成为最大的殖民国家,再加上工业革命的加持,英国已具备全球扩张的实力。而英国追求的全球利益集中体现在建立全球市场并从中盈利,显然对中国进行商业扩张就是追求这种利益的体现,但是由于中国自给自足经济的抵制,英国的利益无法实现,转而通过贩卖鸦片来打开中国市场。古往今来,没有哪个国家会把毒品作为合法商品对待,所以,为维护中国的合法权益,中国政府行使正当自卫权。基于这一基本事实,很明显,是否进行贸易是一国主权,作为主权国家中国的做法合情合理,但是英国的报复行为明显是具有侵略性质的。弄清鸦片战争爆发前中英交锋的这一史实,是对这场侵略战争进行正确评价的前提。

今人研究过去的事,必然对其进行评价,但是,如果脱离史实,评价便可能歪曲,所以,在教学过程中,对历史问题——道来,这种严谨的治学态度对学生也是一次人格启蒙。我们教育的学生通过不同的角色和身份进入社会,在各自的岗位演绎生活。求真务实就是做真人,做真事。求得真,才探其源,才有说真话的勇气,才有正直的风格,求得真就是走向善和美,求得真就是回归历史唯物主义。

二、知识结构评价

学习的目的是解决问题,但是在解决问题前,得有一定的知识储备,否则面对新问题,我们就可能乱了阵脚。历史信息丰富多彩,如果没有知识结构的搭建,我们捡起的可能只是树叶,没有树枝作为串联,叶子便是孤零零的。所以,搭建知识结构是评价历史核心素养的基本要求。搭建知识结构,构建知识网络,寻找知识之间的逻辑联系既是学习历史的方法,也是学习历史的能力要求。搭建怎样的知识结构,就是选择用怎样的视角来解读历史,选择用怎样的路径来探寻历史。在日常教学中,我们不难发现,学生对历史问题认识有偏差,其原因之一是对历史只识树木,不识森林。犹如盲人摸象,探局部,不看整体。历史知识的残缺必然带来历史认知的残缺!所以,帮助学生搭建知识结构,掌握历史核心内容,厘清知识内部关系,构建历史整体观,有助于使学生从单纯记忆的枯燥学习模式中解放出来,变成生成式学习。

历史核心素养的培养建立在学生掌握基本知识的基础上,更加强调历史思维品质的训练,强调挖掘历史背后的联系,寻找历史事件的规律,剖析现象背后隐藏的本质,这一切无不体现历史学科的批判性、建设性。搭建知识结构,化繁为简,认识本质,挖掘规律正是历史核心素养培养的要求。构建知识结构犹如给学生一把放大镜,给学生一张历史地图,让历史知识系统清晰。

按照这样的逻辑梳理知识结构,一部世界近代史便一目了然。世界近代史的一条基本主线便是资本主义的发展,其经历了这样几个阶段:资本主义的萌芽产生、资本主义的发展、资本主义制度的建立、资本主义制度的巩固、资本主义制度的扩大、资本主义的矛盾等。所以,租地农场、手工工场采用雇佣关系生产,资本主义在这两大空间场所萌芽并获得发展;随着资本主义的发展,资产阶级力量增强,要求在思想上打破封建和教会的束缚,于是便有了文艺复兴;资本主义发展需要原料、需要市场,于是便有了新航路开辟;而随着资产阶级政治、经济等力量的增强,其与封建制度的矛盾越发尖锐,于是便爆发了资产阶级革命,通过革命,欧美纷纷建立资产阶级政权,为资本主义发展保驾护航;通过工业革命,验证了资本主义制度要适应生产力的发展,同时,工业革命巩固了资本主义制度;资本主义制度在当时显示了威力,证明其在推动生产力发展方面的优势,资本主义制度通过改革的方式在俄国和日本得以建立,资本主义制度从欧洲走向亚洲,资本主义世界得以扩大;但是随着资本主义制度的陆续建立,资本扩张的需求增强,但可占据的市场和资源有限,所以各国矛盾重重,最终演变成战争。

世界近代史发展的各个阶段统合在一起,这样的结构简单明了。

三、课堂活动评价

历史教学早跳出了老师讲、学生听,老师灌输、学生被动接收的传统模式。有教学必有活动,这已经成为当下历史教学的基本形式。教师的教学水平不仅体现在传授知识,讲清历史的来龙去脉,分析原委,更体现在教学生如何获取信息,处理新的历史问题,学会知识的迁移,即"授人以鱼不如授人以渔"。

设计教学活动,落实核心素养是一堂课的必然要求。那么怎样评价活动设计呢?活动一定是自然生成,而不是为了迎合形式,贸然嫁接。例如,在讲述第二次鸦片战争的过程时,课标对这一知识点做了弱化处理,过程不是重点,所以教师在课堂设计中就不必设计活动。而且让学生通过活动来认识战争过程意义也不大,不如补充战争资料,让学生通过资料来认识战争。

但是有的课程,在达成教学目的时,活动是较好的教学形式。如某中学教师在探讨"两弹一星"研制成功的原因时,展示科学家克服困难,顽强拼搏的一组照片,然后让学生讨论,最后得出结论。照片中有当时用于计算的人工操作的算盘,也有每日的三餐标准,还有野外考察的艰苦环境等,这些照片是对当年科学家研究条件的再现,属于第一手资料。照片将整个研究过程进行了浓缩,用简洁的语言处理复杂的过程。同时,通过照片学生深受感触,从而增强了学生的家国情怀以及责任感、使命感。

除此之外,笔者认为活动评价还要注意活动中有人。离开了人,活动就无法生根,离开了人,活动就缺乏灵魂。活动中的人是怎样的人呢?活动要体现人的思维水平、知识结构。也就是说,首先,围绕核心素养进行培养,教授的知识一定是这个学段的知识,学生的思维水平一定是这个年龄阶段的水平,否则,活动便失去意义。其次,活动中的人应该是机会均等的人,每个参加活动的学生都有身份,都有使命。所以,教师在设计活动时要给每个学生分配任务,让其有事可做。没有台词就会挫伤演员的积极性,活动设计同样如此。活动中,既要有花朵,也要有绿叶,各美其美。最后,活动设计要有负责人,因为时间有限,活动中要有集体讨论,也要有集中发言,所以活动需要设置中心发言人。群言堂会扰乱课堂,拖慢进度,降低效率。

同样,某中学老师在设计统一战线的活动时,将资料分为多种类型,每一种类型由一个学生解读,最后由负责人总结。这样的活动,人人参与,人人锻炼,人人都能有成就感。

固然,在活动过程中,学生是主体,但是教师应该成为主导,引导活动。为此,教师应明确课程主题或立意。所谓课程立意便是课程的总纲,教学设计围绕教学立意展开,为立意服务。活动设计中,既要体现知识性,又要体现思维方法,还要体现价值观。这样,课堂教学才能有效推进,核心素养培养也能落地。教师主导活动时,问题设计也应该具有开放性,一个问题可能有多个答案,这样才能最大可能满足不同学习层次学生的学习,经过努力达到适合自己的高度。教师设计活动时,要综合运用多种方法,既可以是学生自主学习,也可以是相互协作;既可以训练比较能力,也可以培养思辨思维,还可以锻炼概括归纳能力。

四、社会实践评价

历史五大核心素养,从史学观到方法论,从历史认知到实践操作均有统摄。网络信息技术的发展丰富了教学方式,同时,网络信息技术也使知识载体发生了变化,但这些知识大多停留在书本,是别人的认知和总结。从某种程度上讲,教师和网络是知识的转运工,他们并没有完成知识生产这一使命。当前,课堂已经不再局限于教室,社会也是大课堂,所以,开展适宜的社会实践显得尤为必要。

我国有着五千多年悠久文明,这些文明的载体多种多样,有书籍、绘画、雕刻、建筑、水利工程、遗址遗迹、音乐、美术等。虽然无法每一类文明载体都到现场参观,但是根据教学需要,选择恰当的对象是可以的。例如,在讲魏晋南北朝时期的雕刻艺术时,刚好教材介绍了云冈石窟、龙门石窟,教师不妨布置学生假期社会实践,考察两个石窟。再如,讲南京大屠杀时,不妨让学生到侵华日军南京大屠杀遇难同胞纪念馆参观;讲都江堰时,不妨让学生到都江堰看一看,体会李冰父子是如何依山"建水",体会古人天人合一的理念。

当然，如果仅仅是口头布置，学生可能如无头苍蝇，抓不住重点。所以，在布置社会实践时，教师可以设计实践活动反馈简表，如表3-1。

表3-1　实践活动反馈简表

考察对象	考察理由	文化特色	活动感悟

学生带着任务参观，明确目的。实践更有助于落实时空观念。关于那些历史上的著名战争，虽然教材的一言一语勾勒出统帅的智谋、战争的残酷，只是语言上的冲击，但是实地参观战争遗迹带给人的冲击更为震撼。每一寸土地都曾是搏杀的阵地，那里曾有鲜活的生命；每一寸土地都来之不易，需要好好守护；每一项成就都是前人智慧和汗水的结晶，尤需珍惜传承。实践产生情感！从自然性上讲，重大活动中的人物和当下的我们没有区别，但是他们在时代中的作为，在关键时刻的抉择令我们肃然起敬。

遗址遗迹、雕刻工程等是分布在地方的国家工程、国家艺术，它们体现地方与中央的互动，也是国家意志在地方的体现。它们既是地方文化的载体，也是国家权力的下沉。所以，看地方文化，悟家国同构。

在实践活动方面，某校从初一到初三根据不同学段布置不同的假期研学任务，切实培养学生核心素养。

表3-2　实践活动表

学期	实践项目
初一上	参观元谋人遗址，仿制远古时期人类的生活工具
初一下	参与农忙，学习使用劳动工具
初二上	参观本地红色文化遗址，制作宣传海报
初二下	采访身边的老人，听听他们讲述他们眼中改革开放以来的国家变迁
初三上	探访老街道，说说它们的历史
初三下	游学国内著名高校，谈谈你的梦想

表3-2将学科知识融入社会实践，通过实践强化印证知识，实践又产生新的认知，从而推动学习。实践是考察身边的历史，将社会资源融入课程，扩大了课堂的范围。身边就有历史，用发现的眼睛去观察、领悟便多了一份对家乡和国家的热爱。这样的

活动将远古与当下串联起来,具有历史的厚重感。同时,中学毕业的学生游学高校,能激发自己的大学梦。

总之,实践考察的对象丰富多彩,形式也可以多样,时间则根据教学需要,适合上学期间的就在上学期间组织,适合假期的就在假期组织。实践活动完成后,学生汇报(如图3-2的手抄报),老师评价(评奖后在公开场合展示表彰),一套完整的实践方案就诞生了。

手抄报为学生亲手设计制作,从版面布局到信息选择,从文字撰写到结构优化无不透着历史意味,核心素养培养在实践中落地。

图3-2 学生手抄报

五、试题评价

尽管钻研试题可能陷入题海战术的误区,但是解决历史问题也体现在在一定的情境中运用知识。学生的核心能力中不能排除掉做题的能力。没有文化成绩的素质不是真素质,没有文化知识的综合素养不是全面的素养,一定量的试题对于训练学生能力是必要的。所以,通过试题可以评价学生素养。

那么怎么设计和选择试题呢?首先,要考查学生的必备知识。哪些又是必备知识呢?即体现中华文化的核心主干知识。比如我国早期原始农耕文化;秦朝完成了我国的第一次大统一;宋朝诞生了世界上最早的纸币——交子;清朝实行闭关锁国的对外政策等。

例如,某中学命制了如下试题:

某同学在学习中国共产党100年的奋斗历程时,自制了历史年代尺,其中③处应该填写的是(　　)。

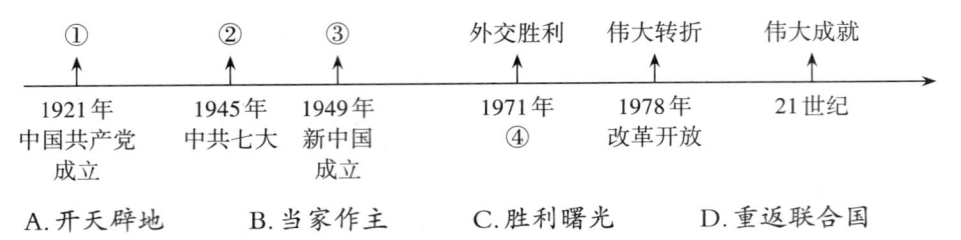

① 1921年中国共产党成立　② 1945年中共七大　③ 1949年新中国成立　外交胜利 1971年 ④　伟大转折 1978年改革开放　伟大成就 21世纪

A.开天辟地　　B.当家作主　　C.胜利曙光　　D.重返联合国

本题考查中国共产党的百年奋斗历程。从1921年诞生开始,党致力于实现民族解放和国家富强。新中国成立让亿万中国人获得了尊严,拥有了自己决定自己命运的机会。此题便属于历史主干学生必备知识。

再如:

唐朝《水轮赋》描述当时发明的一种工具:"水能利物,轮乃曲成。升降满农夫之用……终夜有声。"文中描述的工具是(　　)。

A.骨耜　　B.筒车　　C.曲辕犁　　D.福建泉州出土的海船

此题通过功效与形状描写考查农业生产工具——筒车。学生只需通过文字便能判断,做出正确选择。

其次,在试题的命制和选择上还应注意考查学生的关键能力。就中学生的学业水平而言,可以考查其概括归纳能力。为此,某中学命制了如下试题:

材料　这个词很适合表现春秋战国时期思想主张的多元性。春秋战国时,各学派之间有观点不同、分歧和冲突,如儒、道对立早就为大家所熟知,墨家从一开始就是儒家的对立物,至于韩非为代表的法家,对于各家都有尖锐的批评……但在彼此的冲突和批评中,不同思想之间的融合也就不可避免地发生了……这种分化趋势和统一趋势并存的局面在战国后期表现得越加明显。

——摘编自袁行霈、严文明《中华文明史(第一卷)》

根据材料,概括春秋战国时期各学派之间的关系。根据材料并结合所学知识回答,形成这一关系的主要原因。

《现代汉语词典》第七版对"概括"一词给出了这样的解释:一是作为动词用,将事物的共同特点归结在一起,总括;二是作为形容词,即简单扼要。由此意出发,概括就是总结共性,使复杂的事物简单化。所以第一问的答案便从各学派多重互动开始,总结出各学派有冲突,相互批评但又相互融合(既有排斥的一面,又在排斥中借鉴学习对方)。概括对学生的历史素养要求较高,让其不再停留在对历史现象的认识,而是揭示现象背后的关系,认识现象背后的原因等。同样,这类思维也可以通过归纳来考查学生。例如:

材料 1658年,伦敦《政治快报》上刊登了一则茶叶广告,称饮茶可以改善体质,这是英国最早的关于茶的记载。1669年,英国政府授权英国东印度公司专营茶叶贸易,从中国大量进口茶叶到欧洲市场。1786年,一名法国人到英国旅行时注意到:即使是贫困百姓家,也能和富裕人家一样,一天喝两次茶。因为廉价而且能够迅速补充能量,茶叶特别受到工人阶级的欢迎。18世纪末,英国从中国进口的茶叶量达到了2 300万镑,与这个世纪的头一年相比,足足增长了200倍。1851年,英国人将中国的茶树和制茶技艺带到印度,茶叶在印度和锡兰被大面积种植,欧洲红茶市场摆脱了对中国产地的依赖。

根据材料,归纳茶叶在欧洲畅销的原因。

《现代汉语词典》第七版对"归纳"是这样解释的:作为动词,是归拢并使有条理(多用于抽象事物),同时归纳也是一种推理方法,由一系列具体的事实概括出一般原理。由此意出发,归纳所得答案应该具有并列关系,且是复数。而材料描述的对象应该是不同主语。所以,此题的答案便可归纳为:广告的宣传;东印度公司的主推;茶叶的廉价与快速补充能量;茶艺的推广。

再次,注重对学生历史学科核心价值观的考查和评价。历史教学要立德树人,人是有灵魂、有思想、有情感的人,人要有基本的价值判断。否则我们培养的人便可能是空洞虚无、是非不分、对社会国家有害的人。中华历史几千年可供选择的素材非常多。为此,某校命制了这样的试题:

材料

(旗帜图片)	1937年,四川学生王建堂投笔从戎,年迈的父亲无法亲自为儿子送行,于是托人交给他一面写有"死"字的旗帜,上面写着这样的小字:"我不愿你在我近前尽孝;只愿你在民族分上尽忠。国难当头,日寇狰狞。国家兴亡,匹夫有分。本欲服役,奈过年龄。幸吾有子,自觉请缨。赐旗一面,时刻随身。伤时拭血,死后裹身。勇往直前,勿忘本分!"
(绝笔诗图片)	左图所示,是1950年朝鲜战场上"冰雕连"的一位战士所写的绝笔诗(图片内容不全):"我爱亲人和祖国,更爱我的荣誉。我是一名光荣的志愿军战士,冰雪啊,我决不屈服于你,哪怕是冻死,我也要高傲地耸立在我的阵地上。"

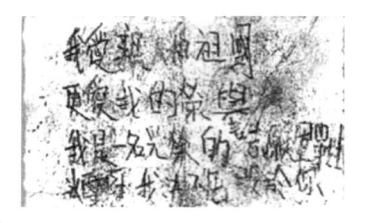

根据材料,概括以上资料体现的共同精神品质,请以卢作孚为例,结合其事迹予以说明。

中华民族具有不屈不挠、顽强抗争、不怕牺牲的可贵品质,越是艰难时刻,这一品质表现得愈加明显。近代以来,中华民族面临实现民族解放、国家富强的艰巨使命,在追求民族解放、捍卫国家尊严的过程中,诞生了无数可歌可泣的英雄人物和英雄事迹,把他们的故事挖掘出来,培养学生爱国情怀。此题从不同时代的两个人物出发考查他们共同具备的精神品质,通过材料分析不难发现爱国、勇敢、不怕牺牲、奉献等优秀品质闪耀其身。

最后,试题的选择还应注意开放性。近年来,全国许多地方在中考试题的命制上有突破、创新。例如:

材料

中国近现代史大事记(部分)

时间	事件
1900年	义和团运动高潮
1901年	《辛丑条约》签订
1912年	中华民国成立
1919年	五四运动

续表

时间	事件
1921年	中国共产党成立
1929年	古田会议
1935年	遵义会议
1937年	七七事变,国共第二次合作实现
1940年	百团大战
1949年	渡江战役,国民党政权覆亡
	中华人民共和国成立
1956年	三大改造基本完成,社会主义制度建立

阅读以上材料,选择两个历史事件,确定观点,并结合材料和所学1898—1956年中国历史知识加以论述。(要求:观点明确,根据选择的两个历史事件,并结合所学1898—1956年中国历史至少一个历史事件,加以论述,史论结合,条理清楚。)

此类试题要求通过材料获得观点,由于材料丰富,选择性大,观点便不唯一。试题具有开放性,能打开学生思维。解题的关键是寻找具有联系的两个历史事件,然后总结提炼观点并展开论述。题中可以发生联系的事件很多,有的有内在逻辑联系,如五四运动与中国共产党的成立,中国共产党的成立与其后领导的新民主主义革命;要么可以形成鲜明对比,如《辛丑条约》的签订与中华人民共和国的成立;要么性质属性上有相似之处,如古田会议与遵义会议。

总之,试题具有短小精干,考查目的明确等特点,在学生核心素养培养和评价方面,可以用好试题这一抓手。

第三节 中学历史核心素养评价工具的应用

前文对中学历史核心素养的评价方法做了探讨,它们并非评价的全部,限于篇幅,无法一一介绍。方法需要在实践中不断完善,不断拓展,而也只有实践才能印证方法的优劣。下面以家国情怀评价应用为例简要谈一谈。

一段时间以来,网上热议的科学有无国界的话题答案已经很明确——科学无国界,但科学家有国界。为何要把科学与科学家分开?很明显,人是有属性的。人是生活在一定国度的人,是这个国家的人民养育了他,是这个国家的土地滋润了他,是他身边的人陪伴着他,所以,人得对国家和人民有情感。人有国度,那么教育也应该有。所以,培养学生的家国情怀应是历史教育应有之义。为此历史课标提出了明确要求:"家国情怀是学习和探究历史应具有的人文追求与社会责任。"

人可以以不同的身份存在,既可以是单个独立的人,也可以属于某个组织,还可以代表国家,但当前,人的流动性大为加强,所属地的界限被打破,人也可以成为世界的人。所以,家国情怀的内涵和外延就有相应变化。爱自己、爱家乡、爱民族、爱国家、爱人类。历史核心素养中的家国情怀,还要求会应用。基于此,大致可以做这样的分类:

表3-3 家园情怀的分类和等级

分类	等级	内容
对自己的热爱	第一级:有正确的生命观	知道生命的来源和可贵,对给予生命的人予以尊重,对自己和他人的生命予以尊重
	第二级:能对生命中蕴藏的价值有正确解释	有解释生命价值的方法和原则
	第三级:能运用标准评价历史上对待生命的不同做法	能根据不同的情境评价生命
对家乡的热爱	第一级:有正确的家乡观	知道家乡的变迁,尊重对家乡发展有重要贡献的人和事
	第二级:能对家乡蕴藏的价值有正确的解释	有解释家乡发展变化的方法和原则

续表

分类	等级	内容
对家乡的热爱	第三级:能运用标准评价历史上与家乡有关的不同做法	能根据不同的情境评价家乡
对民族的热爱	第一级:有正确的民族观	知道民族的发展沿革,尊重对民族发展发挥重要作用的人和事
	第二级:能对民族蕴藏的价值有正确的解释	有解释民族发展的方法和原则
	第三级:能运用标准评价历史上与民族有关的不同做法	能根据不同情境评价民族
对国家的热爱	第一级:有正确的国家观	知道国家的沿革,尊重对国家发展发挥重要作用的人和事
	第二级:能对国家蕴藏的价值有正确的解释	有解释国家发展的方法和原则
	第三级:能运用标准评价历史上与国家有关的不同做法	能根据不同情境评价国家
对人类的热爱	第一级:有正确的人类观	知道人类的发展变迁,尊重对人类发展发挥重要作用的人和事
	第二级:能对人类蕴藏的价值有正确的解释	有解释人类发展的方法和原则
	第三级:能运用标准评价历史上与人类有关的不同做法	能根据不同情境评价人类

对生命热爱的事例

学者余秋雨在《千年一叹》一书中记载:"公元前6世纪—前5世纪,东西方社会几乎同时诞生了一批伟大的思想先哲。其中一个人在黄河边思考人与人、人与社会的关系……一个人在爱琴海边思考人的灵魂、美德和幸福的问题。"其中"在爱琴海边思考人的灵魂、美德和幸福的问题"的人是(　　)。

A.德谟克利特　　B.乔达摩·悉达多　　C.苏格拉底　　D.亚里士多德

本题考查生命价值,展示古代世界先哲的思想动态,属于历史现象。该题探讨人物的生命价值,通过人是有思想的人,而不是如动物那样只展示自然属性,体现人的与众不同。同时,正是先哲对人与自然、社会关系的思考,推动了社会进步。这些无不体现生命的美,因为美,人应该尊重生命,因为创造,人才美,从而激发学生思考自己在社会,在历史长河中扮演的角色。

对家乡热爱的事例

例一 城市拥有丰富的文化遗迹和历史记忆,堪称一座博物馆。阅读材料,回答问题。

材料 西安部分博物馆资源

老子墓、扁鹊墓、阿房宫遗址、秦始皇陵及兵马俑坑、汉长安城遗址、董仲舒墓、唐长安城遗址、大唐西市遗址、大雁塔、大明宫遗址、西安碑林、红二十五军革命会议旧址、西安事变旧址、八路军西安办事处旧址。

根据材料,任选两个或两个以上资源自拟一个主题,围绕这一主题说明西安的历史文化价值。

此题聚焦西安这座有着悠久灿烂文化的城市。题目列举西安的文化古迹、遗址等,由此呈现西安历史的厚重。从某种程度上讲一部西安历史就是一部中国历史的缩小版。透过此题,西安文化得以挖掘,通过此题,西安魅力得以展示,学生对西安的热爱得以激发,那么身在西安的人无疑更以西安为骄傲。

当前不少省的试题结合全国与地方命题,有试题地方化的趋势。此类试题还有很多。

例二 习俗经过祖辈代代相传,在今天仍然焕发着活力,请选择一种家乡习俗(婚俗、饮食、服饰、节日习俗、宗教信仰等),同时结合所学知识写一写该习俗的历史沿革。

习俗具有地方性,是地方文化的重要体现。习俗是人们习以为常的行为习惯和风俗,我们身在习俗之中,但是很少静下来观察、研究习俗。中华文化多元一体,多元性便表现在习俗方面。通过本题,地方文化得到很好的梳理,当然也能得到传承。

对民族热爱的事例

例一

文化自信是更基础、更广泛、更深厚的自信,是一个国家、一个民族发展中最基本、最深沉、最持久的力量。中华文明五千多年绵延不断、经久不衰,在长期演变过程中,形成了中国人看待世界、看待社会、看待人生的独特价值体系、文化内涵和精神品质,这是我们区别于其他国家和民族的根本特性,也铸就了中华民族博采众长的文化自信。

结合材料谈谈如何增强文化自信。

习近平总书记常说:一个民族、一个国家,必须知道自己是谁,是从哪里来,要到哪里去。"从哪里来"便是寻根,"到哪里去"便是建设未来。没根的民族是没有生命的民族,也是没有底气的民族。中华文明数千年,其间虽有分合但从未中断,这是世界文化史上的奇迹。中国人民勤劳智慧,善良勇敢,中华儿女用自己的勤劳双手创造了属于我们,也属于世界的文化。这便是我们的自信。增强文化自信,首先要对过去的文化有了解,知道其如何产生,知道其在当时的地位和对后世的影响。其次要传承,文化唯有在传承中才有生命力。再次需要包容,用开放包容的眼光看待不同文化,吸收借鉴,共同发展。

例二

五四运动后,出现了社会主义是否适合中国国情的争论。有人反对走俄国式的道路,认为救中国只有一条路,就是"增加富力",发展实业;还有人主张"采用劳农主义的直接行动,达到社会革命的目的"。这场争论(　　)。

A.确定了新民主主义革命的道路
B.使思想界认清了欧美的社会制度
C.在思想上为中国共产党的成立准备了条件
D.消除了知识分子在救亡图存方式上的分歧

这道题是给出价值判断,结合五四运动的背景,评述当时流行的各种救国理论。五四运动是学生运动,但是反映了民族的生存问题,民族危机问题。五四运动孕育了爱国、民主、科学等民族精神,五四运动见证了民族的觉醒。

对国家热爱的事例

例一

材料 新时代中国进一步引领全球治理体系的变革,除了传统的安全治理,中国对全球经济治理、气候治理、公共卫生治理等非传统议题的关注度上升,在相关的世界贸易组织、二十国集团、上海合作组织、金砖国家等组织里都有中国积极参与的身影，尤其是十多年来金砖国家的合作，在中国的积极推动下达成了许多重要的合作成果。2013年，中国首次提出"人类命运共同体"理念，提出"一带一路"倡议，2017年，"人类命运共同体"理念首次写入联合国决议，2019年7月，中国发起的"亚投行"已有100个成员国，中国正在以自己的发展惠及世界。

——整理自薛熠《中国与全球治理》等

根据材料归纳中国进一步引领全球治理体系变革的表现。

一个人爱自己的国家是最大的爱，一个人对自己国家的情感是最浓烈的情感。国存人存，国强人强。爱国家，要爱它的过去，知道国家怎么来的。爱过去是爱现在的必要条件，因为爱过去，才对现在的国家更加珍惜，更加呵护。此题，涉及了现在的国家，透过当下中国在世界经济和政治中的角色来看待中国的影响，认识大国地位、大国担当，中国在国际舞台上的形象更加鲜活、具体。通过此题学生不难将近代中国与当代中国进行对比，由此激发对当下中国浓烈的爱。

当然，热爱当下的国家，也应该热爱曾经的国家，热爱现代的国家，也应该热爱古代、近代的国家。

例二

侯德榜：1890—1974，科学家，化工专家，我国化学工业的开拓者。1921年在美国获得博士学位回国，主持建成亚洲第一座纯碱厂，打破洋碱的垄断。七七事变后，拒绝与日本合作，利用工厂设施转产炸药和地雷壳等物资，支援抗战。1950年，发明制作碳酸氢铵化肥新工艺，对我国农业做出巨大贡献。去世前，他交代把自己最珍贵的藏书献给国家，并交纳党费8万元。侯德榜儿子回忆说："父亲管教我们几十个子女甚严，不允许乱花钱，要珍惜粮食，小孙女吃饭掉在桌上的饭粒，他一粒一粒地捡起来吃掉，还要检查饭碗是否吃得干净。"

——摘编自李社川《侯德榜传》

王进喜：1923—1970，新中国第一批石油钻探工人，全国著名劳动模范。"宁肯少活二十年，拼命也要拿下大油田"是他的名言，到1965年，我国实现了原油和石油产品的全部自给。……临终前，他用颤抖的手取出一个小纸包，里面是他住院以来组织给他的补助款和一张记录单，他说："这笔钱，请把它花到最需要的地方去，我不困难。"在场的人都流下了感动的泪水。他还组建过废旧物资回收队——"铁人回收队"。王进喜带领职工到处回收废旧器材。就连一颗螺丝钉都不放过。回收成为油田物资管理工作的一项重要任务,并形成了今天仍被我们发扬的"回收队精神"。

——摘编自玉门政府网《王进喜与铁人精神》

请根据材料概括侯德榜和王进喜相同的精神品质。并结合所学,分析二人在二十世纪五六十年代能做出杰出贡献的时代因素。

此题解构人物的共同精神品质。从题目看,给出了材料,人物的精神在材料中呈现,更在事业中体现。侯德榜与王进喜都生于旧时代,但在新时代做出杰出贡献。旧时代与新时代有何不同,从他们的生活轨迹便清晰可见。爱国家、拼搏是个人品质,也是时代风貌。新国家,人是国家的主人,事业是自己的,也是国家的,个人被尊重,个人抱负得到完全展示,从而更爱这个国家。所以,本题考人物,但也考国家。正是人物的精神印证了国家的精神。人物的奋斗是为国家奋斗,人物站起来,国家立起来。

对人类热爱的事例

"人类命运共同体"是近年来的高频词汇,是中国领导人总结中国传统文化中的天下观,比起世界历史西方长期奉行的零和博弈,霸权思维,它有着更高站位。它不是从某一国、某一地区、某一种文化出发,而是从全人类的发展需求、发展利益出发。它是中国古代"和"的理念的升华发展,彰显中国大智慧。人类经历了由孤立走向整体,由相互隔绝到联系日益紧密的过程,人类文化处于不断交流、相互学习的状态之中,从而形成你中有我、我中有你的密切关系。各民族都创造了自己的文明,每一种文明都有其闪耀之处,都值得尊重。人类的发展离不开相互帮助,所以,人类应该携手共同发展。这些都是人类命运共同体的立场。相关考试试题很多,这里略举一二。

例一

"人类面临的所有全球性问题,任何一国想单打独斗都无法解决,必须开展全球行动、全球应对、全球合作。""多边主义的要义是国际上的事由大家共同商量着办,世界前途命运由各国共同掌握……"对于中共中央总书记、国家主席、中央军委主席习近平在多个场合的讲话,下列主题最适合的是(　　)。

　　A.维护世界和平　　　　　　　B.反对霸权主义

　　C.构建人类命运共同体　　　　D.消除国与国之间的差距

习近平总书记的讲话从全球发展角度,剖析解决全球问题依靠的力量。这些力量源于不同的价值观,有利己主义,有利他主义,但最为科学的是尊重所有民族、所有国家的生存和发展权益,尊重所有的主权国家,大事小事共商共建,秉持每一个民族的事都不是小事、每一个民族不分大小的理念,强弱均有发言权、决定权。这便是人类命运共同体理念。

例二

《天方夜谭》是一本阿拉伯民间故事集,广泛融合了其他国家的传说,最早的手抄本大约出现于公元八世纪。其中一则故事讲述了中国男孩阿拉丁与邪恶的非洲魔法师斗智斗勇的故事。这反映出(　　)。

A.《天方夜谭》是阿拉伯文学的瑰宝

B.阿拉伯文化具有多元性特点

C.公元八世纪中国和非洲发生了冲突

D.阿拉伯引领了世界文化潮流

文学是文化的重要表现。文学描写社会,反映现实,文学也寄托着作者的理想。《天方夜谭》作为阿拉伯人民的智慧和结晶,代表阿拉伯文化的发展水平。文化的发展与国家发展相互映衬。文化的发展既有单一线索,又有交叉线索。文化的发展不是孤立的,一定会从适合的土壤中吸取养分。因为人类的交流从未停止,文化的影响从未中断。阿拉伯文化包含了中国元素,这便是其多样性的表现。阿拉伯文化如此,世界其他文化也差不多,爱文化、爱人类。

总之,核心素养的培养和评价模式多种多样,本文只就家国情怀做了探索。教师在日常教学过程中完全可以利用多种方式,如可以通过材料的引入培养史料实证意识,通过地图的引入培养时空观念等。

第四章

历史课堂教学评价

第一节　历史课堂教学评价的内涵、类型和意义

一、历史课堂教学评价的内涵

所谓"评价",《现代汉语词典》中的解释为评估价值,即对人或者对物评定价值,评价所要彰显的是人或者物的价值,是具有功利性的一种主观活动。因此,"评价"是一个中心词汇,在此基础上便会衍生出很多的内容,比如企业评价、活动评价、人物评价、产品评价等。课堂评价也是在评价的基础上延伸出来的,在通常情况下,课堂评价的含义主要包含了以下两个方面:其一,课堂评价是一个以教与学为评价对象的判断过程;其二,课堂评价是一个对教与学进行综合计算、观察和咨询的复合分析过程。[①]由此可见,课堂评价的本质是对课堂中的各项元素进行判断处理,那么根据布鲁姆的认知原理可知,评价是人类认知处理模型中的重要活动之一。所以,课堂评价实际上就是人们根据自身的想法、方法、材料等来对课堂的价值进行判断,这是一个运用标准对课堂的准确性、实效性、经济性以及满意度等方面来进行评估的过程。因为评价具有反馈、激励、选拔等诸多方面的功能,所以,我们通过课堂评价也能够推进课堂的科学、合理、有序发展。[②]

高中历史课堂教学评价的指导思想是:全面实施课程标准,深化课程改革,构建科学、合理、有效的历史课堂教学评价标准,引领高中历史课教学,实现知识与能力、过程与方法、情感态度与价值观三维教学目标,突显以人为本的教育理念,遵循历史课教学规律,利用历史学科特有的人文教育的素材优势,培养学生的人文精神和人文情怀,提升人文素养,促进学生在成长中形成符合社会主流的世界观和价值观,为学生的终身发展奠定基础。教学评价是教学活动中不可缺少的一个基本环节,它在教学过程中调节、引领和指导着教学活动的开展,促进教学活动向预定目标前进并最终达到该目标。

[①] 黄静:《高中历史课堂教学评价的应用研究——以聊城市三所高中为例》,硕士学位论文,聊城大学,2022。
[②] 段芳林:《核心素养背景下高中历史课堂教学评价指标设计研究》,硕士学位论文,湖北师范大学,2022。

在理解历史课堂教学评价的内涵之前,我们必须要追根溯源,先了解课堂的基本要素。我们所定义的课堂要素主要包含了三个方面:教师、学生、载体(内容、时间、地点),因此,历史课堂教学评价的内涵是指围绕这三个方面的要素来进行的一切评价活动的总和。[①]

(一)教师教学评价——针对教师如何进行课堂教学进行评价

1.围绕教学环节进行评价

课堂是如何构成的?教学是如何围绕目标来展开的?教学设计是否关注学生的学习过程?备课是上好课的前提,那么,备课"备"什么?教师备课的重要指导思想不仅是"备"教师怎样教,更要"备"学生怎样学。教师要充分关注学情,精心设计学生学习的过程,充分预判学生学习的难点,并思考应当如何突破难点,预判学生对哪部分知识更容易产生分歧,思考如何应对等。

2.围绕教师的呈示行为进行评价

"呈示行为"又称"讲述行为",是指教师用口头语言向学生呈示、讲授知识并使学生理解知识的行为。历史课堂教学中所采用的语言讲解效度如何?教学过程中板书设计怎样?教学方法有哪些,效果如何?课堂中的多媒体呈现情况怎样?讲课语态呈现是否规范?教师提问的方式是否恰当?所采用的问题类型、提问的结构如何?等候学生回答的时间长短是否合适?应答学生或者提示学生回答的方法是否得体?对话的话题与学生的学习目标之间的关系是否一致?

3.围绕教师的指导行为进行评价

课堂教学行为是教师的"教"和学生的"学"双边互动的过程。新课程背景下倡导学生独学、群学等学习方式,而这些方式都是在教师的组织和指导等行为下发生的。教师在指导学生进行自主学习时所采用的方法是什么?结果怎么样?教师是如何引导学生进行合作学习的?结果如何?教师是如何指导学生进行探究学习的?结果怎样?

(二)学生学习评价——针对学生在历史课堂中怎样学进行评价

苏霍姆林斯基曾说,如果学生在掌握知识的道路上没有迈出哪怕是小小的一步,那对他来说,这是一堂无益的课。无效的劳动,大概是学生和教师都面临的最大的潜在危险。"有效的课堂"是我们教育实践者的不懈追求。因此,我们对在历史课堂教学中学生怎样学习进行评价就十分必要。

---

① 李楚:《高中历史教师课堂评价用语的策略研究》,硕士学位论文,杭州师范大学,2019。

1.针对学生的倾听进行评价

课堂上认真倾听教师讲课的学生所占的比例是多少？认真倾听同学发言的学生比例是多少？为了使倾听能力得到提升，倾听效率得到提高，学生还有哪些具体的辅助行为？

2.针对学生的互动行为进行评价

课堂上，学生之间有哪些互动行为？在互动的过程中参与提问的人数有多少，占比如何，提问的时间点是在什么时候？提问的结果如何？学生在课堂上的合作习惯怎么样？他们会表现出怎样的情感行为呢？

3.针对学生的自主行为进行评价

学生在课堂中进行自主学习的时间多吗？相对于一整节课来说，占比是多少？学生在进行自主学习时所采用的形式是什么？在课堂上能够进行自主学习的人有多少？所占比例是多少？

4.针对学生的目标达成进行评价

学生是否清楚这节课的学习目标？学生达成课堂教学目标的证据有哪些？在课后抽测的过程中有多少人达到了目标，占比如何？

(三)载体内容评价——针对历史课堂中的学习内容进行评价

1.针对学习目标进行评价

历史课堂预设的学习目标是否能够实现？目标是依据什么来进行预设的？

2.针对学习内容进行评价

在课堂教学过程中是怎样处理教材的？历史学科的特点、核心素养是如何得到凸显的？在课堂生成的过程中又产生了哪些新的内容，教师和学生是如何进行处理的？

3.针对学习实施的情况进行评价

在课堂中采取了哪些方法，这些方法与学习目标是否适度？如何让学习方法的实施充分体现出学科的基本特点？如何针对内容来设置相应的情境？

4.针对课堂评价进行评价

针对课堂教学中所采用的评价方式进行研究，明确课堂中所采用的评价以及这些评价的方式如何？如何获取教学过程中的评价信息？如何利用所获得的评价信息？

5.针对课堂氛围和课堂活动的过程进行评价

课堂中师生双方是否获得了尊重,课堂话语权是否得到了有效的展现?师生双方的行为如何?学习目标是怎样让每位学生都得知的?特殊学生的课堂需求是否得到了有效的关注?课堂中,教学设计、资源利用、新课程的开发与利用是怎样实现创新的?课堂创新的过程中会有哪些奇思妙想?课堂环境布置是否能够充分体现出历史教学的创新?另外,需要针对课堂教学中的特色进行评价。在展示特色方面是否还充分体现了地方特色,让课堂优势得到全面有效的展开?

二、历史课堂教学评价的类型

在综合课堂评价主要类型以及历史课堂三要素的基础上,我们确定了通过不同的对象来进行评价类型划分的方法。形成了以评价主体为中心的"档案袋评价法"、以课堂活动为中心的"活动表现评价法"、以侧重考核为中心的"纸笔测验评价法"、以拓展延伸为中心的"课堂评价法"。①

(一)档案袋评价法

档案袋评价(Portfolio Assessment),又译为"卷宗评价""案卷评价""成长记录袋评价"等。简而言之,就是学生的作品集,每位学生都有自己的资料夹,有目的地搜集学生在某个(些)领域的作品,展示出学生的努力、进步和成绩。

档案袋评价的过程一般包括四个阶段:第一,资料准备阶段。这是档案袋评价的前提,资料准备可以包括学生动员工作、档案袋数量、档案袋评价的整理实施方案等。资料准备阶段的充分与否将会直接影响档案袋评价后面几个阶段的展开和效果。第二,小组划分阶段。档案袋评价一般以小组为单位,一方面是因为许多学习内容不是单个个体能够在短时间里完成的,另一方面是因为小组成员间的分工、合作可以锻炼学生的能力。当然,除了小组的档案袋外,学生个人也有属于自己的档案袋,需要完全靠自己去建设的档案袋。这一阶段的工作包括:教师帮助确定小组的数量、规模,小组自己确定自己小组成员及其档案袋的名称,并对档案袋进行封面设计,以及对小组档案袋内容建设进行初步分工等。第三,档案袋内容收集阶段。小组和个人的档案袋的内容是不能完全一样的,二者侧重点应该有所差别,前者适合收集难度较大、需分工合作的作品,后者可以收集个性化鲜明的作品。收集的内容需根据具体的教

---

① 方霞:《对高中历史课堂评价标准的反思》,《教学与管理》,2016(2):49-51。

学情况而定,可以收集多种形式的内容,比如文本资料、电子资料、影像资料等。第四,档案袋的展示及评价阶段。档案袋可以使小组、学生个人的作品在其他小组和个人间进行展示,从而促使他们进行交流,有利于学生进行比较学习,展示可以分为定期和不定期两种,地点一般在班集体内部。档案袋评价包括教师评价、学生自评、学生评价等。评价一是在档案袋建设的过程中进行,二是在其完成后进行,评价的原则主要是以激励性为主,通过评价来促进学生进一步发展。

档案袋评价的标准及方式需要视具体的情况而定,表4-1是我们初步设计的一张档案袋评价表,仅供参考。

表4-1 档案袋评价表

姓名:_____ 小组:_____ 日期:_____

档案袋内容		学生反思	课堂练习	单元考试	探究感受	观摩感受	论文写作	交流心得	评价总结	自愿上交作品
量化评价	自评									
	学生互评									
	教师评价									
质性评语	自评									
	学生互评									
教师评定										综合等级

注:评价等级可采用ABCDE五级制,A为优秀、B为良好、C为中等、D为合格、E为较差。

这一评价法属于形成性评价法,建立在课堂教学的基础上,材料阅读主体可以是教师、学生,也可以是家长,其主要方法是首先确定评价的主体,然后再由主体来积极关注历史课堂,根据不同的阶段、不同的内容来进行评价。为了使评价更加具体、科学,还可以结合课堂记录卡(表4-2)来进行。

教师在充分解读课堂评价内涵、作用的基础上根据课堂基本要素设置课堂记录卡,对学生的历史课堂学习表现进行如实的记录,客观地反映学生在课堂中的具体表现,然后以此来对学生的学习情况进行诊断,帮助学生及时全面地了解自己在学习的过程中还存在着哪些不足之处。

表4-2 课堂记录卡

项目	评价
遇到有疑难的问题时是否进行了积极思考与解答？	
在学习过程中最出色的表现是什么？	
观点被质疑或否定时态度神情如何？	
是否能够通过自己的努力去尽可能地解决问题？	
是否能够根据不同的问题提出最佳设想以及创意答案？	

备注：此表由教师根据每次课的具体情况来进行设计，然后由学生自行填写，并在填写完成以后注明填表时间，放入档案袋中。以便于学生在回忆的过程中能够将当时的学习情况印刻在自己心中，从而形成更加高效精准的学习。教师可以通过定期检查学生的课堂记录卡来作为对学生进行形成性评价的依据。

（二）活动表现评价法

表现性评价，最早运用在心理学领域和企业管理领域。20世纪90年代美国在教育改革中用表现性评价代替了客观性测验，成为一种学生学业成就评价的主流方式。表现性评价具有如下一些特点：一是评价以学生为中心；二是评价表现需要通过实际操作；三是评价着重学生高层次思维能力的运用。历史学习表现性评价的类型很多，包括历史小论文的写作、历史小话剧的表演、历史实物和历史地图的模拟制作等。

教学内容是课堂教学的主要元素之一，所以，在进行评价的过程中需要全方位关注教学内容的具体实施情况，活动表现评价法实际上仍然属于过程性评价的类别，它是通过详细观察、记录、分析学生在历史学习活动与实践中的表现，对学生在历史课堂中的参与意识、合作能力、解决问题的能力、对知识的运用能力、沟通表达能力等进行全方位的关注与评价。评价的时候可以采用简单的方式来进行，比如，一句话、一个表情、一个特定的符号等，在点燃学生兴趣的基础上促使学生去进行主动的比较、分析、反思、总结。在进行活动表现评价的过程中还可以积极采用个人、小组、团体的形式来进行，评价可以在学习的过程中进行，也可以在结束的时候来进行。但要注意的是，无论采用哪种评价方式都需要从提高学生的探究能力、合作能力、实践能力、情感态度以及价值观等方面进行，以使评价服务于学生的进步。

（三）纸笔测验评价法

这种方法严格地说隶属于终结性评价，也是目前历史课堂教学中比较常用的方法之一。通常情况下，历史课堂需要采用纸笔测验评价法来对学生在一个时间段内的学习情况进行较为客观的评估，它通过评价学生在某一个教学单元、一个学期或者一个学年的教学目标的达成情况来对学生进行较为客观的引导。测验评价法的运用应该全面依据课程改革的要求，努力去改变传统的考试内容与方法，对知识、能力、情感意志进行综合考查，在全面提升学生核心素养的基础上来进行开卷考试与闭卷考试的结合。一方面强调试题的真实性与情境性，让学生能够运用所学习的知识来进行解题，促使学生在现实生活中进行实践能力的锻炼，让学生的领悟能力、解决问题的能力以及创新能力得到提升。另一方面强调学生解决问题的过程，增加主观开放性试题，在重视结论的基础上也重视学生的推导过程，让学生在纸笔测验中能够得到综合能力的提升与核心素养的形成。

辩证唯物主义认为，任何事物都是不断变化发展的，教学评价也并非一成不变。所以有"评价无定论"之说，在历史课堂教学中进行教学评价还可以通过以下几种方法来进行：

（1）专题作业法。根据具体的历史专题教与学的情况来设置专题作业，要求学生按照要求来完成，有效地考查学生的创新精神、实践能力。专题作业的内容可以包含对历史事件的评价，对历史与社会发展的论证，对人文景观、历史遗迹的考查等。如提问：古希腊的民主政治是否为近代西方民主政治的起源？以此引导学生去查阅资料，分析、总结。

（2）问卷法。问卷法是指教师根据教学的具体情况，以及想要了解的信息的基本情况来编制问卷，邀请学生进行书面回答，然后对学生的回答情况进行统计、总结、反思，主动去了解他们对于相关问题的态度、观点、看法等。在运用问卷法来进行评价时，教师要全面关注问卷题目的编制，需要做到以下几点：一是需要关注题目的设置，所设置的题目必须与想要了解的信息有直接的关系；二是题目要清楚明了，在使用专业术语的时候要做到通俗易懂；三是一个题目只能包含一个问题；四是设计题目时要避免歧义，充分保证问题的有效性；五是选择题的答案需要具有排他性。

（3）总结性评价法。总结性评价指对学生学习活动的效果进行的评价，它侧重对学生学习活动的成果做出评定，并将结果反馈给学生，一般在课程或一个教学阶段结束后进行。总结性评价主要考查学生对本课程知识的掌握、运用情况及分析问题的水平,能较好地测验学生认知能力的变化和发展。总结性评价的功用是诸如档案袋评价、表现性评价等质性评价所不能代替的,这类评价能检测学生掌握知识的程度,从而为学生确定新的学习起点,制定新的学业目标提供指导。

传统的总结性评价主要以书面形式为主,教师是书面考试内容的决定者,学生比较被动。新时期的总结性评价在评价方式上应该有所改变,要以学生为主体,增加学生的参与性和主动性。总结性评价结束后,教师要对学生测验的情况进行仔细分析,找出学生存在的主要问题,以便有针对性地提出改进意见和建议。

(4)评语法。评语法顾名思义就是通过简明的评定性语言记录评定的结果。一般情况下,这种评价方法在历史课堂教学中的运用主要是起到补充说明的作用,比如,有些内容或者问题难以通过形成性评价、过程性评价以及总结性评价来进行反映,此时,教师便可以通过评语来进行补充。例如,可以通过语言对学生的兴趣爱好、态度意志、情绪控制、注意事项等进行引导,促使学生能够在教师的评语中逐渐得到提升。评语法在实践的过程中并没有什么固定的模式,主要是根据不同的学生的具体情况来有效推进,因此,主要具有针对性强、个性化的特点。从当前的历史课堂教学来看,教师与学生之间进行相互评价需要增加创意,这样才能够更加有效地推动历史课堂教学。

三、历史课堂教学评价的意义

历史教师课堂教学评价是历史常规教学的中心环节和基本途径,在以班级授课制为教学基本组织形式的情况下,历史课堂教学的质量是决定教师教学质量及学校历史教学工作成效的最重要因素;历史课堂教学是教师业务素质、教学能力的综合表现和具体展示。因此,对历史教师课堂教学质量进行评价是关系到教师、学校发展的重要工作,具有重要意义。

第二节 历史课堂教学评价的特征和发展趋势

一、历史课堂教学评价的特征

历史课堂教学评价一直都存在,但是在不同的时期所形成的评价特征并不相同,从当前历史课堂教学评价的情况来看,评价主要具有以下几个方面的特征:

(一)导向性

教学评价的终极目标是促进学生成长。所以,课堂教学评价标准应该体现出明确的导向性,通过评价,使被评价者不断接近评价中的高标准,为历史课堂教学指明方向,又在尊重师生的个性差异的基础上,改进以后的教学。为此,课堂教学必须要作用于课堂教学目标,反对教师在教学的活动中出现过多与教学不相干的活动。

(二)过程性

在课程实施的过程中,立足过程,促进发展,最大限度地突出学生的主体地位,在课堂教学过程中,教师充当组织者、引领者、指导者、评价者,使学生在课堂中的独学、互学、群学等环节得到最大程度的优化。评价者对被评价者的整个过程表现进行评价,包括对学生在整个学习过程中所表现出的与学习密切相关的各项因素进行评价,倡导量化评价和质性评价相结合,以充分弥补对那些无法用纸笔检测出的学习成果的评价缺失。

(三)发展性

历史教育的终极取向在于用整体历史观帮助学生认识自己、做好自己,历史教学应扎根于人性的沃土,紧密关注学生的人生,把"教学"升华为服务人生的"教育"。发展性指课堂教学的评价要着眼于促进学生的历史学习能力的提升和综合素质的发展,以发展的眼光对学生在日常学习过程中的具体表现、所取得的成绩以及在学习的过程中所反映出的情感、态度、价值观等方面的发展进行评价。它是在基于对学生学习的全过程进行持续的观察、记录、反思之后所做出的发展性评价。[1]它在一定程度上充分调动被评价者的积极主动性，促使学生逐渐了解自己的学习与成长过程，让学生在被激励的过程中逐渐提升学习的成就感、增强成长的自信心，促使其从学习的被动体逐渐转变为主动体，从而有助于学生内驱力的增加，让学生的身心素养得到全面发展。

（四）多元性

历史课堂评价的主体应当多元化。从评价人员看，鼓励包括学校领导、教育行政部门人员、年级组长、教师同行、学生、学生家长、高校专家和教师本人参与；从过程来看，可以从教学目标、教学立意、教学过程、教学方法、教学效果、教师素质、学生活动等方面进行；评价的主体可以围绕教师行为、学生行为以及师生互动行为等展开；从教学目标的达成看，涉及课堂教学是否紧扣"立德树人"这一核心目标展开，课堂教学中的"核心价值、学科素养、关键能力、必备知识"是否达成，以及是否对学生的应用能力和创新能力有所培养。

（五）开放性

在历史课堂教学中，课堂评价在很大程度上影响着教学活动的全面推进。历史学科属于人文社会学科，是一门以形象思维和发散思维为主要思维特征的学科。例如，普通高考历史全国卷12分的开放型试题立意就在于着重考查学生的历史解释、史料实证等思维能力和语言表达能力，它往往没有标准答案可言，评卷时很难像其他的主观试题一样用"要点化"的方式来量化评价，这充分体现了开放性、应用性和创新性的特点。在历史课堂教学中也常常会出现许多无法简单量化评价的个性化的思维、认识和观点，这就需要历史教师及时加以分辨，对正确的观点予以肯定和鼓励，对不当的观点予以纠正和改进。所以，历史课堂评价必须多角度、多手段，跳出定向思维的束缚，着眼于以学生的发展过程评价学生的表现，用开放的评价观评价学生的见解和观点，更好地尊重学生的个体性和差异性，促进学生历史思维的形成和发展。

二、历史课堂教学评价发展趋势

随着时代的发展，教育教学也在发生着不断的变化，尤其是在新高考政策出台以

---

[1] 刘鑫：《高中历史课堂教学评价实践研究》，《高考》，2021(3)：57-58。

后,历史课堂教学评价也逐渐不断地进行实践与理论的更新。在未来,历史课堂教学一定会在充分总结当前已有评价实践经验的基础上朝着以下趋势发展:

(一)既关注结果又关注过程

我们通过调查发现,高中历史课堂在传统教学中常常将评价的重点放在了教学的结果上,比如,学校举行阶段性测试,以便充分了解学生学习的情况,而在测试的过程中常常又以书面测试为主。这固然能够在一定程度上方便师生对"教"和"学"的过程有所了解,但是这样的测试通常只能够反映学生学习的结果,无法更为全面地反映学生在学习过程中的具体情况,使评价的准确性受到影响。在新高考的背景下,历史课堂教学评价开始逐渐发生变化,部分教师已经逐渐将评价的方向更新为既关注结果,又关注过程。[①]比如,在评价时将形成性评价、过程性评价以及终结性评价进行结合,既通过书面测试来对学生的历史学习情况进行评价,同时也通过课堂记录卡、学生档案袋等方式来关注学生在历史学习过程中的具体表现,然后以形象与抽象相结合的方式来对学生进行全方位的评价,确保评价的精准高效。

(二)在及时反馈的情况下来进行及时评价

一般情况下,评价只是针对某一对象在某一学习期间的具体情况进行的,因此,评价结果的反馈就必须要及时,这样才能够确保在教学过程中及时发现问题,并及时寻找到有效的方法来解决。但是在当前历史课堂教学过程中,因为教学评价还没有引起师生更高的重视,因此,评价结果的反馈也常常出现滞后的情况,这样的教学评价结果即便是有反馈,也已经缺乏了时效性,对学生的进步缺乏具有实际意义的指导作用。所以,在新高考的背景下,评价应该围绕学生来进行,只有立足于学生实际情况的评价才能够真正起到有效的作用。比如,在对学生的作业进行评价时,教师会主动去借助一些信息技术(如阅卷App),争取对学生的作业完成情况进行及时快速的反馈,这就在一定程度上缩短了评价反馈的周期,让学生能够在最短的时间内得知自己在作业方面存在的优势和不足,从而更好地根据评价来制定适合自己的、更为完善的学习方案。

及时反馈是当前高中历史课堂教学有别于传统教学的主要内容之一,在同样的单位时间内,让学生与教师的互动交流频率变得更高,促使学生在学习的过程中得到

[①] 谢丽贞:《高中历史课堂教学中的评价策略探讨》,《新校园(中旬刊)》,2015(6):87。

更为及时的反馈,促使学生主动进入到高效的自我反思与能力提升中。在信息技术飞速发展的时代背景下,高中历史课堂的教学评价将会进一步重视及时评价的作用,并促使广大师生主动进入到及时评价与反馈的过程之中。

(三)利用多元化评价的方法对教学方法进行评价

对绝大多数事物的发展来说,发展并非仅仅是某一个单方面的原因造成的,对其产生影响的因素往往纵横交错。因而在分析事物发展原因,对事物的进程进行有效的反馈时,就需要及时运用多元化的方法来进行多角度的探究。但从当前历史课堂教学的评价情况来看,大多数教师习惯于采取教师对学生进行评价的方式来进行教学效果的评价,这样的评价方法显得比较单一,难以充分调动教师和学生的积极性,也难以使教学效果得到更为全面的体现和更加有效的提升。新高考政策的出台为教学方法的运用指明了方向,因此,广大师生纷纷认识到了多元化的评价在学生历史学习过程中的重要作用,所以,在开展历史课堂教学的时候,学校、教师、家长、学生等都主动参与到教学评价之中,并且希望能够通过多元化评价的方法来助力历史教学效果的提升。我们通过多年的高中历史教学实践发现,多元化评价可以通过师生共评、学生互评以及自我评价这三种方式来有效进行,促使教学方法得到关注,让高中历史课堂教学不仅仅是教学效果获得提升,同时也更加关注教学方法的更新与运用。因此,在未来的高中历史课堂教学中,历史教师会更加注重个人魅力的展现,会主动去引导学生学习,以实现学生综合素养的全面提升。

(四)教学评价更加趋向于动态与静态的相互结合

从目前的教学现状来看,大多数教育工作者在进行评价的时候习惯处于静态之中,即教学评价通常只关注"此时"的情况,并且会将这一评价结果作为后期很长一段时间的依据。但是,教学是一个动态的过程,如果一直只关注某一个时间段的评价结果,难以准确地反映出历史课堂教学之中存在的问题。因此,教师在评价的时候需要对学生在某个时间段的相对平稳的情况进行了解,然后在动静结合的过程中对学生在课堂中的具体表现情况进行详细的探究,旨在通过不断变化的评价方式来引导学生,促使学生在动静结合的评价之中更为全面准确地发现自己的优点和不足。所以,将来的教学评价更加趋向于动态与静态的相互结合。

三、历史课堂教学评价的原则

(一)以生为本原则

学生是整个教学过程的主体,所以,一切教学活动的开展都必须以学生为中心来进行,这种对历史课堂的评价过程,实际上就是对学生的成长进行充分关注的过程,在这一过程中,教师应该使评价立足于学生,充分尊重学生的发展规律,使评价活动围绕学生的成长来进行。比如,一部分学生的基础知识比较扎实,学习知识、掌握技能、获取经验的速度比较快,此时,教师便需要采取分层的方法来进行评价和引导,相较而言,另一部分学生因各种因素学习得慢一些,此时教师便需要设置适合他们的评价标准,这样才能够更加有效地助力学生的成长。总之,在历史课程教学评价中,评价的标准是随机应变的,是围绕学生来进行的,拒用"一刀切"的方式来进行武断的评价。

(二)实事求是原则

高中学生处于由少年向成年的过渡期,此时他们的探索欲很强,自主性也较强,喜欢自主探究那些令他们好奇的事物,但在客观认识自己方面还存在着不足,这就需要教师在教学的过程中对其进行正确的引导。如一部分学生在动手方面的能力比较强,但总体学习成绩欠佳。因为他们好动,所以会影响到其他同学的学习,他们的优点就容易被其缺点所掩盖。那么,在历史学习过程中,教师应该秉承实事求是的原则,对学生的亮点予以关注,在评价时实事求是、客观公正、不偏不倚。

(三)发展变化原则

古人云:"士别三日,即更刮目相待。"说的就是三日不见,别人已有进步,不能再用老眼光去看人。我们在对学生进行评价的时候也自然不应该停留在原来的时间节点上,教师应该时刻坚持发展变化的原则,客观地对每一位学生在不同的时间节点所表现出的学习能力进行评价,让学生能够充分认识到自己的进步或者不足,从而积极地面对学习过程,主动有效地提升自身学习能力。

第三节 历史课堂教学评价的标准

课堂教学是历史教师教育教学的一个主要方面,课堂教学的效果是历史教师教学水平的重要体现,课堂教学质量受到很多因素的影响,如教师专业素养、学生特点、地域特色等。因此,没有任何一个标准能够适用于全国各地所有历史课堂教学,正如历史教育专家于友西教授所言,决定历史课堂教学质量的变量是十分复杂的,影响的因素极多,因此要找出一个公式、一种评价标准和模式来说明什么样的课是一堂好的历史课,是非常困难的。[1]同时,于教授从教学设计的角度出发,对一节历史课的指标维度和标准进行了划分,见表4-3。

表4-3 三级历史课指标

一级指标	二级指标	标准
教学目标	目标的制定	适宜性、全面性
	目标的实施	操作性
教学内容	内容的理解与表述	科学性、基础性
		思想性、逻辑性
	内容的组织与安排	重点突出、难点突破
		深度、广度适宜
教学方法、手段	使用目标	目的性
	使用种类	多样性
	使用效果	适用性
教学过程、环节	组织与展开	层次性、节奏性
	转换	有序性、流畅性
	搭配	合理性
	调控	有效性、灵活性
教学效果	教学目标的达成	整体性
		生成性

---

[1] 于友西:《中学历史教学法》,高等教育出版社,2009:271。

续表

一级指标	二级指标	标准
教学效果	教学目标的达成	突破性
		表现性
		灵活性
	教学特色的表现	独特性

另外,还有许多专家、学者对历史课堂教学评价标准进行了研究,如华东师范大学的聂幼犁教授对此就有深刻的见解,提出了一系列评价标准:历史教师能否独立上岗的基准型评价标准、教学重点把握水平等单项评价标准。①

表4-4　上岗教师课堂教学评价

姓名:＿＿＿＿＿＿　　性别:＿＿＿＿＿　　年龄:＿＿＿＿＿　　学校:＿＿＿＿＿＿＿

课程内容:＿＿＿＿＿＿＿＿＿＿＿＿＿＿＿＿　　执教班级:＿＿＿＿＿＿＿＿＿

教师说课与自评:＿＿＿＿＿＿＿＿＿＿＿＿＿＿＿＿＿＿＿＿＿＿＿＿

评价项目	评价等级						
	A	B	C	D	E	F	G
1.语音语调:语言规范、语调得当							
2.形象教态:衣冠端正、举止大方							
3.板书设计:重点突出、清晰明了							
4.教具设施:贵在利用、鼓励革新							
5.知识的科学性:知识无误、观点正确							
6.知识的逻辑性:中心突出、层次分明							
7.目标的明确性:知能德美、把握适度							
8.时间的合理性:紧而不赶、松而不散							
9.情感的饱满性:真实亲切、和谐融洽							
10.传授的艺术性:有的放矢、深入浅出							
评语:　　　　　　　　　　　　　　　　　　　　　　　　评价人: 　　　　　　　　　　　　　　　　　　　　　　　　　　　年　　月　　日								

说明:这个评价标准对于历史师范生的试讲、实习、应聘等有重要参考价值。

---

① 本模块所摘录的三个历史课堂评价量表出自聂幼犁:《历史课程与教学论》,浙江教育出版社,2003年,摘录时根据需要有一定调整。

表4-5　教学重点把握水平诊断量表

被诊断人：_____　　性别：_____　　年龄：_____　　学校：_____

课程内容：_____　　执教班级：_____

教师说课与自评：_____

评价项目		评价等级							备注
		A	B	C	D	E	F	G	
设计项目	1.科学性								
	2.合理性								
	3.明确性								
	4.逻辑性								
实施项目	5.切入效果								
	6.展开效果								
	7.变式效果								
	8.作业效果								

表4-6　多媒体辅助教学评价量表

姓名：_____　　性别：_____　　年龄：_____　　学校：_____

课程内容：_____　　执教班级：_____

教师说课与自评：_____

评价项目		评价等级							备注
		A	B	C	D	E	F	G	
设计项目	1.图像设计水平								
	2.资料选辑水平								
	3.音箱效果水平								
	4.模块组合水平								
	5.人机对话水平								
使用项目	6.目的性程度								
	7.有效性程度								
	8.适度性程度								
	9.经济性程度								
	10.熟练性程度								

诊断人评语：

诊断人：
年　　月　　日

那何谓一堂"好历史课"呢？是不是前面历史课堂教学评价量表的每项指标都达到最高就是"好历史课"呢？评价"好历史课"有没有侧重呢？

其实，对于这个问题历史教育界展开了长久的讨论。20世纪80—90年代，许多中学历史教学法著作或论文，都论述到了听课与评课的问题。如，冯一下先生1980年在一篇论文中认为，好的生动的历史课，应具备以下四个方面的条件：一是精选材料（内容好），以教材为依据，能够进行教学的"再创造"；二是语言生动（表达好），使学生身临其境；三是逻辑严密（组织好），充分发掘教材的内在联系，讲述有逻辑层次；四是图文配合（结合好）。[1]

《历史教学问题》杂志从1982年8月至1983年12月，开辟了"上好一堂中学历史课的标准是什么"专栏，引发了我国中学历史教学界的一场大讨论，其间编辑部收到来稿数百篇，最后，编辑部以"扬帆"名义做了小结，其主要观点大概可以代表当时评课着眼点：坚持传授知识和发展智能的辩证统一，寓思想教育于历史知识教学之中，提倡以讲为主的启发式教学方法。[2]

赵恒烈先生1989年在《历史教育学》一书中，对"一堂好课的标准"做了较为透彻的概括。[3]他认为，一堂好课的标准可以列出许多条，从不同的角度去观察，可以得出不同的标准。从历史学科的角度说，观点正确稳妥、史料翔实可靠、表达清晰明白、方法灵活多变的是好课；从教学论的角度说，贯彻教学目的、突出重点难点、灵活运用多种教法、积极培养学生自学能力的是好课；从心理学的角度上说，善于在情境中激发学习兴趣、善于在分析问题中启发思维、善于在理解基础上巩固知识的记忆、善于在讲练结合中发展能力的是好课。

21世纪初，我国新一轮基础教育课程改革正式启动，"好历史课"的评价标准呈现出新的时代特点，更加体现学生的主体作用，注重课堂教学的效果。2000年全国历史教研会优秀录像课评审委员会提出了好历史课的参考标准：(1)教学目标的制定从学生发展的需要出发，全面、精当、具体、立意新；(2)教学内容科学，观点正确，条理清楚，重点突出，难点处理得当；(3)教学过程充分发挥学生的主体作用，体现师生合作、师生互动，学生思维活跃，有利于其创新精神和实践能力的培养；(4)教学手段使用恰当，效果好；(5)教师着装整洁，教态自然，语言符合教学要求，板书规范；(6)学生学习效果达到了预定的教学目标。

---

[1] 冯一下、李洁：《历史教育新探》，四川教育出版社，2002：274-276。
[2] 聂幼犁：《历史课程与教学论》，浙江教育出版社，2003：332。
[3] 赵恒烈：《历史教育学》，河北教育出版社，1989：303。

随着历史课程改革的深入推进,学术界对"好历史课"的评判也逐步发生变化。例如,首都师范大学的叶小兵教授提出的六条标准:(1)调动学生的历史学习兴趣;(2)引导学生参与历史教学过程;(3)运用多种历史教学方法和现代教学技术;(4)注重对历史问题的探究;(5)重视历史材料的运用;(6)注重历史与现实社会的有机联系。[①]再如,浙江嘉兴教育学院戴加平老师认为好课有三要素:故事、学法、灵魂。[②] "故事"的主要功能是激发学生的学习兴趣,一节好的历史课,一定是由生动形象的故事或细节串联起来的。"学法"是指学生学习历史的方法。通过引导学生学习具体的历史知识,使其掌握学习历史的方法。"灵魂"即历史课的灵魂或"教学立意",它能够统帅一节课的主要教学目标,能体现出为什么而教,能在较高层次上体现出一节历史课的价值。

学术界对"好历史课"的研究成果还有很多,标准也必将随着课程改革的实施发生相应变化,但我们认为对待这个问题应该有几个基本的认识:(1)历史课堂教学效果评价的起点和终点应该是学生,如教学目标、教学设计、测量评价等教学环节是否真正做到了以学生为主体来进行设计,是否有利于学生的学习。(2)对传统的历史课堂教学因素应该正确看待,课程改革在诸多方面,尤其是理念指导上与传统教学有很大差异,有些甚至是截然相反的,但这并不是意味着对传统的历史课堂教学因素就要全盘否定,应该正确地看待。如讲授法仍然是一种有效的教学方法,在历史课堂教学方法中应该有自己的地位。(3)评价"好历史课"的目的是促进教师专业发展。(4)历史课堂贯彻执行历史课程标准的效度如何。如《普通高中历史课程标准(2017年版2020年修订)》明确指出:"普通高中历史课程,是在义务教育历史课程的基础上,进一步运用历史唯物主义观点,以社会形态从低级到高级发展为主线,展现历史演进的基本过程以及人类在历史上创造的文明成果,揭示人类历史发展的基本规律和大趋势,促进学生全面发展的一门基础课程。"高中历史课程要使学生能够了解人类社会发展的基本脉络,总结历史经验教训,继承优秀的文化遗产,弘扬民族精神;培养学生健全的人格,促进个性的健康发展;学会用马克思主义科学的历史观分析问题、解决问题;学习从历史的角度去了解和思考人与人、人与社会、人与自然的关系,进而去关注中华民族以及人类的历史命运,为学生进入更高层次的学习和走向社会奠定必要的人

---

① 叶小兵:《中学历史课堂教学改革的进展及需要解决的问题》,《历史教学》,2002(10):41—44。
② 戴加平:《好课三要素:故事、学法、灵魂——"一节好的历史课"标准之我见》,《历史教学》,2014(21):46—48。

文社会科学基础。因此,一堂好的历史课应该结合历史学科特点与学生的认知水平,高质量地完成课程标准下每一节课的教学任务,通过课堂教学,师生双方均能得到知识的积累与升华、智慧的启迪、思维的拓展、方法的积淀、情感的愉悦和关系的融洽。

"好历史课"对历史教师课堂教学具有一定的示范和引领作用,评出"好历史课"是为了更好地提升教师课堂教学效果,从而实现教师自身素质快速发展,而不是为了对历史教师进行甄别。

第四节　历史课堂教学评价的方法

一、师生互评

历史课堂教学是一个教师与学生共同作用的过程,在这个过程中教师与学生之间应该相互关注,相互评价,才能够让课堂教学的效率得到一定程度的提升。为此,在课堂教学评价的过程中,教师需要根据学生在历史课堂中的具体表现来进行客观、理性、全面的评价,帮助学生在这样的评价下得到有效的进步与提升,同时,教师也应该鼓励学生结合自己在课堂中的具体感受给教师提出相应的建议,教师要正视学生所提出的建议,然后根据自己的总结来进行反思,不断完善自己的教学方法,促使课堂教学从"有效"向"高效"迈进。

二、生生互评

在整个历史课堂教学过程中,一个班的学生是一个整体,只是某一位学生的学习效率得到提高,并不代表着历史教学水平的提高,因此,在平时的课堂教学中,历史教师应该始终坚守自己的引导者地位,设置生生评价环节,让学生能够在进一步探究的过程中去关注自己的同伴,从同伴身上去发现那些值得自己学习的方面,然后制订计划来向对方学习,同时也积极主动地接受同伴给自己提出的意见,然后根据自己的具体情况来设置合适的改进方案,以便让自己在历史学习的过程中取长补短,全面进步。

三、自我评价

自我评价是指一个人对自己的想法、期望、品德、行为及个性特征的判断与评估。曾子曰:"吾日三省吾身。"可见自古以来,人们在学习处事方面都喜欢通过反躬自省的方式,以获取更大的进步。作为课堂的主体,学生应该掌握自我评价的方法,让自己对历史学习中的具体情况进行评价与反思,以便更好地参与课堂体验,提高历史学习的兴趣、主动性和自信心,提升自我约束和管理的能力,同时有助于发现自己在学习过程中的不足之处,从而进行针对性的查漏补缺,在促进自身思维发展的同时达到在反思中前进的目的。这也便于教师及时发现问题和调整教学方法,构建基于教学行为、学习行为、学习内容的相关原则。

总而言之,对课堂评价模式的理解有很多,目前学界普遍认为的课堂评价模式即师生评价、生生评价、自我评价的交叉灵活运用,这样的课堂充分调动了教学中的各种要素,在促使学生成长的过程中起到了积极的作用。

第五节　历史课堂教学评价的方案设计与实施

一、历史课堂教学评价的方案设计

(一)确定教学评价目的

目的作为行动的直接动机指引和调整着各种行为,并作为支配人的意志的内在规律贯穿在人的实践中。[1]历史课堂教学评价同其他活动一样,有着明确的目的,追求着某种结果,而不是盲目的、无意识的。评价目的统摄着整个历史课堂教学评价的过程,是评价组织运作过程的第一步。因此,确定评价目的是非常重要的,评价人员需要根据每次评价活动的具体环境和内容来确定评价目的,比如评价人员想了解某历史教师平时在课堂教学中处理历史新课的能力,那么评价目的的设计就要侧重该历史教师对历史新课的知识讲解、分析以及对新课教学目标的确定及完成情况等。

(二)确定评价人员

历史教师课堂教学的评价人员有很多,可以包括学校领导、教育行政部门人员、年级组长、教师同行、学生及高校同行专家和教师本人。但并不是每一次评价活动的展开都需要所有的人员参加,主要根据历史课堂教学的具体情况而定。一般来说,历史教师平时的授课评价人员由学校领导、年级组长、教师同行组成;大型的历史课堂教学比赛评价人员会包括高校同行专家、教育科研机构人员、教师同行和学生等。评价人员要事先熟悉评分标准和记分办法,了解历史课程标准和教学内容,知道历史教师所授课的教学目标和教学设计。

(三)确立评价制度

教育是一个持续的过程,因此,评价应该贯穿其始终,这样才能使教学评价具有更多的实际意义。

制定历史的教学评价机制,具体而言主要包含两个方面,一是制定关于教学过程的教学评价机制,明确教师与学生在教学过程中应该达成的目标、应该完成的内容以

---

[1] 沈玉顺:《现代教育评论》,华东师范大学出版社,2002:11。

及应该采用的方法,使教学的每一个过程都始终与教学评价紧密相连,让学生的整个学习过程均得到有效关注。[①]比如,在教学过程中贯彻执行教学评价机制,可以提前设定一些表格,然后在教学的过程中教师和学生分别根据表格的内容来进行教学评价。参考表格如表4-7：

表4-7 教学评价表

评价项目	评价内容	备注
教学准备	1.是否做好一切教学准备？ 2.教学准备是否符合学校教学和学生的主客观需要？ 3.教学准备中还有哪些不足之处？	
教学目标	1.教学目标是否清晰？ 2.教学目标是否与教学要求、教学改革、教学内容相符合？ 3.教学目标是否按照要求有效完成？ 4.教学目标是否能够得到广大师生的认可？	
教学内容	1.教学内容是否丰富多彩？ 2.教学内容是否符合教育教学的要求？ 3.教学内容是否符合学生的身心发展需要？ 4.教学内容是否符合社会发展需要？ 5.教学内容是否能够被学生接受？	
教学方法	1.教学过程中所采用的方法有哪些？ 2.教学过程中所采用的哪些方法能够取得更好的效果？ 3.教学过程中所采用的教学方法应该关注哪些细节？	
教学结果	1.学生在学习中的表现如何？ 2.教师在教学中的表现如何？ 3.教学之中存在哪些方面的不足？	

通过制定类似的评价表格来确保教学过程中的评价能够有效进行,同时也使评价机制更加完善。

二是制定比较完善的教学结果评价机制。一方面,制定教学评价的方式,可以将口头评价、书面评价相互结合,力求在全方位的评价中进一步确保教学结果评价的准确性；另一方面,制定教学评价内容,让教师和学生在评价的过程中有所依据,在统一的标准下进行,确保评价的公平、公开和公正。另外,还应该积极构建和完善教学评价监督体制,以便使教学过程和教学结果的评价均受到师生的关注和重视。在历史课堂教学过程中,教学过程和教学结果评价并重才能够确保教学评价更为全面、正确、有效地进行,这就涉及教学内容与教学方法评价。

[①] 李明铭：《高中历史课堂教学评价研究》,硕士学位论文,西南大学,2013。

(1)教学内容评价。教学内容是教学的根本,为此,在进行教学评价的过程中需要全面围绕教学的内容有序地进行,具体情况如下:一是需要全面去评价教学内容的设置是否符合学生的发展要求,是否符合新高考的方向,是否符合新课程标准的要求;二是需要评价教学内容是否有明确的目标,学生在参与学习的过程中是否能全面围绕明确的目标来进行;三是需要评价教学重点与难点是否明确,学生是否能真正掌握这堂课的内容。一堂精彩的历史课,关键还在于学生能在老师的引导下展示其自身的亮点。所以,"亮点"对于整堂课来说,不仅反映的是学生的知识运用能力,更体现的是课堂是否有效。为此,教师在进行历史课堂内容的评价时,一定要对学生的知识运用等亮点进行肯定的评价,让其他学生也能够相互学习,共同进步。

历史课堂内容评价在于评重点、评难点、评亮点,只有这三点都有效地坚持了,那么学生的历史学习水平和历史综合能力都将获得进一步的提升。

(2)教学方法评价。评价是一个比较繁复的过程,在这个过程中,教师需要有效、有针对性的方法来进行探究,这样才能确保评价是在心理学、教育学的指导下来科学有序地进行,也才能够深挖学生的潜能,帮助学生进行自我审视以及改进前行。比如在历史课堂中,教师可以让每一位学生都准备一个专用笔记本,主要用于对自己每日历史学习情况的记录和反思,其重点记叙的内容应该包括:本节课的主要内容是什么?重点是什么?难点和疑问点是什么?自己在学习的过程中遇到了哪些状况,自己将如何解决等?通过这种方式来进行自我评价,学会以客观的态度来面对自己的学习过程,从而有所进步。学生受其身心发展客观规律的影响,在进行自我评价的时候难免有偏颇和应付之处,这就离不开师生之间、学生之间的相互审视和忖度。所以,在新高考的背景之下,高中历史课堂评价需要将师生评价和生生评价结合起来,让学生在老师的评价下发现问题,让老师在学生的评价下进一步丰富教学内容、改进教学方法。同时,也让学生之间相互学习,取长补短,共同提高。

(四)确保过程评价

学习是一个动态变化的过程,在这个过程中,每一位学生,每一个教学环节都有可能会面临着诸多变化。在新高考的要求下,注重学习的过程备受师生广泛关注,因为只有通过对过程的高度重视才有可能让学生时刻关注自身的学习,实现突破与发展。这就要求对历史课堂进行适时评价、滞后评价、反复评价。

例如在学习关于"汉代儒学"这课的"罢黜百家"内容时,学生从先秦两汉的思想中去领悟中华文化的博大精深,教师应该引导好这一学习过程,并给出适时的评价。

例如某一位学生在"儒家思想的演变发展"这一学习环节中表现尤为突出,教师便应该及时给予中肯的评价,也需要提出更好的意见或建议,让学生在学习的过程中能够准确地认识到自己的实际情况,使历史学习能力得到有效提升。

首先,过程评价要对学习主体的行为进行评价。在历史学习的过程中,学生是学习的主体,因此教师在引导学生进行评价时应该将评价的视角集中在学习主体的行为上。比如,应该对学习主体学习前的准备情况进行评价,对学习主体在学习过程中的材料阅读行为进行评价,对学习主体在学习结束以后的表现进行评价。具体情况如表4-8。

表4-8　对学习主体学习不同阶段的评价

评价阶段	评价内容	评价结果	备注(总计)
学习前准备行为	1.是否准备好一切学习材料。 2.是否积极进入学习氛围之中。 3.是否对学习的理论有所了解。	1.能做到其中一项可得1分。 2.能够做到其中两项,可得3分。 3.能够做到其中三项,可得5分。	
学习中材料阅读行为	1.能否按照学习步骤进行材料阅读。 2.能否在教师的引导下进行有序材料阅读。 3.能够在材料阅读的过程中进行合理的创新。	1.能做到其中一项可得1分。 2.能够做到其中两项,可得3分。 3.能够做到其中三项,可得5分。	
学习后总结行为	1.能否将学习所用的材料按要求进行整理和收纳。 2.能否对学习的过程进行反思和总结。 3.能否对学习的结果进行正确的认识。	1.能做到其中一项可得1分。 2.能够做到其中两项,可得3分。 3.能够做到其中三项,可得5分。	

通过这样的评价方式,学生能够在历史学习的过程中比较清楚地知道自己要做些什么,并明白自己在哪些地方表现得比较好,在哪些地方还有所欠缺,需要在接下来的历史学习中进行改进,以获得学习能力的提升。

其次,对学习过程的发展进行评价。在评价过程中,教师还应该针对学生学习的过程进行评价。每一位学生在历史学习的过程中都可能会出现不同的变化,因此教师应该始终坚持对其学习过程进行充分的关注,充分把握学生在每一个学习过程中所展现出的"不一样"并进行评价,以便帮助学生时刻了解自己的学习状态,能就学习过程中出现的问题及时进行纠正,从而获得学习能力的提升。历史学习过程是一个动态的过程,在这个过程中,无论是教师还是学生都应该对学习行为进行发展变化式的评价,确保学习过程的有序、有效进行。

再次,对学习成果的展示进行评价。学习成果的展示是学生历史学习的重要组成部分,学习成果展示的目的就是让师生之间根据成果来进行问题的探讨,此时教师需要引导学生对学习成果的展示进行评价:其一,教师需要对学习成果的展示进行评价,以便学生在教师的建议下对成果的不足之处进行纠正和修改;其二,教师需要引导学生之间相互对学习成果展示进行有效的评价,促使学生之间进行良好有效的交流,使得学生之间能够互相学习、取长补短,实现共同进步;其三,学生应该针对自己的学习成果的展示进行有效的反思,从而加深自身对成果的客观认识,以便改进不足。

最后,进行延迟性评价。在历史学习的过程中,并非所有的评价都需要及时进行,滞后评价也是其中极为重要的评价方式之一。顾名思义,滞后评价就是延迟评价。

除此之外,在历史课堂中关注过程评价还需要开启反复评价模式。学生虽然在学习上有了一定的自主意识,能逐渐积极主动地去探究学习,但是由于其心智和认知局限,仍然需要教师进行适当的重复,这样才能够加深记忆。比如在学习"明末清初的思想活跃局面"一课时,学生容易把明末清初思想家"批判君主专制"的主张等同于近代启蒙运动思想家对封建专制的批判。这就需要教师对其进行反复的评价,这样才能够不断促进学生的消化理解,使其更加牢固地掌握知识。

学生历史学习能力的提升关系着其综合素养的提升。在评价过程中,教师应该秉承以生为本、发展变化、实事求是的原则来对其学习能力进行评价,同时还应该充分关注学习的主体、学习的过程、学习的结果,这样才能够让学生的历史学习能力得到一定程度提升,综合素养得到提高。

(五)进行评价的历史课堂发展

首先,进行同学互评,全面提升,共同进步。在整个历史课堂中,某一位学生的进步不是真正的进步,所有学生的全面提升才是课堂效率得到提升的表现。学生是课堂教学的主体,教师在开展课堂教学活动时应该充分尊重学生的主体地位,积极鼓励学生进行合作探究学习。在历史课堂评价中,采用同学互评的方式,能够让学生之间就课堂问题进行探讨和交流,实现共同进步。

比如在新内容的学习中,可以采用同桌两人互相评价的方式,两人在教师的引导下开始对自己喜欢的历史人物进行描写。描写结束以后,两人分别阅读思考对方的描述,然后从是否符合史实、描述是否准确、语句表达是否流畅、是否有"历史味"等方面来给出相应的评价。同理,也应该就同桌的评价情况进行评价,比如同桌在评价的过程中是否认真、是否赏识并展示了同学的优点、是否还能提出可以改进的地方等,这样才能促进历史课堂教学中每一位学生都能够认真评价,做到"课堂需认真""评价需仔细"。

通过互相评价来点燃学生内心对历史课堂的兴趣,在评价时认真倾听其他同学的想法,能够尽快解决自己内心的疑惑。同学互评的过程,有彼此之间的赞同和欣赏,也有相互之间的质疑和争吵,这些方式都有助于同学之间在互相评价的过程中加深对知识点的印象,从而实现共同进步。

其次,进行组内评价,查漏补缺、扬长避短。班级是一个小集体,这个小集体又是由一个一个的小组来组成的,因此,在历史课堂教学中,教师可以在上课之前采取"组内异质、组间同质"的合作原则,将学生分为"兵带兵"模式的学习小组。每个小组选择一名学生作为组长(通常情况下,组长可以轮值),然后让组长来安排本小组的学习内容,当组内学习告一个段落时,让组员对组长的表现进行评价。需要注意的是,评价应该包括课堂内容、组织能力、管理能力、学习内容等多个方面,以便于学生能够在了解小组内的评价后扬长避短,全面发展。

在课堂中,教师可以组织学生进行组内评价,具体情况可参考表4-9。

表4-9 组内评价

评价项目	课堂内容	组织能力	管理能力	学习内容
组长评价情况				
组员评价情况				

比如,在历史课堂上对组长组织能力进行评价时,当组内每一位学习搭档都能够领到任务的时候,组长组织能力可以获得2分,只有部分学习搭档领到了任务,组长组织能力就只能得到1分;当组长在组织大家学习时,能够帮助并鼓励学习搭档完成任务时能够得到2分,仅仅是帮助学习搭档完成任务就只能得到1分;当全体组员都认为自己非常喜欢组长组织的展示形式时,组长组织能力能够得到2分,如果只是部分组员喜欢组长组织的展示形式就只能得到1分。评价结束以后,将能够得到6分的评为组织能力优秀,得到4—5分的评为组织能力良好,将能够得到3分的视为组织能力需要加强。

每一位学生都有表现自己的迫切愿望,成为组长来带领其他同学一起学习会从内心深处激发他们内心的求知欲和表现欲,因此,在历史课堂教学之中,教师应该根据教学内容和学生的具体情况,对班级进行巧妙的分组,让组长充分带动组内成员互相学习,共同进步。

再次,学生自评,认识自我,反思前进。学生在课堂学习中进行反思,对自己所学习的情况进行评价,这样有助于发现自己的知识薄弱点以及学习过程中的不足之处,从而进行针对性的查漏补缺,然后在促进自身思维发展的同时达到在反思中前进的目的。

例如为了让学生的自我评价更加翔实,同时也让自我反思落到实处,教师可以制定学生自评表。比如,在进行"西方人文精神的起源与发展"这一专题时,因为教学内容的难度相对较大,教师可以通过自评表的方式引导学生主要从以下几个方面来进行自我评价反思:一是上课时是否能够认真听讲,是否能够听懂老师讲的内容,是否能够认真倾听其他同学的发言;二是课堂上是否能积极举手发言,是否能声音响亮地回答老师的问题;三是是否能明白老师所引导的关于课堂的内容;四是是否能根据课堂的话题正确流畅地表达自己的想法;五是是否能字迹端正、认真地书写老师要求的内容。每一个点的评价结果以A、B、C的等级呈现,以便于学生能够较为准确地评价自己的学习情况。

最后,进行分层评价,找准问题,巩固练习。在历史课堂教学中,教师如同一盏指路的明灯,在学生人生的航程中起着不可取代的引导作用。在历史课堂教学中,教师应该积极参与到评价之中,客观、及时地肯定学生的优点,指出他们学习过程中的不足,让学生能够在春风化雨般的滋润中,在广阔的历史天地中自由畅快地翱翔。当然,千人千面,每一个学生都是独立的个体,他们有着独立的思考能力,有着自己独特的思维,所以在历史课堂教学的过程中不可能达到完全一致的效果。针对这种情况教师应该进行积极的分层引导,让每一位学生的主体地位和独立个性都能够得到充分的尊重和鼓励。例如在关于"文艺复兴与宗教改革"的历史课堂教学中,由于每一个学生的历史基础知识不同,因此在课堂中的表现也不一样,针对这种情况,历史教师应该根据个体差异进行差异教学、分层评价,帮助学生找准问题进行巩固练习。当学生能对"文艺复兴与宗教改革"两个历史事件的起因、经过、结果进行全面描述,能够准确表述出两个历史事件的异同点时,教师应该给予加分,让学生能够有信心进行下一步的探究。

通过分数来实施差异化评价的最终意图是希望通过对学生在历史课堂中的具体表现进行标记,然后引导学生在历史课堂中获得准确、客观的评价,让学生通过自我评价、自我反思取得更大的课堂进步,通过教师的分层评价,在巩固练习中获得课堂学习能力的提升。

(六)及时反馈教学评价结果

实践证明,教学评价结果应该得到及时的反馈,这样才能根据评价结果来提出相关建议,以使教学效果得到有效提升。

其一,教师在搜集关于教学评价的内容之后应该及时针对相关内容提出相应的措施,让整个教学过程受到师生的共同关注。

其二,教师可以充分借助"互联网+"中大数据的作用,采用精准教学的方法来对教学过程和教学结果进行精准反馈,在充分认识教学过程、教学结果的基础上采取有效的措施以提升教学效率。

教学评价结果具有一定的时效性,一旦错过评价反馈的最佳时机,评价的效果就会减弱,或者导致评价无效,因此,在历史课堂教学过程中,应该充分注意教学评价结果的及时反馈,以便为有效教学提供参考和依据。

二、历史课堂教学评价的实施

评价的实施是历史课堂教学评价的第二个环节,这个环节直接关系到评价能否成功和取得真实效果。在这一环节,主要应做好以下工作:

(一)现场评价

在准备阶段确定好评价人员的基础上,采用现场评价的方法。评价人员在教师授课时要认真听、仔细看、做好记录。对教师应侧重观察其组织能力、教学重难点把握与处理情况、教学机制、教学态度、教学境界。对学生应观察其参与状态、交往状态、思维状态、情绪状态和生成状态。在这一实施阶段,评价人员应根据评价标准和指标体系对各项评价内容给出一个等级或分数的说明。

(二)收集评价资料

收集历史教师课堂教学评价的资料是评价的一项基础工作,主要是将评价人员的评价信息进行收集和整理。对发出去的自评、互评、学生评价表等要全部收回,调查记录、听课记录等也要收回，并按要求加以整理。收集信息资料必须要注意时机与场合，以保证资料的真实性、及时性与有效性。

(三)处理资料信息

对收集到的关于历史教师课堂教学情况的评价资料，必须进行加工、分析和统计处理，以便做出相应的判断。一般采用分类整理和归纳整理的方法。必要时还可采取数学处理和绘制统计图表的方式。

(四)分析并做出评价

评价时要把待评价的历史教师的课堂教学实际表现和评价标准仔细对照，看哪些做到了，哪些还未做到或没有完全做到。评价时要紧扣评价指标的界定说明，把握好评价标准。评价标准如表4-10。

表4-10 评价标准

项目		内容标准	权重与评分
教学理念		1.始终坚持以生为本的基本原则，努力面向全体学生，促进学生的全面发展。(2分) 2.一直将知识的学习、技能的培养、全面能力的提高、健康人格的塑造等融入教学之中。(3分)	
教学目标		1.能够体现历史课标中的具体要求，能够在教学的过程中分层教学，促使所有学生获得提高。(5分) 2.全面解读新高考的要求，解读时代发展的要求，能够根据不同的内容、学生来制定适合学生成长的实际教学目标，并围绕其一直进行下去。(5分) 3.将五育并举的理念融入教学过程中，促使学生在学习的过程中能够提高综合能力，关注学生的思想方法、行为方式、价值观念等的全面发展。(5分)	
教师教学状态	教学能力	1.语言规范、准确、生动，板书精美、书写工整。(3分) 2.关注学科知识架构以及相关基础知识，全面了解信息技术发展的动态，并将其运用其中。(3分) 3.在反馈的基础上进行适时的调整，提高课堂驾驭能力。(5分) 4.教师对学生进行中肯、科学、激励性的评价。(4分)	
	过程与方法	1.教学思路清晰、流畅，课堂安排自然合理。(5分) 2.课堂设计能够有效实现教学目标，并且能够有效利用教育资源。(5分) 3.能够让课堂轻松、自然、民主、活泼。(5分) 4.课堂设计富有趣味和启发性，能够引导学生利用知识去发现、分析、解决问题。(5分)	

续表

项目		内容标准	权重与评分
学生学习状态	参与状态	1.师生互动和谐有序、相互尊重。(5分) 2.学生积极发言,并能够在参与的过程中获得知识、技能、探究。(8分) 3.师生、学生之间选择多种多样的形式来进行活动。(4分)	
	思维状态	1.学生能够较为全面地理解教学的内容,并且能够在思维活跃的过程中更好地表现自我。(6分) 2.学生在活动中能够主动去与他人进行合作,能够学会倾听,学会写作等。(4分)	
	学习达成状态	1.高效利用时间进行学习,有效完成教学任务。(4分) 2.在学习的过程中获得不同的体验,与老师和谐相处。(4分) 3.各项能力得到提升,促使个性得到发展。(5分) 4.不同水平的学生均能够有所收获。(5分)	
综合评价			

(五)撰写评价结论

评价结论是多种多样的,可以用定量的方式表示,也可以用定性的方式表示,还可以采用定性定量相结合的方式表示,对评价结论要严肃认真地推敲,力求客观、准确、可靠。评价结论的内容包括:列出评价项目的分数统计;指出被评价历史教师突出的优、缺点;根据评价的内容和权重,算出评价的定量成绩,并写出概括性的评语。

三、历史课堂教学学生评价的实施

历史课堂评价离不开评价主体和评价者,因此,我们在探究之后发现,在历史课堂教学的过程中进行课堂评价应该从以下几个方面来确定课堂评价方案的实施。

(一)教师采取课堂评价,激发学生历史学习兴趣

根据心理学家的研究发现,人们在对某一项事物产生极大兴趣的时候大脑皮质会处于非常兴奋的状态。课堂教学要高效,就必须培养学生学习历史的兴趣,孔子说:"知之者不如好之者,好之者不如乐之者。"爱因斯坦也说:"兴趣是最好的老师。"正是因为兴趣对学习效果有着举足轻重的作用,历史课堂教学必须重视学生的兴趣,让他们乐于学习历史。

在历史课堂学习中,教师是引导者,也是知识、技能、良好情感意志态度的传递

者,因此,教师在学生心中处于极高的地位,所以,教师对学生的评价便成了影响学生成长的主要因素之一。故而,在新课程背景下的历史课堂学习中,教师应该积极采取评价的方式来激发学生的历史学习兴趣。重要的是,教师应该根据学生的个性需求来进行历史课堂评价,比如有的学生性格活泼、开朗、调皮,教师便应该采取适当的鼓励和更为严格的要求来进行评价,以促使其能够在历史学习的过程中静下心来,逐渐发现自己的缺点,并在教师的帮助下得到改正。反之,对于一直都比较勤奋好学、性格内向的学生来说,应该主要肯定其优点,然后指出缺点,让他们能在比较轻松的氛围中发现自己的缺点,并积极开动脑筋来改正。此外,教师应该根据学生的适时需要来进行历史课堂评价。比如,有些学生在最近的历史学习中状态不好,此时,教师应该充分了解学生的具体情况,然后对学生采取或鼓励或批评的评价方式,以便于评价更符合学生的学习情况和发展实情。

兴趣是学生进行高效学习的基础,在历史课堂学习中提高学生的历史学习兴趣是使其进行高效学习的重中之重,因此,教师需要根据学生的具体发展情况来进行历史课堂评价,以促使评价符合学生的成长与发展需要,促使学生在教师的历史课堂评价下对历史学习产生兴趣,并爱上历史学习。

(二)学生进行课堂评价,促进学生历史学习个性化发展

每一位学生都是独特的生命个体,他们在成长的过程中均有着不一样的具体表现。比如,有的学生勤奋好学,领悟能力较强,有的学生却受身心客观发展规律的影响还需要进一步提升自己,面对这些不一样的个体,教师应该引导学生进行历史课堂评价,以达到促进学生历史学习个性化的目标。[①]

一般情况下,教师受精力的影响,很难在短时间之内针对所有的学生一一进行评价,为此,教师可以组织学生来进行历史课堂评价,以达到促进学生历史学习个性发展的目标。比如,引导学生来进行展览式评价,即将每一位学生的历史学习作品进行展览,然后让学生组队去对这些历史学习作品进行认识和评价,评价时可以采用送笑脸等具体方式来进行。比如,举行一次历史学习匿名作品展,让所有的学生拿着自己手中的笑脸走到自己喜欢的作品前,并将笑脸贴上去,最后看哪个作品所得到的笑脸数量最多,该作者便可以获得奖励。

学生之间因为年龄、行为、认知等方面都不同,所以在进行评价时需要通过不同

---

① 代育国:《试论高中历史课堂教学如何给学生评价历史的机会》,《新课程(教育学术)》,2012(5):60。

的方法来进行,这不仅能让学生的学习大环境充满个性,也能让历史课堂评价积极融入历史教学中,对提高历史课堂学习效率、促进学生历史学习个性化发展起到积极的作用。

(三)家长参与课堂评价,促使学生形成历史学习自律

学生历史学习水平的提升离不开家长的协助和参与,因此,在历史课堂学习与历史课堂评价的过程中,家长也应该积极参与其中,并采取历史课堂评价措施来促使学生形成历史学习自律。

其一,家长可以采取适当的赏识评价来促使学生找到历史学习的自信。比如,学生在学校的历史学习中获得了老师的肯定时,家长也应该积极配合老师,对学生获得肯定的历史学习情况进行适当的赏识评价,让学生在历史学习的过程中能够获得积极的情感支持,从而逐渐在历史学习中找到自信,为形成历史学习自律提供有效的前提。除此以外,家长还可以对学生的历史学习情况进行适当的鼓励评价。历史学习要取得有效的成果,并非一朝一夕就能完成,需要教师、家长、学生长期的配合,学生才能够有所收获。

历史课堂教学因为人数众多,并不是每一位学生都能在课堂教学中获得较高的评价,这就需要家长在学生的历史学习中给予高度的关注。

其二,家长必须要全面了解自己孩子的基本情况,对孩子的不足之处进行正确的认识,对其闪光点进行适当的鼓励,让孩子在历史学习的过程中始终能够感受到自己的进步,也能够在家长的鼓励之下树立起历史学习的自信,从而进一步提升其对历史学习的兴趣。

其三,家长应该采取客观正确的评价方式来进行评价。在历史学习的过程中,家长既是引导者、监督者,也是客观的评价者,所以,在历史课堂评价中,家长也应该采取客观正确的评价方式来进行评价。[①]比如,家长在对孩子进行评价的时候既应该充分关注孩子的优点,也应该充分关注孩子的缺点,并以客观的态度来评价其在历史学习中的表现,让孩子在被充分肯定的过程中能发现自己的不足,从而获得提升。通过调查我们发现一部分家长在对孩子的历史学习进行评价时方式比较单一,要么对其一味地肯定,要么对其全盘否定,实际上这两种方式都是不正确的,千篇一律的评价方式和单一的评价方法让其难以在历史学习中形成自律的好习惯,所以,让家长以参

---

① 仁钦琼妮:《谈高中历史课堂评价》,《西藏教育》,2012(4):38-39。

与历史课堂评价的方式,参与到孩子历史学习的过程中,能够加强孩子的历史学习自律,提升其历史学习效率。

(四)学校举行课堂评价,加强学生历史学习认定

实际上评价并不仅仅局限于口头或者书面评价中的任何一种,还可以通过学校来进行历史课堂评价,让学生的历史学习得到更为全面真实的评价。

一是学校可以组织教师对学生的历史学习进行书面评价,即采取考试的方式来对学生的历史课堂学习情况进行考核和评价,让学生能对自己的学习情况有一定的认识,并力求在进一步的学习中弥补自己的不足,做到更好。

二是学校可以组织历史学习评价活动,按照时间为周期来进行历史学习评级,比如每学期考核一次,时间可定在期中考试后的一个月内,在评级的过程中采取多种方式交替进行,并按照要求定期举办优秀历史学习作品展览,让不同水平的学生都获得历史理论学习与实践的发展与进步。

综上所述,历史课堂教学离不开有效的历史课堂评价,在历史课堂评价的过程中,教师、家长、学校、学生均应该积极参与到历史课堂的评价之中,才能确保评价在多样化的前提下获得有效的发展,从而使学生的历史课堂学习更加精彩有效,历史学习水平不断提升。

第五章

历史教科书评价

第一节　历史教科书和历史教科书评价概述

在现代教育学者的共同努力下,我国现代教育研究取得了重大成果,基础教育课程改革在世界范围内都受到了前所未有的重视。自改革开放以来我国对基础教育做出了不遗余力的改革,取得了辉煌成就,基础教育课程建设也取得了显著成绩。在2001年,《国务院关于基础教育改革与发展的决定》发布,从而加快了新一轮基础教育改革的步伐。历史教科书是历史基础教育课程改革的重要载体,是联结着一个国家、一个民族意识形态、民族情感的纽带。基础教育课程改革更多的是一次思想观念的变革。那么这就引发了一个问题:如何鉴定教科书的价值和可用性以及适合的对象?如何来落实新一轮的基础教育改革?因此,探索并建立历史教科书评价体系,已经成为历史教育测量与评价的重要研究内容。本章主要介绍历史教科书评价的目的、指标体系、步骤、方法与工具、模型等,并结合实例予以说明。

一、历史教科书

历史教科书,主要是指在中学以及在高等院校历史教学的基本工具和资源媒介。大约从20世纪90年代前期开始,我国曾经出现过多套义务教育历史教科书和多套高中历史教科书。这些教科书面向全国各个地区,满足各种不同的需求。其中有面向全国大多数地区和学校使用的人民教育出版社编写的义务教育阶段和普通高中历史教科书;有面向全国部分地区使用的北京师范大学编写的义务教育"五四制"历史教科书,以及北师大版(原为大象版)高中历史教科书;有面向经济发达地区使用的上海中小学课程教材改革委员会编写的初、高中历史教科书;有面向沿海开放地区使用的广东九年义务教育教材编写委员会编写的初中历史教科书以及部分沿海城市使用的岳麓版高中历史教科书;有面向农村和城镇学校使用的四川省教委与西南师范大学共同编写的初中历史教科书;有供浙江省农村、山区学校使用的浙江省义务教育教材编写委员会编写的"社会科"教科书,此外湖南省也编了一套初中历史教科书。目前,按照新颁布的历史课标和《普通高中历史课程标准(2017年版2020年修订)》编写的义务教育阶段历史教科书和普通高中阶段历史教科书都由人民教育出版社出版,在全国实行使用义务教育阶段和普通高中阶段的统编版历史教科书。对于高等教育阶段来说,各个高等院校所选用的历史教学书籍都不大一致。如果是在大学本科阶段开设了历史学专业的学校,使用的教材很多,版本五花八门,主要侧重于历史基础知识、史学理论的学习,包含《中国古代史》《中国近代史》《中国现代史》《世界古代史》《世界近代史》《世界现代史》《中学历史教学论》等,如果是未开设历史学专业的学校,或是学校内其他专业的学院,有关历史类的教材通常就一本——《中国近现代史纲要》。那么,在研究生学习阶段,历史相关专业所采用的教材就更多了,研究方向也更为细化,大致分为学术研究型和专业实践型的指导书籍。综上所述,历史教科书在义务教育阶段和普通高中教育阶段是依据国家意志和历史课程标准在全国统一实行同一样本的使用,对不同地区、不同群体产生的效果会有所不同。因此,本人的研究重点主要集中在中学历史教科书(统编版),以此进行分析评价。

历史教科书对于历史教学的作用无外乎分为两个方面:第一是学生学习的工具和资源。作为学生学习的资源,教科书中的文字内容通常采用简单凝练的方式表达出来,为学生的学习提供直观的理解;课本当中的历史材料和图片也可以起到提升学生学习兴趣和拓展知识的作用。作为学生学习的工具,课本还逐步向学生介绍获取知识的过程和方法,让学生不断从实践中发现、解决问题,从接受到思考,从思考到创新。通过导入语、正文、历史图片、地图,以及学习聚焦、思考点、史料阅读、历史纵横、学思之窗、问题探究与学习拓展等栏目设置,既体现历史知识的学习,又强化历史思维的训练,使学生在初中历史学习的基础上循序渐进,进一步形成具有历史学科特征的正确价值观、必备品格和关键能力。[①]比如,当前普通高中教材《中外历史纲要》就遵循这一教育教学规律。高中《中外历史纲要(上)》在叙述张骞通西域这段历史时的文字非常简要:为配合对匈奴的战争,汉武帝派遣张骞两次出使西域,开辟了中西交通道路,大大促进了西域与中原的政治、经济、文化联系。尽管统编版历史教科书七年级上册第14课专设一目"张骞通西域",但要得出"开辟了中西交通道路,大大促进了西域与中原的政治、经济、文化联系"的结论,依然是不容易的,只有借助社会生活史内容才能帮助学生得出这一结论,有所感悟,尤其要了解张骞第三次出使乌孙后,"汉朝与乌孙得以长期地保持了友好关系。再者,由于当时张骞派往西域各地的副使

---

① 李卿:《回归历史学科本质 凸显历史育人价值——统编高中历史教科书编写思路、体例结构及教学建议》,《中国民族教育》,2020(11):42-46。

与各国使节一起回到了汉朝,因此从此开始了活跃的西域贸易"。①"从此以后西汉形成了一个通西域的热潮。汉朝政府先是向西域诸国派遣使团,每年多者十余次,少者五六次,每次或百余人或十余人……后来则派兵征伐,控制和经营西域,从而改变了西域原来的发展轨迹,促进了西域经济文化和交通的发展。"②补充这些具有生活史意义的信息,对学生历史思维能力的发展具有特殊价值,不会提到张骞就只会想到"开辟丝绸之路"的结果,还会联想到过程(时间、路线、交往之间物品的传播与流入)。第二是教师教学的依据。教师对教科书的解读是历史学科知识生产的过程,也是学生学习历史的重要内容。教师对教科书进行"深加工",以教科书为"圆心"和"基点"向外延伸、扩展,给予教师教学的基本方向,帮助一线教师更好地传授知识,不断进步,精进个人的教学水平。例如,高中《中外历史纲要(上)》讲授第19课"辛亥革命"时,可以选取教材中有关孙中山、秋瑾等人的图片或者林觉民《与妻书》的图片进行新课导入,这几则图片史料没有复杂的信息需要深入挖掘,但可以很好地起到激发学生学习兴趣的作用。在讲授重难点"三民主义"时,教师可以选取"学思之窗"中《民报》的一段文字史料,引导学生思考,进行史料分析,同时设置活动探究三民主义的进步性与局限性。在讲授武昌起义背景时,教师可以选取"历史纵横"中的文字史料,对课文知识进行拓展,让学生了解什么是"保路运动";至于"问题探究"中选取的关于孙中山《中国问题的真解决——向美国人民的呼吁》的一段文字史料,因其不是本课重点,并且内容过于复杂,能力较差的学生很难理解,因此不需要在课堂占用太多时间来进行分析探究,教师可以把相关文字史料用作课后作业,让学生自主探究。这样,教师不但遵循了以生为本的教育理念,也可以用透教科书,提高教师队伍的整体素养,发挥历史教科书对历史教学的指导作用。

二、历史教科书评价概述

(一)历史教材评价的回顾

历史教科书评价是对历史教科书的质量和价值做出判断,或为决策判断提供信息和事实作为参考。

自20世纪50年代到20世纪80年代中期,课程由国家统一制定、统一管理、统一

---

① 长泽和俊:《丝绸之路史研究》,钟美珠译,天津古籍出版社,1990:424。
② 孟凡人:《丝绸之路史话》,中国大百科全书出版社,2000:22。

执行,历史教科书也同样依据国家大纲实行"一纲一本"制。所以在这段时期内并没有出现多个版本教科书的情况。到20世纪90年代,国家对课程体制逐渐放开:允许各省市、各地区、各学校根据学情需要开设地方课程、校本课程以及自编教科书,人民教育出版社发行的教科书开始被其余版本教科书所替代,全国出现了"一标多本"的现象。20世纪80—90年代,国内对于历史教科书的评价有了变化,实行"审定制",编、审分离。后期初步建立起系统的教科书评审制度,审定标准由教科书内容、教科书体系、教科书文字与插图、音像教科书与教学挂图、教科书中的练习和作业等组成,类型较多,内容较多,评价体系还未完善。在20世纪60—80年代,国外的教科书评价理论逐步传入我国,这一时期对教科书的指标体系进行综合性评价研究。此后我国学术界在此基础上对历史教科书的分析成果也越来越多。进入到21世纪后,一方面,我国的历史教材建设也取得了一些突出成果;另一方面,专家学者们也认识到教科书评价体系建立的重要性,开始从宏观走向微观。周海华和周熙在《教育评价及评价体系》一书中提出,教科书评价是对教科书的结构、要素和功能,以及教科书在教育过程中的价值和作用等方面进行分析的过程。目前,历史教科书评价体系也逐渐建构起来。

(二)历史教科书评价的理论基础

教科书评价是一项以"国家意志"为主的政策性工作。在2017年,中华人民共和国国家教材委员会成立,并设立教材局,从制度层面明确了教材建设这一国家事权。可以说,当前阶段,教科书这一领域受到了全方位的重视,这是新中国成立70多年来少有的现象。教科书评价研究作为教科书研究中重要的一环,对理解和把握教科书内容以及教科书的建设和发展都具有重要的理论和实践价值。教科书在不同的教育背景下,有不同的反映,为实现特定的教育宗旨,完成教育目标,对教科书的评价通常会产生多种看法。目前,学界对当前所使用的历史教科书做出的分析评价是基于国家教育方针和教育任务的。要求贯彻落实党的二十大精神,全面贯彻党的教育方针,坚持教育为社会主义现代化建设服务、为人民服务,把立德树人作为教育的根本任务,培养德智体美劳全面发展的社会主义建设者和接班人。习近平总书记着眼全局,把握关键,立意深远,深刻回答了培养什么样的人、为谁培养人以及如何培养人等一系列重大问题,是中国特色社会主义教育理论的精髓,是推进我国教育现代化的指导思想和行动指南。这就是我们进行历史教科书分析评价的基础,在制定分析评估的标准、内容、工具和程序时都要以这一基本任务为依据。此外,教育部2017年的《普通高中历史课程标准》,2022年的《义务教育历史课程标准》,以及徐蓝、张海鹏等学者对历史课程标准进行解读的论著,都有利于我们对历史教科书进行分析评价,有利于落实立德树人的根本任务,有利于新课程改革目标的落实和学科核心素养的培养。同时,有学者在"我国义务教育教科书评价体系研究"课题中提出了一些关于教科书评价的基本理论,并针对不同学科提出了关于教科书评价的标准。他们主要从五个维度去评价教科书的质量水平和价值:关于内容的选取方面,提出知识维度和思想文化内涵维度;针对学生的身心发展规律提出心理发展规律维度;针对教科书本身提出编制水平维度;在实际使用效果方面提出特色与导向性维度。编制水平维度主要是衡量教科书在色彩搭配、版面设计方面的价值,其他四个维度则从教科书的功能角度去衡量教科书的价值。[1]在符合国家意志、历史课程标准理念的前提下,国内学者对教科书评价的研究也具有很好的借鉴意义。

(三)历史教科书评价的目的

根据当前国家基础教育目标,对历史教科书的分析与评价大致从三个方面来进行。对使用历史教科书的对象进行分析评价,接着分析对象使用教科书的目的、过程,以及分析评价研究的价值和侧重点。第一,为国家评审按新课程标准编写的历史教科书提供依据;第二,为地方基础教育学校开设校本课程选择历史教科书提供参考依据;第三,向历史教科书编写单位提供改进历史教科书的参考意见。

首先,进行历史教科书分析,不但要对教科书的内容、教科书制作水平、教科书的使用过程以及效果进行考察,更应该发现教科书所体现的教育理念、教学目标的设计意图、教科书的体系体例、教师教学方法的传授、学生学习过程的设计、教学内容的练习与活动,这些才是教科书评价的真正着眼点。其次,对历史教科书的评价自然意味着对同一类历史教科书的比较分析。这并不是衡量哪本历史书是最好的或最差的。事实上,在没有对具体问题进行具体分析的情况下,离开一个特定的社会背景和人文环境,人为地判断教科书版本之间的优缺点属于教条主义,这不可避免地会对教科书的选择和历史教育产生负面影响。原因如下:中国在建国之初是一个各地区政治、经济、文化教育发展不平衡的一个国家,一种版本的历史教科书,如何可以满足全国范围、不同层次学生的需要?显然是不能的。正因为此,20世纪时我国才推行"一标多本"的政策希望和鼓励编写出适应不同地区、不同教育发展程度的历史教科书。目

---

[1] 徐春晖:《高中思想政治教科书评价研究》,硕士学位论文,广西师范大学,2022:5。

前,由于我国经济发展水平不断提高,地区与地区之间的差距越变越小。对于历史教科书的编写思路、实施方法也就随之更换。更多的是培养全国新一代青年的家国情怀,落实"立德树人"根本目标,所以全国统编版教材在近几年逐步实施推广应用。

不同群体对历史教科书所做出的评价,其立足点和侧重点是不同的,不同时代对教科书的编写理念也是不同的,由此导致了其教育目标的不同,乃至产生的效果也不同。所以,历史学专家学者以及专业领域的一线教育工作者对历史教科书所做出的评价,应该侧重于对历史教科书的宏观评论。在宏观评论的基础上结合实际需求、具体案例再对历史教科书语言风格、版式设计、习题设计、课文认知叙述等进行分析评价。

第二节　历史教科书评价指标体系

确定评价标准是进行教科书分析评价的前提。标准的制定要基于历史教材分析评价的维度和理念。通俗地来讲，就是应从何种角度出发提出问题、收集资料、进行分析，应以什么理念为尺度进行衡量、评价教科书的质量。华南师范大学的高凌飚教授认为：评价是指价值认定、诊断、反思、可持续发展。李水平博士在其毕业论文中认为研究者的教科书评价标准多种多样，目前还没有一个世界公认的教科书评价体系，仁者见仁，智者见智。

一、历史教科书评价的基本原则和要求

对历史教科书的评价要结合许多方面共同分析，最重要的一点是要站在公正客观的角度上来对待。总的来说，历史教科书评价的作用是为了促进提高历史教科书的编制水平以及帮助一线教师提高教育教学能力，提高学生自主学习的兴趣、能力，因此该工作必须真实、严谨、科学、有效。

（一）公开公正原则

历史教科书评价的过程需要向大众公开、透明。公开指在进行历史教科书评价时，评价人员在使用这一教科书时，需向编制教科书的主体人员解释他们用于评价的基本原则、评价体系和一般程序。公正指在大众监督之下进行，不能偏向任何相关利益团体，为了确保评价结果的真实性和公正性，应加大力度防止与历史教科书编制的相关团体存在利益输送。

（二）科学严谨的态度

评价者在进行历史教科书评价时，科学严谨地看待课本中对历史概念的叙述语言和各项活动栏目的设置。应强调历史教科书在史实的叙述上的科学性，不能出现时间、地点、人物的叙述错误，不能出现对专业术语解释的错误，看语言是否合理、是否通俗易懂、是否科学规范；任务活动的设置是否符合课程标准的要求、是否符合学

生的学情、是否真正落实学科核心素养的培养；课后习题答案的设计、引用材料是否得当等。

（三）客观有效的原则

客观原则就是评价者在进行评价工作时，要按照教科书评价的程序来进行，防止个人的主观意见影响评价结果。因此，首先，在对历史教科书进行评价时，要客观、全面地收集和分析资料，制定规范的评价方案，充分尊重客观事实。其次，要了解教科书编写人员的编写指导思想、方法论，才能更好地对教科书进行评价。最后，有效性原则是指出于某种目的进行的评价工作，必须要明确评价的结果，否则将失去评价的意义。为了不造成人力和物力的浪费，确保评价工作的有效性，应选择科学合理的评价程序、评价方案和评价方法来开展教科书评价工作。

二、历史教科书评价的维度

钟启泉等认为顺利开展教科书评价工作的前提条件是制定教科书评价的维度。教科书评价工作对专业知识、科学操作的要求比较高，需要按照相关的评价维度来展开，从不同的维度去分析教科书，综合评价教科书的质量和价值。黄牧航教授则以教科书的性质作为思考的起点，延伸出教科书评价的两个维度——知识性维度和思想文化维度；教科书的工具性质延伸出教科书评价的三个维度——心理发展规律维度、编制水平维度和可行性维度。并认为这五个维度是我们评价历史教科书的切入点和基础，由此延展出多个小问题，从而建立起整个中学历史教材结构。借鉴黄牧航教授的历史教科书评价体系，进行以下探讨。[①]

（一）知识内容维度

历史教科书作为国家、学校培养人才不可或缺的工具，书中内容决定了学生的学习思考方向、学习能力的培养。教育部制定了义务教育阶段、普通高中阶段、高等教育阶段的历史课程标准，以及历史课程标准解读，评价的前提是充分感悟历史课程标准的核心理念。历史教科书编纂的唯一依据——历史课程标准，如果要评价某一版本、某一阶段的历史教科书，必须要将其应符合的历史课程标准结合起来对比研究，有哪些相同、不同之处，甚至是否有冲突矛盾之处，是否体现了课程标准的先进教育理念，也就是说历史教科书中的知识选取，在依据国家的意志，体现时代发展的要求

---

① 黄牧航：《关于中学历史教材评价工具的制定》，《历史教学》，2002（7）：20-24。

下,还得与时俱进,更多考量学生群体的需求,帮助他们激发学习动力,提高个人综合素质,选择贴近学生实际生活的内容和素材,更好地融入其他相关学科的知识进行学科之间综合教学,这就是历史教科书评价的一个重要维度——知识内容维度。那么从这一维度出发要注意一些问题,例如教材的内容是否具有典型性并能及时地反映史学研究的新成果;教材的内容、体例及写作方式是否能够尽量贴近中学生的生活实践;教材是否注意到了相关学科间的知识渗透;教材的体例、编排设计等是否科学、美观、合理。

(二)思想文化维度

除此之外,历史教科书不仅能帮助学生学习他们所需要的学科知识,同时也能帮助学生提高其自身的思想道德水平。学校是开展文化教育的重要场所,历史教科书作为历史教学的工具,需包含丰富的、优秀的人类文化知识。学生在学习历史教科书的内容时,能发自内心地赞美和认同中华优秀传统文化,并懂得包容其他外来文化,提高自身的思想文化水平和修养。这是评价历史教科书的另一个重要维度——思想文化维度。从该维度出发,历史教科书在内容上帮助学生树立正确的人生观、价值观,增强学生的文化认同感和包容性,有利于培养学生的道德修养、文化修养和家国情怀素养。从以上这两个维度出发,延伸出来一些问题需要重点注意:教材能否有利于帮助学生形成历史学科所需的核心素养和健全的人格;能否让学生树立正确的"三观";教材能否帮助学生继承中国传统文化;能否让学生正确地对待外来的文化,如何取其精华、去其糟粕;能否加强对学生的历史辩证意识、现代意识教育。

(三)心理发展规律和认知水平维度

历史教科书作为教师教授和学生学习的重要工具,必须根据学生的认知水平和心理发展规律来选取和组织教科书的内容。中学生的年龄大多数处于12—18岁的范围内,未成年人的心理发展和认知水平与成年人不同,教科书的编制应符合中学生的心理特征和认知水平。例如在初中阶段,更多的是强调历史史实的记忆(包括时间、人物、原因、结果);在高中阶段,更多的是强调思维能力和分析概括能力的培养。在教学过程中,应处理好学生的主体地位和教师的引导作用,历史教科书要积极发挥学生的主体性,充分调动学生的积极性,在新课教学期间,历史教科书中可以增加一些课前、课后的自主探究活动。因此,评价一本历史教科书要侧重关注其在认知和心理规律维度方面所表现出来的价值成果。比如教材能否调动学生的学习兴趣、激发求知欲;教材能否有利于发展学生的历史思维能力;教材是否采用了多种媒体形式来帮助学生认识并形成正确的历史表象;教材的练习设计是否有助于激发学生的想象力、创造力、自主创新能力。

(四)编制水平维度

历史教科书是由国家主导编制,并提供全国学校使用的历史教学用书,在编制方面选取的人员教学理论水平较高,对印刷的要求也会比一般的图书要高;其中各项栏目的设计也应合理美观。历史教科书的内容都是根据课标的要求、课程学习的需要确定好的,因此需要合理分析,科学地编制历史教科书,否则就会影响学生的学习效果,无法达到课程教学应达到的目的。因此,编制水平维度是评价一本教科书质量水平必不能少的一个维度。要观察教材文字的编写是否准确、规范;教材的栏目设计是否科学、美观,表格数据的来源是否真实、可靠;史料的引用是否合理;人物性格的描绘、图片的选用是否有助于学生形成良好的历史表象;教材的版面安排是否丰富多彩;教科书的印刷水平是否过关等。

(五)可实施性维度

历史教科书评价除了要从多个维度去分析之外,还应判断其自身的价值,说明其能否达成理想中的使用效果。对历史教科书的评价要看能否达到历史课程目标的要求,在历史教科书实际使用过程期间能否被学生接受、消化,这需要长期不断地去验证。历史教科书是为教师教授和学生学习服务的,如果编制历史教科书时脱离了教师和学生群体的实际情况,就会给教学带来负面影响。因此,评价教科书还要考虑其可行性与效果维度。

为了评价历史教科书的可行性和效果,需要分析历史教科书是否符合当前教师和学生的实际情况,是否符合当前的学校资源环境和教育环境。历史教科书是帮助学校培养人才的桥梁,学生需要融入社会建设当中,因此历史教科书要与当前的社会政治、经济社会发展相适应。除此之外,教科书的价值需要在教学过程中实现,因此要评价历史教科书的教学活动设计的实际效果如何,是否能帮助课程教学达成预期目标。

历史教科书评价工作要基于上述维度展开,在实际评价过程中,要针对具体的历史教学基点选择相应的标准、角度,才可以更好地保证评价的可行性与有效性。

第三节　历史教科书评价程序

历史教科书评价程序实际上就是评价的步骤。有学者认为教科书评价就是对教科书的价值做出判断,将教科书作为价值客体,分析其对于价值主体需要的满足情况。丁朝蓬认为学生作为教科书的直接使用者,教科书对于学生个体发展的个人价值是教科书的直接的内在价值,同时它也在促进学生的社会化,对于社会发展的社会价值是教科书的工具性价值。[1]也有学者认为教科书的价值主体有三个,分别是学生、社会和教学,因为教科书在实现个人价值和社会价值时,都是以教学作为桥梁,必须在教学中才能发挥作用。因此,教学也可纳入价值主体,把教科书满足教学需要的价值称之为教科书的教学价值。利用教科书实现学生的个人价值和社会的社会价值的前提就是实现教学价值。当教学需要得到满足,个人价值和社会价值也很容易得到实现。靳玉乐教授、张增田教授便持有这种观点。[2]因此,价值主体的需要是制定评价标准的依据。教科书评价包含分析教科书的属性、特征以及价值主体的需要,两者进行对比衡量,评估教科书对于价值主体需要的满足情况。历史教科书的评价程序也可借鉴此流程,具体步骤如下:

一、建立历史教科书评价指标体系

在评价活动中,评价者作为评价主体,教科书既是评价客体也是价值客体,评价指标体系则是连接评价主体与评价客体的桥梁,是一种评价工具。评价工具只有体现被评价对象的本质,才能对评价对象进行有效的测量;评价工具只有表达出主体对客体的价值需求,才有可能达到评价的目的。[3]评价指标体系既包含对历史教科书本质的反映,也体现着学生、社会、教学等价值主体对历史教科书的期望。这就要求对历史教科书的测量维度和价值主体对历史教科书的要求维度应该是保持一致的。此外,随着时代的发展,历史教科书会有所变化,主体的需要也会发生改变,评价指标体

---

[1] 丁朝蓬:《教材评价的本质、标准及过程》,《课程·教材·教法》,2000(9):35—45。
[2] 靳玉乐、张增田、侯前伟:《教科书评价:基础研究与标准建构》,重庆:西南师范大学出版社,2020:9。
[3] 丁朝蓬:《教材评价指标体系的建立》,《课程·教材·教法》,1998(7):44—47。

系需要随着评价客体的变化、价值主体需要的变化而进行不断的修正、调整,才能进行科学的衡量。评价指标、评价标准、量表和指标权重共同构成了一个完整的评价指标体系。

(一)评价指标

评价指标是对历史教科书本质属性与特征的具体反映,这规定了评价的维度,在确定评价维度时要紧密结合历史教科书本质属性和对它的需要。这就涉及两个问题,一是历史教科书的内在结构包含哪些呢?二是有哪些价值主体,对它有哪些需要呢?只有先回答这两个问题,才能进入下面的环节。丁朝蓬认为教科书的结构决定了其具有哪些功能,从功能能够倒推出教科书具备的基本结构。[1]然而,学生作为历史教科书的直接使用者,教师在教学中利用教科书帮助学生实现历史知识的建构、历史学科核心素养的发展以及关键能力的培养,满足自身发展的需要。同时在实现学生个体价值时,也在促进学生的社会化发展,满足社会培养合格人才、促进社会进步与发展的需要,实现其社会价值。因此,要谈论历史教科书的功能,必然与学生是分不开的,历史教科书的功能与对它的要求维度是一致的。因此,黄牧航从教科书是学生的学习资源和学习工具出发,推导出知识性维度、思想文化维度、心理发展规律维度、编制水平维度和可行性维度这五个维度,能够体现历史教科书的基本结构。[2]这五个维度也能体现出对教科书的要求。

(二)评价标准

评价标准是对历史教科书各个评价维度定性或定量的要求,是对其属性的质的临界点以及它们在质变过程中量的规定,也是衡量历史教科书价值的准则。评价指标虽指明了评价的方向,但仍是比较模糊与抽象的。要过渡到具体的评价标准,就可通过分层分级的形式,不断将评价维度进行细分,直到成为一个个具体的评价目标,再针对每一个具体目标设计相应的测量或题项。[3]黄牧航教授就在这五个维度的基础上引申出二十个小问题,从而建立起整个中学历史教科书评价模型,[4]如表5-1所示:

---

[1] 丁朝蓬:《教科书结构分析与内容质量评价》,《教育理论与实践》,2001(8):61-64。
[2] 黄牧航:《关于中学历史教材评价工具的制定》,《历史教学》,2022(7):20-24。
[3] 刘丽群、沈良:《教科书评价指标的设计思路与操作策略》,《教育测量与评价(理论版)》,2011(10):28-31。
[4] 黄牧航:《中学历史教材的评价模型论纲》,《课程·教材·教法》,2001(8):4-7。

表 5-1　中学历史教科书评价模型

一级维度	二级目标
知识性维度	①教材的内容是否具有典型性并能较及时地反映史学研究的新成果？ ②教材的内容以及写作方式是否能够尽量贴近中学生的生活实践和心理特点？ ③教材的知识体例是否科学合理？ ④教材是否注意到了相关学科间的知识渗透？
思想文化维度	①教材是否有利于帮助学生形成历史唯物主义史观？ ②教材能否对学生进行正确的价值观、人生观和道德观教育,使之形成健全的人格？ ③教材能否引导学生正确对待中国传统文化、世界文化以及两者的关系？ ④教材能否加强学生的历史意识教育？ ⑤教材能否加强学生的现代意识教育？
心理发展规律维度	①教材能否调动学生的学习兴趣、激发学生的求知欲？ ②教材是否有利于发展学生的历史思维能力？ ③教材是否采用了多种媒体形式来帮助学生形成正确的历史表象？ ④教材的练习设计是否有助于激发学生的想象力和创造力？
编制水平维度	①教材文字的编写是否准确、规范？(指的是没有错别字和病句) ②教材插图的制作是否科学、精美,有助于学生形成正确的历史表象？ ③教材的版式设计是否丰富多彩,给人一种审美上的愉悦感？ ④教材的印刷工艺质量是否过关？
可行性维度	①教材与学生水平的适应程度。 ②教材与教师水平的适应程度。 ③教材与教材使用和经济与社会发展水平的适应程度。

这些问题将原本抽象的五个维度变得具体化,但这仍需进一步细化,使得评价目标更有指向性,才能设计出相应的评价标准。以"知识性维度"下的第一条"教材的内容是否具有典型性并能较及时地反映史学研究的新成果？"为例,如果直接以这个问题作为最终的评价目标,为其制定评价标准是难以实现的。因为这包含着两个要求,且"典型性"和"及时地反映史学研究的新成果"并不明确,到底哪些知识是典型性的？怎样才算"及时"？ 这些问题都需要更进一步分化,直到具体、明确。因此,"教材的内容是否具有典型性并能较及时地反映史学研究的新成果？"可以分为"教材内容是否具有典型性"和"教材内容是否能较及时地反映史学研究的新成果"。历史研究通常要涉及两类不同的历史事实:一类是特殊的历史事实,它是指发生于某一时空点上的历史现象;另一类是普通的历史事实,它是指发生或流行于某一地域、某一时段里的普遍存在的历史现象。普通的历史事实应该通过历史归纳法来获得,但有时受史料

的限制,往往只能通过典型性的个案研究来加以推论[①]。那么历史教科书中的内容也是涉及这两类的历史事实,"教材内容是否具有典型性"就可分为"特殊的历史事实"与"典型性的个案(代表普通的历史事实)"如果在此基础上,仍然不能确定评价标准,依然可以继续分化。评价维度的分化并没有层次的限制,只要可以顺利设计评价标准就可停止分化。按这样的方式有利于保障评价目标和评价标准的全面与完整,同时通过这一分层过程,也可以避免不同目标、标准之间的重复与交叉。

(三)量表

量表是一种测量工具,它试图确定主观的、(有时是)抽象的概念的定量化测量的程序,对事物的特性变量可以用不同的规则分配数字,因此形成了不同测量水平的测量量表,又被称为测量尺度。而这里的量表不仅需要能够清晰地体现历史教科书属性与具体特征,也要能反映出历史教科书对应的属性所能满足主体需要的程度。其中,量表的度量标准也要谨慎制作,度量标准决定了可以采用的分析统计方法。量表并不等同于问卷,问卷是一堆问题的集合,谁都可以编制,里面的问题也可以是任何类型的,可以是开放式、选择题、排序题,或者填空题。同时,问卷中不同的题目可以设置不同数量的选项以及不同的答题方式。虽然编写自由,但数据处理存在难度。而量表是经过标准化的测量工具,量表具有统一的答题方式,每个题目的答案选项数量和答题方式会保持一致。一个量表的编制一般要几年的时间,需要做很多的数据收集工作。在编制过程中,经常会用问卷来收集数据,这是一个辅助手段。由于编写很严格,所以数据处理非常容易。此外,量表还涉及信度和效度的问题,需要经过长期检验,并得到广泛认可才可以正式使用。

(四)指标权重

指标权重是指某被测对象各个考察指标在整体中价值的高低和相对重要的程度以及所占比例的大小量化值。按统计学原理,将某事物所含各个指标权重之和视为1(即100%),而其中每个指标的权重则用小数表示,称为"权重系数"。这是表明各个评价指标在指标体系中重要性的数值。因为历史教科书是从知识性维度、思想文化维度、心理发展规律维度、编制水平维度和可行性维度这五个维度展开分析,所以这五个评价指标权重之和为1。根据各指标在历史教科书结构属性中的重要程度并结合学生、社会对这五个评价指标的需要程度拟定各占比。

[①] 张耕华:《历史学中典型性研究的类型及其限度》,《史学史研究》,2012(1):1-8。

这些相互联系的指标描述了历史教科书的全貌,与每个指标相对应的评价标准的集合也构成了主体对历史教科书的要求。将实际的历史教科书各维度或具体评价目标的情况与价值主体对历史教科书各维度或具体的评价目标的需要进行对比。如果实际的历史教科书在各个方面的数值都高过主体对其最高需要的数值,则说明这本历史教科书完全满足主体的需要,会得到高评价,然而这种情况几乎不可能发生。如果实际的历史教科书在各个方面的数值都低过主体对其最低需要的数值,则说明这本历史教科书完全不满足主体的需要,会得到低评价,就说明它是不合格的。当然,如果实际的历史教科书仅有一个维度不满足主体对其的最低要求,也应该纳入不合格的名单。最低要求可以当做是判断历史教科书是否合格的标准。

二、收集相关资料

全面、有效地收集资料是评价工作的重要组成部分。如果资料不足,则难以得出一个相对客观且令人信服的评价结果。相反,若是一味追求资料数量,既容易重复收集,也加大了分析时的工作量。因此,必须重视收集资料的环节,提前制定好方案,确定收集的目标内容、方式、人员配备、行程规划等。其中,目标内容的选择恰当与否,在很大程度上决定着资料收集的有效性,它是这一阶段最为重要的问题。历史教科书评价指标体系在建立时就已经确定了评价目标,这也限定了资料收集的范围。此外,无论是通过网络,还是以问卷、采访的形式或者其他途径获得与历史教科书相关的信息,这些信息的发出者都是"人",只是传达与接收的形式不一样而已。同时,由于每个人的立场不一样,看待同一事物的侧重点和态度也不一样。因此,为了获得有效、完整的信息,应该从不同的且与该事物有着密切关系的群体入手。所以,可以从对历史教科书有着深深了解以及能够表达对历史教科书的要求或期望的群体中获取信息。符合这一条件的被调查者包括历史教科书的编写者、研究者和直接使用者,即历史教科书编撰者、历史教研员和历史学专家、历史教师和学生这三大类。下面将从这三类主要调查群体来谈其调查缘由、目标内容以及方式。

(一)调查群体一:历史教科书编撰者

历史教科书的编撰,不仅仅是简单的内容填充。而是以教育方针政策和教育理论为指导,在确定了使用范围和群体的基础上,按照一定的逻辑体系来建构知识框架,使之成为学生的学习资源和工具。编撰者在编写历史教科书的过程中,必然要做大量的工作,对其结构也最为了解。了解教科书编撰者的看法和观点,理解其传达出来的对教科书的主观愿望,这反映了价值主体对历史教科书的需要。对此,收集途径主要有两种:一是通过直接采访教科书编撰者;二是通过历史教科书提取出来,或者查阅编撰者发表的相关论文或者著作。

(二)调查群体二:历史教研员和历史学专家

教研员作为学科教学中坚骨干分子,指导任课教师任课,是将课程目标落到课堂教学中的重要关键人物。在不断、反复学习和理解课程标准(指导纲要、大纲)精神和理念的基础之上,认真地研究课标中各个模块的内容标准,研究由课标撰写出来的各个模块的教科书。作为对教学需要和历史教科书都很熟悉的教研员,他们能够将教学与历史教科书进行有机结合,针对这五个评价维度提出具有建设性的意见,给出专业的看法。另外,历史学专家也是调查的重要群体,历史教科书与其他一般教科书不同,它是以符合学生心理及认知水平的"历史知识"为载体,培养学生唯物史观、时空观念、史料实证、历史解释和家国情怀五大学科核心素养,提升发现问题、分析问题及解决问题的能力。这些能力与素养的发展都是以"历史知识"为基石。因此,历史教科书中所选的史实是否是真实的,教科书针对历史事件、人物或现象所列的原因是否准确,所给的评价是否客观等都要能够经得起考察。将历史学专家作为调查对象,要着重调查关于历史教科书的知识性维度和思想文化维度的内容,这也是认识历史教科书的重要信息来源。

(三)调查群体三:历史教师和学生

历史教师与学生作为历史教科书的直接使用者,在教学过程中逐渐认识历史教科书的内在结构,并且他们对于历史教科书也会有预期要求。不同于历史教科书编撰者与教研员,教师与学生对历史教科书方面的认识会更多停留在"工具"层面,教师将其作为教学的依据,学生将其作为学习的工具,他们更看重"使用感"。例如,知识体系的编排、文字插图的印刷等是否有利于教师的"教"与学生的"学",在使用的过程中是否有"不适感"。收集使用历史教科书后的信息,有利于论证与补充实际的历史教科书结构情况。此外,在教学的过程中,学生、教师、社会等也在不断变化,从这变化中也能看到历史教科书的价值以及存在的问题。而为了获得更全面的信息,可适当增加一些关于学校、专家以及家长等社会各界对师生在使用历史教科书时的表现的评价的题目。要收集历史教师、学生使用历史教科书的方法、使用效果和看法的数据,因为涉及的人群较广,有教师、学生、家长或其他社会各界人士,且数量较多,故可以采用采访与问卷相结合的方式来完成这项工作。

分别从历史教科书编撰者,历史教研员和历史学专家,以及直接使用历史教科书的历史教师和学生这三个角度能够有效收集历史教科书在教学中的预期效果与实际效果的资料和数据。在收集资料的过程中常采用采访和问卷相结合的形式,但无论用哪种方式去收集被调查者的观点,不可避免地会带有一定的主观性。为使结论趋于客观、科学,有两个问题需要注意:第一是采访提纲或调查问卷里的问题必须简明清楚,避免产生歧义,而且所提的问题应该有较强的操作性;第二是增加被调查者的数量。另外,也要注意保持记录的完整性。特别是在采访时,可以做好录音、录像准备,防止在整理的过程中遗漏要点。

三、整理与分析

这一环节要解决的难题是如何从大量的资料和数据中提取出有针对性的、有效的信息从而得出该历史教科书的内在结构是否合理,是否能够满足价值主体的需求,满足的程度如何,以及在哪些方面不能够达到需求等结论。

(一)资料的整理

对所收集到的各种资料进行归类、汇总、计算,使之系统化、条理化,符合分析的需要,包括统计分组、设计整理表、汇总计算等。当然在这之前也应注意对于某些参考性过低、存在明显虚假性的资料可以初步"过滤"掉,去伪存真,降低后期分析的难度。由于收集的方式多样,所获得的资料也是多种类型,从形态上看有纸质版的、电子版的;从性质上看有定性资料和定量资料;从被调查者来看有关于教科书编撰者的发言、教研员的看法、教师与学生的问卷;从内容上又可按知识性、思想文化、心理发展规律、编制水平、可实施性这五个维度划分。归类的方式并不固定,但这一阶段是为下一步分析服务的,所选的归类方式应该在最大程度上为后期的分析提供便利,所以大多会选择按照资料的性质或者具体内容进行分类。在分好类别之后可利用问卷星、图表等工具进行汇总。

(二)资料的分析

对资料和数据的分析,从方法论的角度,一般可分为定性分析和定量分析,而且通常在实际分析过程中,要把这两种方法结合起来,交互使用。因为定性分析与定量分析相互补充，相得益彰，处在统一的连续体之中，定性分析为定量分析提供基础，定量分析的结果要通过定性分析来解释和理解。[①]一些用描述性语言收集到的资料多是采用定性分析，例如以采访的形式收集的多是描述性语言的资料，分析这类资料主要使用诸如比较、归纳、演绎、分析、综合等逻辑学方法，同时也要求对分析结果的信度、效度和客观度等可靠性指标进行检验和评价。而以问卷的形式则容易实现数据的收集，这时可以直接利用SPSS选择合适的统计分析方法进行分析。例如主成分分析、因子分析、回归分析等。探索数据内在的综合数量特征、数量关系和发展规律，尝试对数据整理所表现出来的一些特征、趋势做出解释和归纳。综合运用各种分析方法，有利于对历史教科书形成全面、深刻的认识，做出客观、公正的评价。

四、撰写评估报告

评估报告是对这一系列工作的总结，评估报告需要完整、清晰地展示出对历史教科书评价的观点，以及论证的过程。它和调研报告类似，其核心都是实事求是地反映和分析客观历史教科书。但不同的是，评估报告在客观反映的基础上，需要通过对比等分析方法，针对历史教科书给出评价。评估报告在撰写的格式上可以参照调研报告的格式，根据内容予以适当调整。评估报告的结构与组成要素如下：

1.题目：指明研究的主要问题，也可加副标题，补充说明主标题。将具体哪个年级段、哪个版本的历史教科书在题目中体现出来。

2.署名：评估报告的实际作者。

3.单位：作者单位、作者籍贯及作者单位所在地邮政编码。

4.摘要：对报告内容的总结。

5.关键词：起决定作用的词语。

6.前言：说明开展本次评价活动的动机、背景、目的、意义，以及不利和有利因素有哪些。

7.正文：包括调查、分析历史教科书的结论，以及论证过程。正文部分要体现出系统性，结论要有说服力。同时要依据真实、可靠的数据和材料说话，保证活动的真实性。在撰写时，可以根据评价工作的基本情况分成几个并列项目进行编排，也可以按逻辑顺序、演变过程加以排列。

---

① 杨汉东：《谈谈市场问卷调查中的数据处理》，《商场现代化》，2009(10)：164-165。

8.结论和建议:概括历史教科书各维度实际的情况和是否满足对它各方面的需求。并提出新见解、新理论和参考意见。

9.参考文献:在报告最后列出重要参考文献。

10.附录:附上各种调查表格、原始数据、研究记录等。

教科书关乎着国家教育目标的实现、社会需求人才的培养以及家长对孩子期望的达成,承载着传统文化的传承与创新,道德习俗的养成与价值观的确立,囊括了知识与能力的组织与生成。历史教科书评价工作的展开是具有深远意义的,且工作量庞大,个人难以顺利开展评价工作,可由较为权威的行政部门或者学术机构来组织开展评价工作。此外,评价维度的细化和衡量的标准应该是科学的、可操作的和稳定的,是社会认可的。

第四节 历史教科书评价的方法与工具

教科书评价方法是依据教科书评价需要遵循开展教科书评价活动的法则和程序等所采用的办法、方式、途径和手段的总称。"历史教科书评价"是借助各种社会资源，得到有关历史教科书的系统的、综合的、客观的评价报告，为以后更好地编撰、选择和使用历史教科书而展开的工作。换句话说，它也是不同的人对历史教科书所持有的不同看法、观点的集合，评价的过程也是收集、分析、总结大家观点的过程。因此，评价方法可以从收集评价信息和分析评价信息来谈，评价的方法在上一个子目"历史教科书评价程序"中有提及，但并没有详细介绍，在这部分将会更加详细地分析评价方法。评价工具则是根据具体的评价方法来定的。

一、收集评价信息的方法和工具

（一）访谈法

访谈法是以口头形式，根据被询问者的答复搜集客观的、不带偏见的事实材料，以准确地说明样本所要代表的总体的一种方式。这种方式具有较好的灵活性和适应性，既有事实的调查，也有意见的征询。研究者可以通过与访谈对象互动的形式对其行为和话语获得解释性的理解。按照访谈人数可分为个人访谈或集体访谈；按照操作方式可分为结构式访谈、半结构式访谈与非结构式访谈。访谈法能够就访谈者认为重要的问题进行深度访谈和追问，获得的资料较为全面和深入。但同时访谈法会耗费很大的人力、物力和时间，效率低。与日常对话不同的是访谈法是一种具有明确目的性的交流活动，交流信息多限制在已经规划好的范围之内，所以不适合规模较大的调查活动。当被调查者群体较小、内容较复杂的时候则更适合这种方法，例如，针对历史教科书编撰者的信息收集，就可以采用访谈法的形式，因为一般一本教科书的编写人员、责任编辑、美术编辑一共12人左右，人数不算多，工作量不大。并且在构建历史教科书的框架体系时，必然会考虑到国家教育方针、学生心理发展规律、历史学科特点等，是一个复杂的过程，通过面对面的访谈，能够更加清晰、直观地接收到编撰者的编写理念和对教科书的看法。此外，面对被调查群体较大的情况时，一般会采用问卷调查的形式,这时,也可以通过随机抽样对少量被调查者做进一步的调查采访,在一定程度上弥补问卷过于模式化的缺陷。

采用访谈法,常用到的工具主要有采访提纲,需要提前列好问题清单,防止遗漏重要问题。同时也要注意问题的表述,谨防诱导性提问从而导致偏差,失去了科学研究的价值。此外,还要准备好录音或录像设备,在取得被访者的同意后使用,便于后期资料的校对与完善。

(二)问卷调查法

问卷调查法是指研究者依据研究目的设计统一格式、内容,通过书面语言的形式与调查对象进行间接交流,从而回收问卷,获得有关研究资料的一种方法,具有效率高、成本低的优势。面对被调查者数量较多的情况时,可以选择问卷调查法。例如,要收集历史教科书在使用后的实际效果的相关信息,论证在何种程度上满足对使用者的需要时,选择历史教师和学生作为主要调查群体,用问卷的方式较为合适,有利于获取大量的一手资料。当数量越多时,误差则越小。

利用这种方法获取评价信息,会运用到的工具主要是问卷调查表。问卷一般由前言、指导语、正文、结束语四部分组成。前言主要是向调查对象介绍本次调查的目的,包括调查的目的、用途、匿名性、回答要求等。指导语是指对填写答案的要求。正文则就是调查者想要通过一系列的问题设置,来获取相关信息的部分,可分为单选题、多选题和开放式问题。结束语是对调查对象的配合表示感谢,并温馨提示其进行核实,防止遗漏或答错造成问卷无效。问卷的制作可以借助问卷星、调研宝、调查派等网站,问卷内容的设计可借鉴李克特量表、等级顺序量表、语义差异量表等。

(三)课堂观察法

课堂观察的目的在于通过观察课堂上教师和学生的表现,记录教师、学生与教科书相互作用的情况,以印证教科书对教学过程的设计是否合理可行。收集资料用的是课堂观察记录表。需要记录的项目包括:

(1)教学目标;

(2)教科书内容;

(3)教科书与学生;

(4)教师之间的互动教学形态;

(5)问题取向;

(6)学生特征和教科书的适应症;

(7)语言文字难易程度;

(8)学生认知准备条件的设计;

(9)教科书与学生动机;

(10)教科书所需教学时间;

(11)教科书的横向和纵向联系;

(12)教科书中的评价设计;

(13)教学条件与教科书的适应症。

每一项目包括了2—3种需要记录的情况,如教科书与学生、教师之间的互动这一项中就包括3种需要记录的情况:①教科书本身的设计要求学生积极主动地进行各种活动;或者相反,教科书没有给学生的自主活动创造条件,甚至限制了学生的活动。②教科书对学生的学习和活动进行了设计,是自足式的,不需教师过多干预;或者相反,教科书没有对学生的学习和活动进行设计,主要靠教师的讲授。③教科书在课堂使用过程中,教师起组织和引导的作用;或者相反,教科书在课堂使用过程中教师起支配和主宰的作用。当出现某种情况时,就在记录上打钩,事后统计出现的各种情况及次数(强度)。①

二、分析评价信息的方法和工具

只有在测量历史教科书的实际内在结构情况的基础上,才能做出价值判断。也就是对历史教科书本身的质量或者实际效果进行分析。

评价指标体系法是教科书评价过程中使用的评价工具,是对教科书进行内在评价的重要方法。目前有关评价指标体系的研究颇多,但无论是适用于单个学科还是适用于所有学科的评价指标体系都很难达成统一。②高凌飚认为在对内容进行分析的基础上,确定一定的评价指标,结合模糊综合评判的手段对教材的各个部分以及教材的整体做出量化的评价,即所谓的评价指标体系法。③评价指标体系的建立是评价工作的前提,历史教科书的评价指标体系的制定应结合历史学科自身的特点,并依据相关理论。教科书评价专家依照科学的准则,确定评价的主要维度及其包含的所有指标,并将其用简洁、精炼的语言表达出来,制成表格,交由评价者进行打分评价,最终由研究者总结出评价结果,这有利于清晰地呈现历史教科书部分和整体的质量,为价值判断提供充足的证据。

---

① 陈伟国、何成刚:《历史教育测量与评价》,高等教育出版社,2003:176。
② 靳玉乐、张增田、侯前伟:《教科书评价:基础研究与标准建构》,西南师范大学出版社,2020:104。
③ 高凌飚:《基础教育教材评价:理论与工具》,人民教育出版社,2002:19。

第六章

历史新高考命题及评价

第一节 历史新高考评价目标

高考综合改革后,历史学科的定位发生变化,在上海、浙江、北京、天津、山东、海南等地实行的"3+3"新高考方案中,历史是高中学业水平考试6门或7门科目中的1门,以等级分计入总成绩;在广东等地实行"3+1+2"的新高考方案中,学生必须从物理或历史中选择1门科目考试,并以原始分计入总成绩。近几年,全国高考处于新旧课程衔接过渡时期,学情、考情较为复杂。一些省份是最后一年使用旧课标老教材,倾向于积极转变教学观念;一些省份仍将继续实行旧课标老教材模式的高考,备考策略有所不同。鉴于以上情况,历史学科命题坚持"稳中求进"原则,既在试题中融入核心素养理念,又保持考查内容和要求的总体稳定,助力不同水平学生的稳定发挥和考试内容改革的有序、稳步推进。

根据高考评价体系,新高考评价目标体现在"立德树人、服务选才、引导教学"3个方面,具体到高考历史学科中,重在引导学生塑造健全人格,形成正确的世界观、人生观、价值观,选拔出具有家国情怀、国际视野和全面发展的优秀人才,引导中学历史教学落实党和国家对历史教育的要求。

一、立德树人

历史学科考试全面贯彻落实党的教育方针,加强对学生进行理想信念、爱国主义、品德修养、知识技能、奋斗精神、综合素质教育,引导学生树立正确的国家观、民族观,塑造健全人格,形成正确的世界观、人生观,践行社会主义核心价值观;引导学生增强对中华优秀传统文化、革命文化和社会主义先进文化的认同,树立新时代中国特色社会主义道路自信、理论自信、制度自信、文化自信;引导学生开拓视野,认识历史发展规律,形成人类命运共同体意识;引导学生提高历史思维能力,探求真相,崇尚美好,增强创新意识;引导学生实现德智体美劳全面发展。

如:2019年文科综合全国卷Ⅱ第25题

西汉初期,道家学说兼采阴阳、儒、墨、名、法各家学说的精髓;后来董仲舒的儒家学说也吸收阴阳五行、法、道等各种思想。促成当时学术思想上呈现这种特征的主要因素是(　　)。

  A.王国势力强大   B.百家争鸣局面的延续

  C.现实统治需要   D.兼收并蓄的文化政策

解析:本题强调汉代思想的兼容并蓄对塑造民族精神的重要作用,引导学生树立文化自信。

如:2019年文科综合全国卷Ⅲ第25题

在今新疆和甘肃地区保存的佛教早期造像很多衣衫单薄,甚至裸身,面部表情生动;时代较晚的洛阳龙门石窟中,造像大都表情庄严,服饰亦趋整齐。引起这一变化的主要因素是(　　)。

  A.经济发展水平　B.绘画技术进步　C.政治权力干预　D.儒家思想影响

解析:本题通过佛教传播过程中造像服饰、表情的区域差异,反映中外文化的交流与融合,引导学生对历史上各国、各民族文化传统能够理解和尊重,树立正确的文化观。

(一)突出体现社会主义核心价值观

历史是前人的实践和智慧之书。要培养担当民族复兴大任的时代新人,需要历史教育"强国固本",帮助广大青少年从小熟悉历史、了解国情,树立正确的历史观、民族观、国家观、文化观,增强做中国人的骨气和底气。新高考历史试题通过选取典型素材,以社会主义核心价值观凝聚共识,汇聚力量,坚持正确的政治方向。

如:2017年文科综合全国卷Ⅲ第40题

阅读材料,完成下列要求。(25分)

材料

1602年,荷兰东印度公司成立以后,荷兰人曾先后进攻澳门、台湾,遭到明朝官民的坚决抵抗而失败。1608年,荷兰东印度公司董事会发出指示:"我们必须用一切可能来增进对外贸易,首要目的是取得生丝,因为生丝利润优厚。"1621年,荷兰人得知西班牙人也计划占领台湾,遂于次年再次侵占澎湖,并于1624年侵占台湾南部。1642年,其势力扩张到台湾北部。

1661年,郑成功进军台湾,并正告荷兰驻军,台湾和澎湖列岛应由中国政府管辖,岛屿上的居民都是中国人,"他们自古以来占有并耕种这一土地"。荷兰人试图以赔款的方式换取郑成功退兵,被拒绝。

郑成功收复台湾后,台湾根据郡县制,设立一府二县;兴建孔庙,建立学院、府学、社学等完整的学校体系;开科取士,"三年两试,照科、岁例开试儒童";许多文人学士随之入台,写下了台湾第一批文学作品;大量移民涌入,台湾的人口迅速增加。

——摘编自陈孔立主编《台湾历史纲要》

(1)根据材料并结合所学知识,概括荷兰侵占中国台湾与澎湖的历史背景和目的。(15分)

(2)根据材料并结合所学知识,简析台湾的收复在哪些方面促进了国家的统一。(10分)

解析:本题通过17世纪郑成功收复和建设台湾这一历史事件,要求学生概括荷兰侵占中国领土的事实和台湾的收复在促进国家统一方面的历史意义。通过作答,学生可以加深台湾自古以来就是中国固有领土的认识。台湾回归能维护国家领土完整,增强两岸人民的民族和文化认同,体现社会主义核心价值观倡导的家国情怀和爱国主义。

如:2017年文科综合全国卷Ⅰ第30题

陕甘宁边区政府在一份文件中讲到:"政府的各种政策,应当根据各阶级的共同利害出发,凡是只对一阶级有利,对另一阶级有害的便不能作为政策决定的根据……现在则工人、农民、地主、资本家,都是平等的有权利。"这一精神的贯彻(　　)。

A.推动了土地革命的顺利开展　　B.适应了民族战争新形势的需要

C.巩固了国民革命的社会基础　　D.壮大了反抗国民党政府的力量

解析:本题讲述了抗战时期,中国共产党在根据地扩大民主基础,保障各阶级平等权利,建立广泛的抗日民族统一战线,体现了民主、平等。

如:2017年文科综合全国卷Ⅰ第47题

【历史——选修4:中外历史人物评说】(15分)

材料

公元前544年,吴国公子季札出使鲁、郑、卫等中原诸国。季札对于各国贵族视为"文明"象征的乐舞与诗歌,皆能一一点评,得其精髓;对于各国政治现状,他也能做出准确的研判。各国原本视江南为蛮荒之地,为"文身断发"的"夷人"聚居之处,季札的到来让他们眼界一开。

季札出使途经徐国,知道徐国国君对他的佩剑十分喜爱,只因要出访他国,未能相赠。季札返回途中至徐,徐君已死,他解下佩剑挂在徐君墓前的树上。随从认为这样做没有意义,季札说,我当初知道徐君喜爱我这把剑,"始吾心已许之,岂以死倍(背)吾心哉"。其父吴王寿梦认为诸子中季札年龄最小却有贤能,指定他继承王位。寿梦死后,吴国人坚决要求季札即位,但季札坚拒,"弃其室而耕",最终王位由其长兄继承。季札被历代儒者尊崇为"贤人"。

——据《史记》等

(1)根据材料并结合所学知识,说明历代儒者尊季札为"贤人"的原因。(7分)

(2)根据材料并结合所学知识,简析季札出使在文化融合方面的意义。(8分)

解析:本题通过春秋时期吴国公子季札出使中原的活动及"挂剑于墓"的信义行为,强调了儒者重"信"的理念,重申了诚信的积极意义。

(二)重点考查党史、国史、改革开放史和社会主义发展史

党史、国史是中华民族伟大复兴的辉煌篇章,对于广大学生而言,党史、国史的学习不仅有助于树立科学的历史观和方法论,有助于增强历史意识、学习历史思维、自觉培养历史眼光,更有助于坚定理想信念、弘扬中国精神、凝聚中国力量,为实现民族复兴中国梦而奋斗。高考历史试题根植于深厚的历史渊源和广泛的现实基础,覆盖了中华民族几千年的悠久文明,囊括了近代以来中华民族发展历程的深刻总结,回顾了中国共产党成立100多年来的持续探索,融汇了改革开放40多年的伟大实践,点明了中国特色社会主义道路的来之不易。

如:2017年文科综合全国卷Ⅱ第41题

阅读材料,完成下列要求。(25分)

材料一 雍正时期,各地奏请开矿,清廷经常以"开矿聚集亡命,为地方隐忧"为由,下达"严行封禁""永远封禁"等命令;对一批朝廷获利甚多的矿产,则由朝廷和地方官府严加控制。

1872年,李鸿章在一份奏折中指出,上海各工厂"日需外洋煤铁"极多,"可忧孰甚"。他建议清政府"设法劝导官督商办,但借用洋器洋法,而不准洋人代办……于富国强兵之计殊有关系"。清政府采纳李鸿章建议,决定先在部分地区试办"开采煤铁事宜"。

——摘编自戴逸主编《简明清史》等

材料二 新中国"一五"计划指出:"矿产资源的勘探和它的勘探进度,资源供应的保证程度是合理地分布生产力、建立新工业基地、正确地规定工业建设计划的先决条件。"为此,国家要求"有计划地展开全国矿产的普查工作","加强对某些从前没有发现或者很少发现的和目前特别缺乏的资源(例如石油)以及在地区上不平衡的资源的普查工作和勘探工作"。

——《建国以来重要文献选编》

(1)根据材料一并结合所学知识,分析清政府在雍正年间与19世纪70年代矿业政策的差异及原因。(15分)

(2)根据材料并结合所学知识,说明与清代矿业政策相比,新中国"一五"计划期间矿业政策的特点,并简析其意义。(10分)

解析:本题以清朝盛世雍正年间、中国近代洋务运动期间和新中国第一个五年计划期间三个不同时段的矿业政策为线索,反映国家的历史巨变和求富求强的轨迹,充分体现社会主义制度的优越性。

如:2017年文科综合全国卷Ⅱ第30题

抗日战争胜利后,山东根据地已有农会、工会、妇女会、青年团、儿童团等中国共产党领导的群众组织,成员达404万人,占根据地总人口的27%;中共党员占总人口的1%左右,几乎村村有党员。这反映出( )。

A.革命工作的重心开始转移 B.工农武装割据局面已经形成

C.统一战线范围进一步扩大 D.国共力量对比变化趋势加强

解析:本题材料提供了抗日战争胜利后山东根据地取得重大发展的史料,证明党在抗日战争中依靠群众和坚持全面抗战的正确性。

如:2017年文科综合全国卷Ⅲ第46题

【历史——选修4:中外历史人物评说】(15分)

材料

全国解放后,部分城市通货膨胀严重,少数商人投机,哄抬物价。政务院副总理陈云很快将上海局势稳定下来,进而稳定了全国经济形势。面对工业化建设资金短缺等问题,陈云提出对粮食等主要农副产品实行计划收购和计划供应,即统购统销,被中央采纳实施。他在中共八大上系统地提出了改进经济体制的"三个主体、三个补充"的设想,即在工商业经营方面,国家经营和集体经营为主补充一定的个体经营;在生产计划方面,计划生产为主补充一定的自由生产;在市场方面,国家市场为主补充一定范围的自由市场。1979年春,陈云指出:"六十年来无论苏联或中国的计划工作制度中出现的缺点:只有有计划按比例这一条,没有在社会主义制度下还必须有市场调节这一条。"他提出整个社会主义时期经济必须有计划经济部分和市场调节部分。

——摘编自金冲及等主编《陈云传》等

(1)根据材料,概括陈云的主要经济思想,并结合所学知识指出其形成的时代背景。(8分)

(2)根据材料并结合所学知识,简述陈云对新中国经济建设的贡献。(7分)

解析:本题通过党和国家重要领导人陈云的经济思想和杰出贡献,反映我国社会主义现代化建设及改革开放的历程。

(三)弘扬中华优秀传统文化、革命文化和社会主义先进文化

在几千年文明发展中孕育的中华优秀传统文化,在党和人民伟大斗争中孕育的革命文化和社会主义先进文化,积淀着中华民族最深沉的精神追求,代表着中华民族独特的精神标识,来源于伟大实践,是我们能够自信的底气所在。历史教育应该引导广大青少年礼敬和弘扬中华优秀传统文化,教育他们继承革命传统,传承红色基因,倍加珍惜党领导人民创造的革命文化,并大力发展社会主义先进文化。中华优秀传统文化、革命文化和社会主义先进文化都是中华民族优良文化传统的凝聚升华,蕴含着丰富的人文思想、创造精神和道德理念,是弘扬民族精神、凝聚各族人民的意志和力量的积极、健康、向上的文化,是激励我们不懈奋斗的强大精神力量。高考历史试题注重对优秀文化、先进文化的弘扬,引导学生树立高度的道路自信、理论自信、制度自信、文化自信。

如:2017年文科综合全国卷Ⅱ第47题

【历史——选修4:中外历史人物评说】(15分)

材料

颜回,孔子最看重的弟子之一。他居于陋巷,"一箪食,一瓢饮",依然淡泊达观。颜回天资聪颖,能很快领悟老师的教诲,子贡称赞他,"闻一知十"。每次谈到他的求学精神,孔子总是不吝赞赏。颜回尊敬老师,曾说:"夫子循循然善诱人,博我以文,约我以礼。"他践行孔子的学说,认为如果自己的才能智慧能够为世所用,就行其道;不为世所用,则独善其身。

颜回英年早逝。孔子非常悲痛:"有颜回者好学,不迁怒,不贰过。不幸短命死矣!"汉代以后,历代统治者给予颜回很高的评价。《魏书》云:"建国纬民,立教为本;尊师崇道,兹典自昔……释奠孔颜,乃其时也。"颜回自唐代起配享孔庙,与孔子并称"孔颜",元代被封为"复圣",对后世影响深远。

——摘编自白寿彝总主编《中国通史》等

(1)根据材料并结合所学知识,概括颜回成为孔子最看重的弟子之一的原因。(9分)

(2)根据材料并结合所学知识,简析颜回在后世受到尊崇的原因。(6分)

解析:本题叙述了孔子弟子颜回的生平及其安贫乐道、尊师重教的高尚品格,包含了儒家文化中鼓励人们向上向善的内容,体现了先民崇高的道德目标和要求,有利于引导学生形成正确的人生观和世界观。

如:2017年文科综合全国卷Ⅲ第30题

1949年,渡江战役即将发起时,英国军舰擅自闯入长江人民解放军防线。人民解放军奋起反击,毙伤英军百余人,并要求英、美、法等国的武装力量"迅速撤离中国的领水、领海、领土、领空"。人民解放军的这一行动(　　)。

A.有利于巩固社会主义阵营

B.是对列强在华特权的否定

C.切断了西方国家对国民党的军事援助

D.反映出"另起炉灶"外交政策的确立

解析:本题叙述了1949年4月渡江战役期间的"紫石英号事件",人民解放军炮击英国军舰并严正要求英美军队撤出中国,否定了近代以来列强的在华特权,彰显了鲜明独特、奋发向上的革命文化。

如:2017年文科综合全国卷Ⅱ第31题

1977年,我国各大专院校录取新生27.3万人,至1988年高校在校生总规模达206万人,2001年增长至719万人。在此期间,高等职业教育和各种形式的成人高等教育的入学人数也有很大增长。由此可知(　　)。

A.社会对专业人才的需求得到了解决

B.高等教育实现了与生产劳动相结合

C.人才选拔制度的改革适应了经济社会的发展

D.恢复统一高考制度促进了高等教育的普及

解析：本题通过恢复高考后我国教育的高速发展，反映40多年来高考成为优化人才选拔的重要突破口，推动了高等教育的发展，为改革开放和现代化建设提供了源源不断的人才资源和智力支持，成为我国社会主义先进文化的缩影。

二、服务选才

历史学科考试通过科学设计试题，选拔符合国家和高等教育需要的优秀人才：一是具有家国情怀、国际视野和社会主义核心价值观的学生；二是具有必备知识、关键能力和学科素养的学生；三是具有求真务实、学以致用的优秀品格和创新意识的学生。在服务选才方面，优化题型设计，开放型试题的评分从分层、分项两个维度评价学生的作答，并给出不同角度的作答示例，使高水平学生脱颖而出。

高考历史命题在保证试卷结构、内容、难度稳定的基础上，力求有所创新突破。试题整体设计既注重结合学生成长规律，体现高考的科学性，又注重结合国家课程标准的具体要求，彰显高考的选拔性和权威性。具体而言，就是在考查通用性、主干性知识的基础上，进一步明确关键能力和学科素养的考查内容，要求学生能够在不同情境下综合利用所学知识和技能处理复杂问题，具备扎实的素养和宽阔的视野，进而能够在知识积累、素质养成和能力提升的过程中逐步形成正确的价值观。

如：2017年文科综合全国卷Ⅰ第42题

阅读材料，完成下列要求。(12分)

材料

时间	中国	外国
14—15世纪	朱元璋在位期间，与占城、爪哇、暹罗等30余国进行官方贸易。 废除丞相制度。 郑和七下西洋，是世界航海史和中国古代对外交往史上的壮举。	德国人古登堡发明了最早的印刷机。 哥伦布到达美洲大陆。 佛罗伦萨200余家纺织工场雇佣3万余名工人。
16世纪	张居正进行赋役合一、统一征银的"一条鞭法"改革。 李时珍《本草纲目》刊刻。 玉米、番薯、马铃薯等高产作物传入中国。 汤显祖出生，代表作《牡丹亭》表现男女主人公冲破礼教束缚，追求爱情自由。	哥白尼提出"太阳中心说"。 意大利传教士利玛窦到中国，传播了西方自然科学知识。 莎士比亚出生，代表作《哈姆雷特》。

续表

时间	中国	外国
17世纪	朱子学在日本为官方推崇,成为显学。 茶叶大量输往欧洲。 宋应星《天工开物》刊刻。 美洲白银大量流入中国。 郑成功收复台湾。	英国入侵印度,英属东印度公司在印度开展殖民活动。 英国早期移民乘"五月花号"到达北美。

——据李亚凡编《世界历史年表》等

上表为14—17世纪中外历史事件简表。从表中提取相互关联的中外历史信息,自拟论题,并结合所学知识予以阐述。(要求:写明论题,中外关联,史论结合。)

解析:本题以表格形式不完全列举了14世纪至17世纪中西方若干政治、经济、文化、对外关系等领域的重要史实,要求学生从这些史实中提取一组中外关联的信息,形成论题,进而结合所学知识进行史论结合、逻辑清晰的论述。该题要求的关键能力包括获取和解读信息、调动和运用知识、描述和阐释事物、论证和探讨问题四个层级。该题考查的学科素养囊括了唯物史观、时空观念、历史解释能力和家国情怀等方面。同时,作答该题可以回应"一带一路"、祖国统一、国际视野等热点问题,体现了历史学科对现实和时代的关切,可谓多角度、多层次考查了学生的综合素质。

历史学科高考应立足于服务国家和高校选拔人才这个基本点,选拔出具有家国情怀、德才兼备和具备社会责任感的学生。高考历史试题在试卷结构设计和考试内容选取上都注意与党和国家的人才选拔要求相契合,从文化基础、自主发展和社会参与三个维度,考查适应学生终身发展和社会发展需要的人才的关键能力和必备品格。高考历史试题要求能够使个人成长与家庭、民族、国家乃至整个人类的命运紧密联系在一起的学生脱颖而出,因为这样的学生拥有融入世界的气度与眼光,是兼具家国情怀与国际视野的人。

如:2018年文科综合全国卷Ⅱ第31题

右图为1956年的一幅漫画《两把尺》("奶奶的尺——量布做新衣,阿姨的尺——测量祖国,建设社会主义。"),该漫画反映了(　　)。

A.社会主义建设以工业化为中心
B.女性成为国家建设的重要力量

C.人民公社化运动蓬勃开展

D.城乡差别发生根本性变化

解析:本题引用了1956年的漫画《两把尺》,通过"奶奶的尺"和"阿姨的尺"的对比描绘,反映出社会中的个体在建设新国家和创造新生活的时代热潮中所表现出的高度责任感和积极性,以此考查学生的爱国情怀。

如:2018年文科综合全国卷Ⅱ第47题

【历史——选修4:中外历史人物评说】(15分)

材料

三娘子(1550—1613),明代蒙古土默特部首领俺答汗之妻,深受俺答汗器重,"事无巨细,咸听取裁"。三娘子生活的时代,明朝与蒙古部落势力沿长城相持已近200年。1570年,俺答汗之孙投附明朝,双方关系顿时紧张,在三娘子的劝说下,俺答汗同意与明朝和谈。明朝送还俺答汗之孙,封俺答汗为顺义王,并开放十余处市场供蒙汉人民自由贸易,每当开市时,蒙汉人民"醉饱讴歌,婆娑忘返"。三娘子本人也"勤精骑,拥胡姬,貂帽锦裘,翱翔塞下",在三娘子的辅佐下,俺答汗在今呼和浩特地区建城,后明朝赐名为"归化"。1581年,俺答汗去世后,三娘子辅佐继任的顺义王,继续与明朝通好,明、蒙"四十余年无用兵之患,沿边旷土皆得耕牧"。

——摘编自白寿彝总主编《中国通史》

(1)根据材料并结合所学知识,概括三娘子能够推动明、蒙双方取得和平局面的原因。(8分)

(2)根据材料并结合所学知识,简要评价三娘子的历史功绩。(7分)

解析:本题描述了明代蒙古土默特部首领俺答汗之妻三娘子,以其杰出的个人能力与威望,维护明、蒙之间的长期和平,促进蒙、汉之间的经济文化交流和草原地区社会进步,考查学生对历史人物功绩的认识水平和家国同构观念。

如:2019年文科综合全国卷Ⅲ第35题

20世纪70年代中后期,法国国内生产总值年平均增长率由2.6%下降到1.3%,物价上涨了1倍。1981年,密特朗就任总统后,推行包括国有化在内的一系列措施,其结果( )。

A.加剧了经济恶化　　　　B.实现了物价下降

C.推动了通货紧缩　　　　D.放弃了经济自由

解析:本题要求分析20世纪70—80年代法国经济衰退的原因,学生须结合所学知识与相关经济学原理进行严密推理,方可得出正确结论,本题有利于选拔具有较高历史学科素养的学生。

高考历史学科通过稳定试卷结构、题型题量、整体难度,关注城乡公平、区域公平,加强人文关怀,把促进学生健康成长成才作为考试内容改革的出发点和落脚点,体现学生成长、高校选才与国家发展的统一。保证高考的公平公正是我国高考招生制度设计的基本价值取向。一方面,高考历史学科命题注重史料和素材的公平性,以及表述的规范性,力图使试题更加公平,符合学生的心理预期。另一方面,高考历史学科客观题、主观题均加强对必备知识、教材主干知识的考查,题型、题量、阅读量、考查内容、能力目标、整卷难度等均保持稳定,试题符合学生认知水平,有助于学生在考场上稳定发挥,通过强化对主干知识的考查,使基础扎实的学生更有成就感。

如:2020年文科综合全国卷Ⅱ第29题

中国共产党的一份告全党党员书指出:"国民党中央驱逐军队中的共产党党员,我们的党不得不秘密起来……这所谓国民政府是什么?他从革命的政权机关变成了资产阶级之反动的执行机关,变成了军阀的工具。"由此,中国共产党(　　)。

A.阐明工农武装割据的必要性　　B.确定武装反抗国民党统治的方针
C.批判"左"倾错误的危害性　　　D.动员工农红军进行战略性的转移

解析:本题材料摘录的是党的文件原文,凸显史料的规范性、可靠性,同时该题考查的是不同版本教材共有的主干知识,对全体学生是公平的,有助于学生发挥正常水平。

(一)引导教学

历史学科考试立足于助力素质教育发展,引导中学历史教学,落实党和国家对历史教育的要求,培养合格的社会主义建设者和接班人:一是坚持正确的政治方向,聚焦立德树人教育根本任务;二是着力培养和发展学生的必备知识、关键能力和学科素养;三是促进检视教学效果,改进教学,提高质量;四是启发学生自主学习和探究性学习,提高学习能力和创新能力;五是破除"唯分数""唯升学"的顽瘴痼疾,合理减轻学生负担。就考试与教学的关系而言,基础性也是二者联系最为密切的部分和共有的属性。高考历史学科注重深化基础性的内涵,引导学生夯实全面发展的基础。在考查导向上,试题侧重考查学生对基本概念、原理、技能和思维方法的深入认识和综合运用,引导高中教学重视培养学生对基础知识本质属性和内在联系的深刻理解和充分掌握,助力高中教学改革的推进。

如:2017年文科综合全国卷Ⅲ第27题

关于宋太祖驾崩前夜宋太宗(时为晋王)的活动,北宋时期有不同记载。《续湘山野录》记载,宋太宗当晚曾与其兄宋太祖在宫中饮酒,并宿于宫中;《涑水记闻》则称,那晚宋太宗并未进宫。这反映出(   )。

A.历史事实都是通过历史叙述呈现

B.同一历史事实会有不同历史记载

C.历史叙述不能客观准确再现历史事实

D.综合多种历史叙述即可确认历史事实

解析:本题题干转引了关于宋太祖驾崩前夜宋太宗活动的两种历史叙述,强调只有对历史叙述进行审慎辨析才能更接近历史真实,对于引导中学教师注重史学方法的传授和不同概念的辨别具有重要的指导意义。

如:2017年文科综合全国卷Ⅰ第26题

记述	出处
"秦王(李世民)与薛举大战于泾州,我师败绩。"	《旧唐书·高祖本纪》
"薛举寇泾州,太宗(李世民)率众讨之,不利而旋。"	《旧唐书·太宗本纪》
"秦王世民为西讨元帅……刘文静(唐朝将领)及薛举战于泾州,败绩。"	《新唐书·高祖本纪》
"薛举寇泾州,太宗为西讨元帅,进位雍州牧。七月,太宗有疾,诸将为举所败。"	《新唐书·太宗本纪》

上表为不同史籍关于唐武德元年同一事件的历史叙述。据此能够被认定的历史事实是(   )。

A.皇帝李世民与薛举战于泾州 B.刘文静是战役中唐军的主帅

C.唐军与薛举在泾州作战失败 D.李世民患病导致了战役失败

解析:本题题干以表格形式提供了官修史书中关于唐代初期唐军与薛举泾州之战的四种不同叙述,要求学生确认能够被认定为历史事实的部分。

高考历史学科以试题为载体,坚持正确的政治方向,挖掘历史、把握当代,把引导方向聚焦到党和国家对"立德树人"根本任务的新要求新任务上来,努力推进基础教育培养德智体美劳全面发展的社会主义建设者和接班人。新高考历史试题把马克思主义作为试卷的"鲜亮底色",向基础教育界释放出强烈信号,即让马克思主义成为师生理解历史与现实的强大思维工具,并成为他们信仰的指引。

如:2019年文科综合全国卷Ⅲ第29题

1916年1月,陈独秀在《青年杂志》撰文称:"个人之人格高,斯国家之人格亦高。个人之权巩固,斯国家之权亦巩固。而吾国自古相传之道德政治胥(皆)反乎是。"陈独秀意在( )。

A.主张国家至上　　　　B.批判封建伦理

C.反对西方民主　　　　D.传播马克思主义

解析:本题以1916年陈独秀在《青年杂志》发表的批判封建伦理的言论为素材,考查学生对史料进行深入分析,得出正确结论的能力,意在引导中学教师重视史料教学,提高透过现象看本质的能力,让学生在日常学习中运用历史思维方法思考和解决问题。

历史命题深化考试内容改革,紧密衔接高中课程改革,强调以国家课程标准为依据,加强对基础进行深入考查,助力高中教学提高课堂质量和注重作业减负提质,促进"双减"落实落地。高中课程标准是开展教育教学的基本准则,历史学科坚持依标施考,注重呈现课标中的基本史实、历史人物、历史现象、历史线索、核心概念与基本原理组成的学习内容体系。在考查范围和比例上,注重考查内容的全面性、规范性,引导教师充分认识严格对照课程标准设计和组织教学的重要意义,做到依标施教;同时依据学业质量标准,突出主干、重点内容考查,考查深度不超过课标规定的层次。考题的设置,注重素材选取、问题设计以及课标规定的选修内容主题和教材相契合,要求学生掌握学习的内容,情境既新颖又与所学内容有所关联,有利于引导学生在扎实掌握所学知识的基础上加强对历史线索的梳理和对方法、规律的提炼,透过现象看本质,做到融会贯通、举一反三。引导教师遵循教育规律,不追求提前结课备考和把教学重点放在解题的技巧性上,而是把精力放在讲透教材重点内容,注重在作业题、练习题减量提质的基础上,提升课堂教学效果,向育人为先的评价取向回归;使学生从机械重复的浅层学习,转向以促进核心素养培养为主的深度学习。

(二)突出基本概念

高考试题对高中阶段历史概念的考查并不是直接考查概念定义,而是以课程标准为依据,主要从政治制度、经济和社会发展、思想文化、科技、艺术等方面展开,通过情境创设融合概念要义,注意对同类概念的比较辨析和不同概念掌握程度的测量和评价。

如:2021年文科综合全国乙卷第33题

18世纪90年代初,法国国民议会取消监禁专制授权令,否定了家长或家族可不经审讯就将孩子投进监狱的做法;国民议会还规定,由新建立的家事评议庭专司听审父母和20岁以下子女的争讼,21岁的家庭成员不分男女,不再受父权的管辖控制。上述内容体现了(   )。

  A.个人意志即个人权利　　　　B.个人与国家间的契约关系

  C.男女的政治地位平等　　　　D.家族利益凌驾于国家利益

解析:本题通过法国大革命期间国民议会的一系列法令考查学生对卢梭社会契约论的运用能力。

如:2021年文科综合全国甲卷第25题

汉代,中央各部门长官与地方各郡太守自行辟召属官,曾一度出现"名公巨卿,以能致贤才为高;而英才俊士,以得所依秉为重"的现象。能够保障辟召制度有效运作的是(   )。

  A.分科考试选官制建立　　　　B.监察体系的改进

  C.郡国并行制度的完善　　　　D.察举制度的实施

解析:本题通过汉代"辟召"制度考查学生对监察体系运行原理的掌握。

如:2022年历史全国乙卷第26题

宋朝在州府设通判,重要州府设两名,民户少的州可以不置,但若武官任知州,则必置。通判有自己专属的衙门通判厅,与知州(府)共议政务、同署文书,"有军旅之事,则专任钱粮之责"。据此可知,设置通判的主要目的是(   )。

  A.规范地方行政　　　　　　　B.防止武人干政

  C.提升军事能力　　　　　　　D.削弱州府权力

解析:本题围绕宋代官职"通判"的概念展开,强调通判在监察和辅助地方长官方面发挥的作用,其设置目的在于规范地方行政。学生需要深刻理解"通判"这一概念的内涵和外延,在宋代特有的历史时空内,判断出通判的设置削弱了地方长官权力,但并未削弱州府本身的权力,方能正确作答。

(三)强调结合所学

高中学生在解题的过程中需要思考,即进行思维活动,这种思维活动的一种重要表现形式就是学生在陌生的试题情境中迅速建立起问题与所学知识之间的联系,在综合运用题干信息和学科知识的基础上进行作答。在作答过程中,学生可能还需要在自身知识体系框架内对相关知识进行重新整合,以解决新的问题,这样就真正实现了对知识的内化和掌握。历史学科不同类型的试题都强调问题与学生所学知识的结合,促进学生夯实基础,提高知识迁移能力,融会贯通、真懂会用。

如:2021年文科综合全国乙卷第28题

1898年,某书商慨叹废八股将使自己损失惨重,后来发现"经学书犹有人买",其损失并不如以前估计之大,而该书商对新学书籍投资后不久又面临亏损。这可以反映出该时期(　　)。

A.儒学地位颠覆　　　　B.列强侵略加剧

C.政局变化迅速　　　　D.西学深入民心

解析:从维新变法时期废除八股对书商经营的影响出发,考查"百日维新"期间新旧势力斗争的激烈和政局变化的剧烈。

如:2021年文科综合全国乙卷第45题

【历史——选修1:历史上重大改革回眸】(15分)

材料

1901年1月,慈禧太后以光绪皇帝的名义发布新政上谕,宣布新政变法开始。4月,清廷催促各省督抚大臣"迅速条议具奏,勿再延逾观望"。7月,两江总督刘坤一和湖广总督张之洞联衔会奏,连上三折,此即《江楚会奏变法三折》。第一折关于教育改革,涉及建立近代学校教育体制、变革科举制度、奖劝游学等内容;第二折关于政治改革,大致包含改善用人行政政策、清除吏治腐败、改良司法,革除弊政等方面;第三折关于军事与经济改革,主张通过向西方学习,以实现国家富强,内容包括用西法练兵,学习西方近代农业技术,改良农业,发展工业等。江楚会奏的变法方案对清末的改革拟订了详细规划,得到朝廷嘉许并予以采纳。清末新政正式进入具体实施阶段。

——据《张文襄公全集》等

(1)根据材料并结合所学知识,简析"江楚会奏"变法方案与洋务运动的相同点。(8分)

(2)根据材料并结合所学知识,评价"江楚会奏"变法方案。(7分)

解析:本题将"江楚会奏"变法方案与学生已有的洋务运动的知识内容相结合,要求比较二者相同点。

如:2022年历史全国甲卷第28题

1846年,上海的进口货值较前一年下降13%,1847年又减少5.4%,1848年更大幅度地下降20.1%。此后虽有回升,但极不稳定,一直到1854年还没有恢复到1845年的水平。这可用于说明,进口货值的下降(　　)。

  A.阻止了自然经济的解体　　　　B.导致西方商品倾销重心转移

  C.促使传统手工业的恢复　　　　D.成为列强进一步侵华的借口

解析:本题以数据证明鸦片战争后上海进口货值并未因通商口岸的开放而大幅增长,与西方列强试图通过战争打开中国大门倾销商品的初衷并不相符。学生既需要看到进口货值不增反降的事实,也要结合所学认识到列强并不能通过鸦片战争立即改变中国的经济结构和市场状况。只有深入认识和掌握中国近代自然经济结构的演变,才能进行合理推导,得出正确结论,该题体现了对学生深度学习的考查要求。

(四)关注基本方法

考试和教学的一个共同目标,就是指引和促进学生进行有效学习,让学生掌握学习方法,为其进入高等学校进行专业学习和终身发展提供智力支持。历史学科历来重视对学科基本方法的考查,在高考试题中,重点强调对研究对象的概括、判断、分析、归纳、总结、比较、说明、阐释、评价等方法,考查形式多样,基本能够覆盖各个能力层面。

如:2021年文科综合全国乙卷第34题

青年时代的普朗克曾被告诫,物理学是一门已经完成了的科学,不会再有多大的发展。1900年,物理学家开尔文也断言:"在已经基本建成的科学大厦中,后辈物理学家只能做一些零碎的修补工作。"由此可知在当时(　　)。

  A.物理学领域的问题已全部解决　　B.物理学对微观世界的思考尚未开始

  C.经典物理学仍然处于统治地位　　D.量子力学得到物理学界的普遍认可

解析:本题用19世纪末20世纪初物理学的发展状况创设情境,要求学生用分析与整理相结合的方法判断物理学阶段发展特征。

如:2021年文科综合全国乙卷第46题

【历史——选修3:20世纪的战争与和平】(15分)

材料

越南战争中,美国为帮助南越傀儡政权消灭南方人民武装力量,自1961年起使用了落叶剂、除草剂等化学剂约7.8万吨,喷洒面积达2.68万平方千米。在使用化学剂之初,美国科学界就道义和生态原因提出异议。1967年2月,5 000多名科学家向美国政府请愿,敦促约翰逊总统下令停止在越南使用化学剂。自1968年下半年起,联合国大会相继通过多项决议,开始关注生态问题,要求召开联合国人类环境会议,并要求秘书长准备一个关于化学、生物以及细菌武器的报告。面对美国的战争暴行,越南人民武装力量依然活跃在南越丛林中,给美国和南越政府以巨大打击。1971年,尼克松政府决定终止在越南战场使用化学剂。化学剂的使用,也使很多美国军人在战后饱受癌症等疾病折磨。

——摘编自吕桂霞《牧场工行动:美国在越战中的落叶剂使用研究(1961—1971)》

(1)根据材料并结合所学知识,分析美国政府最终放弃在越南使用化学剂的原因。(9分)

(2)根据材料并结合所学知识,说明美国在越南战争中使用化学剂的后果。(6分)

解析:本题材料陈述了越南战争期间美国使用化学剂的情况和美国国内及国际社会对战争暴行的抗议和谴责,试题聚焦具体历史事实,要求学生分析美国政府使用化学剂的后果和最终放弃使用的原因。学生须运用概括、联系、归纳、总结、解释、判断、评价等方法综合作答,作答的实际情况也能反映出高中教学对学生学习方法的培养水平。

(五)促进全面发展

历史学科命题从高中教学实际和学科特点、学生认知水平出发,加强命题探索,通过试题体现学习内容的丰富性,将对学生进行德、智、体、美、劳教育与学科考查内容、考查要求、考查载体有机结合,通过呈现类型丰富的史实,促进学生在人格、心理等方面获得全面、和谐、健康的体验,引导高中教学增强育人的实践性、综合性和拓展性,提升育人质量。历史试题对德、智、体、美、劳教育的引导,注重将价值取向与学科内容相结合,彰显育人导向的同时体现学科特色和本质。

如：2022年历史全国甲卷第47题

【历史——选修4：中外历史人物评说】(15分)

材料

李时珍(1518—1593)自幼对医学感兴趣，后跟随父亲学习医术，广读天下医书。蕲州遭逢大疫，李时珍父子为民众治病，"千里就药于门，立活不取值"，经此磨炼，医术愈精。李时珍发现，以往药书中存在药物误注、图文不一、主次不清等错误，常常危及病患生命，遂立志重修本草。其足迹遍及大江南北，跋涉山川，采集药物标本，积累了丰富的第一手材料。他虚心拜当地人为师，问询渔樵农夫，细心收集大量有关药物、单方、验方的零散资料，撰成中医药学巨著《本草纲目》。李时珍将前人对药物的分类发展为16部、60类，以部为纲，以类为目，使中药的分类更加科学；仔细描述每味药物的产地、形态、性味、功用、方剂等，精心绘制药图。历时近30载，"稿凡三易，然后告成"。

——摘编自唐明邦《李时珍评传》

(1)根据材料并结合所学知识，简析李时珍编著《本草纲目》的条件。(6分)

(2)根据材料并结合所学知识，概括李时珍编著《本草纲目》所体现出的研究方法，并分别予以简要评价。(9分)

解析：本题围绕我国古代著名医药学家李时珍编著《本草纲目》创设情境，展现李时珍在总结前人经验的基础上，通过亲自调查验证和科学研究，克服困难，最终完成在世界中医药学上具有里程碑意义的巨著。试题凸显了古代医药学研究的独特价值和积极作用，有助于引导学生正确看待传统中医药学，树立健康意识。

如：2022年历史全国乙卷第25题

盛唐洋溢着刚健丰伟、庄重博大的时代气象，这在书法艺术上亦有体现。宋代书法家米芾推崇唐代某位书法家的作品"如项羽挂甲，樊哙排突，硬弩欲张，铁柱将立，昂然有不可犯之色"。能够突出体现这一风格的书体是（　　）。

A．小篆　　　B．楷书　　　C．行书　　　D．草书

解析：本题聚焦书法艺术，描述盛唐书法中蕴含的时代气象和独特风格，彰显汉字作为传播和交流的重要工具，承载了中华文化中的传统美学理念。试题启发学生在辨识不同历史时期书法特点的基础上，培养审美领悟力和感受力，提高对美的鉴赏能力。

如:2022年历史全国甲卷第26题

宋朝海外贸易中,输出的商品主要是丝织品、瓷器、漆器、铁器等,输入的商品以香料、犀角、象牙、珊瑚、珍珠等为大宗。政府每年从海上进口贸易中获利颇丰。这表明,在宋朝(　　)。

A.进口商品成为基本生产资料　　B.开辟了海上丝绸之路

C.外贸成为国家税收主要来源　　D.手工业生产较为发达

解析:本题围绕宋代海外贸易创设情境,考查学生对我国古代手工业成就长期处于世界领先地位的认识。试题引导学生正确认识古代高度发达的物质文明和劳动人民的勤劳智慧,树立尊重劳动、热爱劳动的正确劳动观。

第二节 历史试题的编制

高考评价体系确立"核心价值、学科素养、关键能力、必备知识"为考查内容,历史学科考试内容改革依此设计,同时根据历史课程标准和高校人才选拔要求,遵循学生的认知实际和考试评价规律,科学构建历史学科考试的"四层"考查内容。在高考评价体系框架下,历史学科将考查内容学科化,编制出符合高考考查要求的本学科新高考试题。

一、核心价值为主的试题

高考评价体系提出的核心价值,是指即将进入高等学校的学习者应当具备的良好政治素质、道德品质和科学思想方法的综合。历史作为具有独特育人价值的学科,无论是高校人才选拔需求还是基础教育培养目标,都要求学生具有正确的政治立场和思想观念、正确的世界观和方法论,以及积极进取的人生态度、健全的人格。历史学科考试的核心价值应在高考评价体系倡导的核心价值下,引导学生培养人文精神、理性思维和探究意识,引导学生培养家国情怀,树立正确的国家观、民族观,形成正确的世界观、人生观、价值观,引导学生开拓视野和提高思辨能力,增强创新意识。历史学科考试应该聚焦于培养学生世界观、人生观、价值观,体现高考的教育功能和价值引领作用。

如:2019年文科综合全国卷Ⅲ第40题
阅读材料,完成下列要求。(25分)

材料一 从公元前1世纪建立,到公元4世纪末分裂,罗马帝国地跨欧、亚、非三大洲,设置行省管理意大利半岛之外的地区。罗马民族在政治上处于主导地位,意大利以外的人(希腊人除外)被称为"蛮族"。什么是罗马民族呢,那就是罗马人和意大利人,他们在语言、经济和文化上关系密切,也是共同打下帝国天下的核心力量。据一种比较适中的估计,整个帝国人口约5 400万,意大利约有人口600万。行省拥有不同程度的自治权。不断成熟的罗马法通行于帝国全境,但整个帝国的罗马化程度很浅,罗马人使用的拉丁语,在帝国东部只在政府机关和城市中通行,广大农村则仍是各自语言的世界。

——摘编自刘家和、王敦书《世界史》(古代史编上卷)

材料二 汉武帝强化中央集权,至东汉末,全国百余郡,实施统一制度、法令。通过察举制度的实施,构建起研习儒经、崇尚教化、执行统一政策的士大夫官僚队伍。汉朝盛时"编户齐民"有5 900多万人,儒家倡导的忠义孝悌等伦理,成为民众日常行为的规范。汉朝境内的百姓,不复以"燕人""齐人""秦人"相区别,而是"某郡某县"人,他们虽方言有异,却使用着统一的不因语言差异而改变的文字。经过两汉四个多世纪的统治,统一的观念深入人心,"书同文、车同轨、人同伦",在先秦以来华夏融合的基础上,汉朝境内的人们逐渐被称为"汉人"。

——据《汉书》《后汉书》等

(1)根据材料并结合所学知识,概括罗马帝国与汉朝在国家治理上的异同。(16分)

(2)根据材料并结合所学知识,简析汉朝国家治理对中国历史的意义。(9分)

解析:本题通过对汉代和罗马帝国国家治理方式的比较,强调汉代在确立中国基本疆域、强化民族认同、追求统一价值观、创立治国理政基本模式等方面的重要意义,引导学生树立正确的国家观、民族观和文化观,增强民族自信心和自豪感。

二、学科素养为主的试题

核心素养跟一般素养还是有区别的。核心素养是教学和测评的重点,但并非全部。例如,在中学历史教学和评价中,还会涉及多种多样的价值观念和价值判断,有些历史价值观就不是现有的五大核心素养所能囊括的。既然历史学科核心素养分为五类,就意味着每一类都存在层次的高低,否则就无从解释一个人的素养高低。判断一道题目是否属于对核心素养的考查有三个标准:第一是看试题内容是否体现核心价值的引领;第二是看试题对知识、能力的考查是否跟问题情境结合在一起;第三是看试题是否考查学生解决问题的能力。

高考评价体系提出的学科素养,是指即将进入高等学校的学习者在面对生活实践或学习探索问题情境时,能够在正确的思想价值观念引导下,合理运用科学的思维方式与方法,有效地整合学科相关知识,运用学科相关能力,高水平地认识问题、分析问题、解决问题的综合品质。结合历史课程标准提出的核心素养要求,同时考虑这些要求在纸笔考试中可测量的程度,提出历史学科素养包括唯物史观、时空观念、史料实证、历史理解、历史解释、历史价值观六个方面。高考历史试题坚持从多角度、多层次来考查学生的历史学科素养,引导学生适应时代发展的要求。

如:2018年文科综合全国卷Ⅲ第41题

阅读材料,完成下列要求。(25分)

材料一 19世纪40年代初,上海开始"依港兴市",租界中"华洋杂居";60年代后,上海由一个古老的县城逐渐发展成港口与商业中心;19世纪下半叶沪东、沪西、沪南等工业区形成。甲午战争后,民族资本参与上海发展,形成新的商业区。1929年,由市政府主导,建成以江湾五角场为中心的"大上海市中心区"。1949年后,上海一直是国家重要的经济中心。十一届三中全会以后,上海作为国际化大都市,世界影响力日益增强。

——摘编自张仲礼编《近代上海城市研究》等

材料二 16世纪开始,曼彻斯特从军事要塞逐渐发展成为工商业城市,1830年已有棉纺厂99家,并开通世界最早的现代化铁路。1838年,设立议会和市政府,摆脱了封建管理体制。19世纪下半期,从传统的棉纺业衍生出许多新门类,开通了通海运河,可通往世界各地。20世纪初,曼彻斯特不断与周围工业社区及城镇连接,发展为大城市。1961—1981年,因过于拥挤,人口大量外迁,老龄化日益严重,纺织业日趋衰落。20世纪后期,城市中心被废弃的工业区包围,几个大面积的旧贫民区仍然存在。

——摘编自(英)克拉潘《现代英国经济史》等

(1)根据材料并结合所学知识,概述上海和曼彻斯特发展成为近代大都市的相同因素。(9分)

(2)根据材料并结合所学知识,说明20世纪中期以后上海相对于曼彻斯特的有利发展条件。(10分)

(3)根据材料并结合所学知识,以曼彻斯特为例,简析现代城市发展中应当注意的问题。(6分)

解析:本题以上海和曼彻斯特两个城市的发展为例,对现代化进程中的城市发展及相关问题进行比较视域下的考查,要求学生概括上海和曼彻斯特作为近代大都市的相同因素和以曼彻斯特为例简析现代城市发展中应当注意的问题等,学生需要运用辩证唯物主义和历史唯物主义的基本观点说明历史现象,运用归纳、概括、比较等历史学思维方法分析问题,涉及的学科素养涵盖了时空观念、历史理解、历史解释、史料实证等。

如:2018年文科综合全国卷Ⅰ第34题

传统观点认为,英国成为工业革命发源地,是因为英国最早具备了技术、市场等经济条件;后来有研究者认为,其主要原因是英国建立了君主立宪制度;又有学者提出,煤铁资源丰富、易于开采等自然条件是其重要因素。据此可知,关于工业革命首先在英国发生的认识(　　)。

A.只能有一种正确合理的观点　　B.随着研究视角拓展而趋于全面

C.缺少对欧洲其他国家的观察　　D.后期学者研究比传统观点可信

解析:本题以学术界关于英国作为工业革命发源地的几种不同认识为切入点,要求学生客观、全面地看待历史认识,进而正确理解历史解释和历史叙述的关系。

唯物史观是揭示人类社会历史客观基础和发展规律的科学的历史观和方法论,因此需要考查学生是否掌握和辨识唯物史观的基本立场、观点和方法,认识历史的本质。

如:2019年文科综合全国卷Ⅲ第27题

乾隆时江南地主"所居在城或他州异县,地亩山场皆委之佃户"。苏州甚至出现"土著安业者田不满百亩,余皆佃农也。上田半归于郡城之富户"。由此可知,当时江南(　　)。

A.土地所有权变更极为频繁　　B.农业生产利润微不足道

C.个体农耕为主要生产形式　　D.农业中商品化生产普遍

解析:本题通过对清代江南城镇化进程的描述,要求学生运用历史唯物主义方法分析商品经济的发展,理解经济基础在社会历史发展中的决定性作用。

如:2022年历史全国甲卷第25题

西晋至唐初,皇子皇弟封王开府,坐镇地方,手握重权。唐玄宗在京城专门修建一座大宅邸,集中安置诸王,由宦官管理,称为"十王宅",又仿此建"百孙院"。此后,唐朝沿用该制度。由此可知,唐后期对皇子皇孙的安置(　　)。

A.削弱了藩镇势力　　B.强化了分封体制

C.凸显了专制集权　　D.动摇了宗法制度

解析:本题的情境设计聚焦唐代中后期的皇族管理,对学生而言相对陌生,在作答过程中,学生需要提取"集中安置诸王,由宦官管理"这一关键信息进行推理,将史实置于特定的时空尺度中进行合理解释,方能得出宦官权力依附皇权存在,宦官权力增强凸显了专制集权的正确结论。

时空观念是在特定的时间联系和空间联系中对事物进行观察、分析的意识和思维方式,因此需要考查学生掌握基本的历史时空尺度,理解划分历史时间与空间的多种方式,辨识史料中的时空信息;将史事定位在特定的历史时间和空间框架下加以叙述和概括;选择恰当的时空尺度对历史或现实问题加以分析和探究的能力。

如:2018年文科综合全国卷Ⅲ第30题

1956年,刘少奇在中共八大政治报告中指出:"我们目前在国家工作中的迫切任务之一,是着手系统地制定比较完备的法律,健全我们国家的法制。"这反映了当时(　　)。

　　A.法制建设开始迈向制度化

　　B.法制工作围绕组建新政权展开

　　C.法制建设与国内主要矛盾的变化密切相关

　　D.政治体制改革推动了依法治国的全面实行

解析:本题旨在考查"时空观念",题干节选了中共八大上刘少奇所做的政治报告,突出当时一个迫切的任务是制定比较完备的法律和健全法制;学生作答该题,需要将题干置于1956年中共八大召开的特定历史环境中进行分析,根据当时社会主义改造基本完成和社会主义制度基本建立的已有知识,推断出中国社会的主要矛盾已经发生重大变化的历史主题。

如:2019年文科综合全国卷Ⅰ第27题

明中后期,大运河流经的东昌府是山东最重要的棉花产区,所产棉花多由江淮商人坐地收揽,沿运河运至江南,而后返销棉布。这一现象产生的主要因素是(　　)。

　　A.交通方式的变革　　　　B.土地制度的调整

　　C.货币制度的改变　　　　D.地区经济的差异

解析:通过明代棉花产地与棉布生产地、营销地的往来贸易,要求学生理解特定历史时期不同空间在社会生产中的作用,进而考查学生对于明清时期区域经济的发展的理解。

史料实证是指对获取的史料进行鉴别和辨析,去伪存真,提炼有效信息并进行整合与归纳,从而提出历史认识和重现历史真实的态度、方法与能力,因此需要考查学生是否能够整理和辨析史料,鉴别史料作者的意图与目的,区分不同史料的价值,分析与整合史料的有效内容和价值,运用可靠史料论证问题,对历史形成正确、客观的理解;利用不同类型的史料,对所探究的问题进行互证。

如:2019年文科综合全国卷Ⅱ第28题

1898年,一份英文报纸报道:光绪皇帝已经遇害,"太后现在正维持着光绪名义上统治的滑稽剧,一到适当的时候,便公开宣布他的死讯"。这则报道可以用来说明当时(　　)。

A.君主立宪受到社会的广泛支持　　B.清政府加强排外活动力度

C.列强寻找干涉中国内政的借口　　D.部分西方人赞同变法活动

解析:强调新闻报道作为史料的价值,要求学生辨别史料真伪,考查其在辨别史料作者意图的基础上运用史料分析历史问题的能力。

历史理解是指对历史事实的准确把握,是认识历史的基础,因此需要考查学生是否能够概述历史事实,提炼历史叙述的要点,了解历史文本中历史事件、现象或人物之间的相互关系,知道历史文本与作者的关系,了解历史文本所述历史事实与其所处的特定历史环境的关系。

如:2019年文科综合全国卷Ⅱ第35题

苏联1970年计划完成情况　　　　　　　　　　　(单位:吨)

类别	1961年对1970年的预测或计划任务	1970年实际产量
钢	1.45亿	1.15亿
煤	3.9亿	3.35亿
肉	2 500万	1 230万
蔬菜与瓜类	4 700万	1 300万

上表可以说明当时苏联(　　)。

A.经济发展的问题积重难返　　B.经济政策保持了连续性

C.经济改革的重点转向农业　　D.社会生活需求发生变化

解析:要求学生全面、准确地理解史料信息,通过数据分析,指出苏联时期斯大林模式在产业结构方面的严重弊端。

历史解释是指以史料为依据,对历史事实进行理性分析和客观评判的态度、能力与方法,包括历史叙述、历史观点,是认识历史的重要途径,因此需要考查学生是否能够依据正确的历史观和认知方法,对历史现象及各种关联进行客观叙述;利用已有认知知识,对历史事件、历史人物、历史过程、历史叙述、历史观点及史料进行分析论证;分辨不同的历史解释,说明导致这些不同解释的原因并加以评析;独立探究历史问题,验证以往的说法或提出新的解释。

如:2019年文科综合全国卷Ⅰ第24题

据学者考订,商朝产生了17代30位王,多为兄终弟及;而西周产生了11代12位王。这反映出(　　)。

A.禅让制度的长期影响　　B.王位继承方式的变化

C.君主寿命的时代差异　　D.血缘纽带关系的弱化

解析:旨在解释商周王位继承方式的变化。

如:2019年文科综合全国卷Ⅰ第25题

汉武帝时,朝廷制作出许多一尺见方的白鹿皮,称为"皮币",定价为40万钱一张。诸侯王参加献礼时,必须购皮币用来置放礼物,而当时一个"千户侯"一年的租税收入约为20万钱。朝廷这种做法(　　)。

A.加强了货币管理　　B.确立了思想上的统一

C.削弱了诸侯实力　　D.实现了对地方的控制

解析:通过汉武帝时期朝廷为了削弱诸侯实力制作"皮币"的历史现象,解释汉武帝时期为解决财政和势力等问题所采取的措施。

如:2019年文科综合全国卷Ⅰ第41题

阅读材料,完成下列要求。(25分)

材料一

1950—1980年部分国家钢产量变化表　　（单位:万吨）

年份	中国	美国	苏联	日本
1950	61	8 785	2 733	484
1955	285	10 617	4 527	941
1965	1 223	11 926	9 102	4 116

续表

年份	中国	美国	苏联	日本
1975	2 390	10 582	14 134	10 231
1980	3 712	10 080	14 800	11 141

——摘编自《1949—1984中国工业的发展统计资料》

材料二

20世纪80年代以来,我国钢产量迅速增长,1983年达到4 002万吨,1986年达到5 205万吨,至2002年达到18 224.89万吨,钢产量已连续7年保持世界第一。2002年全行业完成固定资产投资比2001年增长39.30%,2002年重点大中型钢铁企业科技活动经费筹集总额比2001年增长33.82%。钢材品种结构继续改善,国民经济发展需要的特殊品种和高附加值品种大幅增加。

——摘编自《中国统计年鉴》等

(1)根据材料一并结合所学知识,分别说明四个国家钢产量的总体发展趋势及基本原因。(15分)

(2)根据材料二并结合所学知识,简析改革开放以来中国钢铁业发展的主要原因。(10分)

解析:该题第一问问的是"基本原因",仔细分析参考答案,就会发现已经进入到了规律层面——四个国家钢产量增长的共同原因就是"国家干预"。正是由于国家的强力干预,导致四个国家在不同年份钢的产量都增长了。

历史价值观是事实判断与价值判断的辩证统一,是从对真实历史和历史意义的追求中凝练出来的正确价值取向,考查学生的理想信念、爱国主义、品德修养、奋斗精神,以及是否能够从历史中汲取经验教训,全面、客观地认识历史。

如:2020年文科综合全国卷Ⅱ第47题

【历史——选修4:中外历史人物评说】(15分)

材料

竺可桢(1890—1974),中国杰出的科学家和教育家。1918年,他怀抱"科学救国"理想从美国回到中国。1920年,他与柳诒徵共同主持南京高等师范学校史地学部,培养了胡焕庸等一批地理学家和气象学家。1927年,筹建中央气象研究所,后出任所长,抗战前夕,中央气象研究所在各省设置40多个气象站和100多个雨量站,出版了中国气象资料,为我国的气象学奠定了基础。他认为"学理之研究重于物质之享受",于艰难环境中苦心创业。新中国成立后,竺可桢亲自主持和筹建中国科学院地理研究所,领导或指导了我国地理的综合考察、自然区划、历次地理学规划等工作。根据国家需要,他又组织了西北沙漠、西南南水北调地区以及黑龙江等省、区的考察,为国家建设提供了参考数据。

——据《竺可桢全集》等

(1)根据材料,概括竺可桢对中国科学发展的贡献。(8分)

(2)根据材料并结合所学知识,简析竺可桢取得成就的原因。(7分)

解析:本题围绕我国著名科学家竺可桢的事迹创设情境,展现其为祖国气象学、地理学、高等教育事业终生奋斗并做出杰出贡献的传奇人生,强调其"学理之研究重于物质之享受"的高尚治学理念,引导学生学习和体会个人价值的实现始终与中华民族的复兴和强盛紧密联系在一起,激发学生的奋斗精神。

三、关键能力为主的试题

所谓能力,是指顺利完成任务的稳定的心理特征。能力通常分为一般能力和特殊能力。一般能力适用于各个领域,如记忆力、想象力等。特殊能力是指在特定领域中使用的能力,如在历史学习的一些典型活动中必须运用的能力。特殊能力在学科中的体现就是关键能力。与过去的学科能力相比,关键能力除了强调学科特性外,还突出两方面的内容:一是强调能力与社会需求、时代需求的结合;二是强调终身学习能力的培养。目前,对历史学科关键能力的界定主要有两方面的依据:一是历史学科素养考查目标;二是高考历史学科考试大纲所提出的四大项能力要求。

在高考历史学科评价体系中,学科素养是考查理念和总体要求,是关键能力的理论基础;关键能力是学科素养的细化,是学科素养的具体体现。在命题实践中,学科素养发挥统领作用,关键能力是具体的考核目标,是实现学科素养考查目标的手段和媒介。高考评价体系提出的关键能力,是指即将进入高等学校的学习者在面对与学科相关的生活实践或学习探索问题情境时,有效地认识问题、分析问题、解决问题的能力。它是高水平人才培养体系必须培养的、支撑终身发展和适应时代要求的能力,是发展学科素养、培育核心价值必须具备的能力基础。

这些能力要求具有鲜明的历史学科特点,是学生在学习历史的过程中必须具备的能力,也是历史教学着力培养的、历史考试着重考查的能力,尤其是历史探究能力集中反映了高考内容改革的亮点,反映了高校人才选拔要求,反映了国家选才意志,也是高中学业水平等级性考试区别于合格性考试的最大特点。多数题目不限于考查某一种能力,而是需要学生综合运用多种方法才能准确解答。学生作答这些试题,除了需要从试题材料中获取有效信息,调动和运用所学知识外,还要具备客观叙述历史事实,运用历史唯物主义基本观点说明历史现象,准确掌握历史时序,以及运用归纳、概括、比较等历史学思维方法分析问题和正确解释历史事物的能力。

如:2018年文科综合全国卷Ⅰ第30题

1948—1949年夏,英、法、美等国通过各自渠道同中国共产党接触,试探与将要成立的新政府建立某种形式的外交关系的可能性。中共中央考虑:不接受足以束缚手脚的条件;可以采取积极办法争取这些国家承认,也可以等一等,不急于争取这些国家的承认。这反映出(　　)。

　　A.中国共产党奉行独立自主的外交政策

　　B.西方国家放弃了对国民党政权的支持

　　C.中国冲破了美国的外交孤立

　　D.新政府不急于获取国际支持

解析:本题以新民主主义革命时期英国、法国、美国等国家希望与中国共产党将要成立的新政府建立某种形式的外交关系为背景,考查学生对中国共产党外交政策的认识,不仅考查学生理解并辨析历史信息的能力,还考查其正确解释历史事实、认识历史事实本质的能力。

如:2018年文科综合全国卷Ⅰ第46题

【历史——选修3:20世纪的战争与和平】(15分)

　　材料一　在欧洲方面,德意志帝国主义集团和英法帝国主义集团之间,为了争夺对殖民地人民统治权的帝国主义大战,是迫在眉睫了。在战争中,为了欺骗人民,为了动员舆论,战争的双方都将不顾羞耻地宣称自己是正义的,而称对方是非正义的。

　　　　　　　　　——毛泽东《关于国际新形势对新华日报记者的谈话》(1939年9月)

　　材料二　这一太平洋战争,是日本法西斯为了侵略美国英国及其他各国而发动的非正义的掠夺的战争,而在美国、英国及其他各国起而抵抗的一方面,则是为了保卫独立自由与民主的正义的解放的战争……全世界一切国家一切民族划分为举行侵略战争的法西斯阵线与举行解放战争的反法西斯阵线,已经最后地明朗化了。

　　　　　　　　　——摘自《中国共产党为太平洋战争的宣言》(1941年12月)

(1)根据材料一、二,说明中国共产党对第二次世界大战性质的不同认识。(4分)

(2)根据材料一、二并结合所学知识,分别说明中国共产党产生上述两种认识的国际背景。(11分)

解析:一方面,本题选取中国共产党对第二次世界大战性质的认识作为材料,要求学生说明中国共产党认识的变化及其产生的国际背景。另一方面,题干以"第二次世界大战"为考点,考查学生对第二次世界大战爆发和演变进程的掌握,引导学生珍爱和平、以史为鉴、继往开来,培养人类命运共同体意识,培养正确的世界观、人生观和价值观。

考查获取和解读历史信息的能力,即要求学生能够对信息进行理解与辨识、概括与提炼、组织与运用。高考历史学科对阅读理解和信息加工能力的考查,注重依靠不同类别的史料(包括文献原文、数据、档案等)和多元化的素材呈现形式(如统计图表、图片、表格等),考查学生对材料信息读取、筛选、分类、归纳、提炼、阐释的能力,或要求学生在阅读理解和信息加工的基础上对史料进行去伪存真、去粗取精的处理,形成新的合理见解和客观评价。

如:2019年文科综合全国卷Ⅰ第28题

川沙县部分名人简历表

黄彬	国学生,干练有才,上海招商局创办时,章程皆其手订。
朱祖纯	监生,幼时孤苦伶仃,学习米业,中年创立朱丽记花米行。
姚光第	南邑生员,感于地方贫瘠日甚,就其家设机器轧棉厂。

上表是19世纪末20世纪初毗邻上海的川沙县部分名人的简历,说明当时国内( )。

A.科举取士转向选拔实务人才　　B.传统社会结构受到冲击

C.儒家的义利观念被抛弃　　　　D.新式工业在经济中居于主导

解析:要求学生充分获取表格中的历史信息,对材料中提到的三人的教育背景、兴办实业的经历等有效信息进行正确解读,在归纳和演绎的基础上形成综合性的信息诠释。

如:2020年文科综合全国卷Ⅰ第34题

有人描写19世纪六七十年代的巴黎:人们在巴黎内部建立了两座截然不同、彼此敌对的城市,一座是"奢靡之城",另一座是"悲惨之城",前者被后者包围。当时"悲惨之城"的形成,主要是因为( )。

A.波旁王朝的苛政　　　　B.资产阶级的贪婪

C.贸易中心的转移　　　　D.教会统治的腐朽

解析:本题引用19世纪六七十年代人们对巴黎带有文学色彩和价值判断的描述,要求学生理解巴黎被称为"悲惨之城"的时代背景和历史内涵,透过表象认识无产阶级遭受剥削和压迫的本质。

如:2020年文科综合全国卷Ⅱ第25题

敦煌莫高窟61号洞中的唐代壁画"五台山图"中有一座"大佛光之寺",梁思成、林徽因按图索骥,在山西五台山地区发现了其实物——佛光寺。这一事例说明此类壁画(　　)。

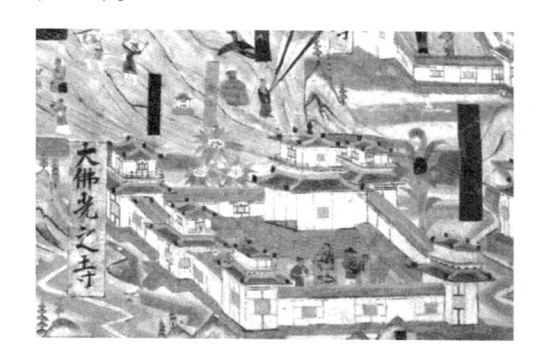

敦煌壁画中的"大佛光之寺"　　　　五台山佛光寺

A.创作源于艺术想象　　　　B.能完整还原历史真实

C.可与文化遗存互证　　　　D.价值来自学者的发掘

解析:本题采用壁画作品与文化遗存相互印证的形式,要求学生综合图文资料,提取有效信息,认识艺术作品蕴含的历史价值。

如:2020年文科综合全国卷Ⅱ第28题

1894—1914年,外国在华企业投资总额有所增加,各行业所占比例如下图所示。

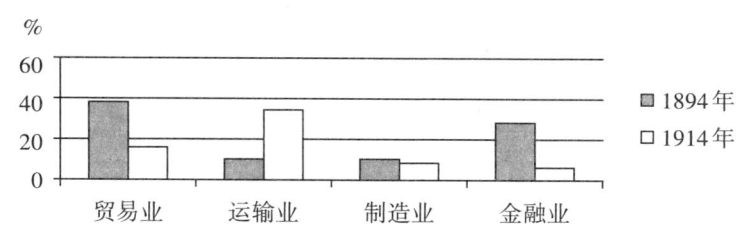

外国在华企业投资总额中各行业所占比例

据上图可知,当时( )。

A.运输业成为列强扩大权益的重要途径
B.中国的对外贸易已由逆差转向了顺差
C.国际资本垄断日益趋于和缓
D.民族企业的市场竞争力提高

解析:本题通过近代外国在华企业投资行业分布统计图,考查学生读图和提取图表中关键信息的能力。

分析历史问题的能力,即要求学生能够运用辩证唯物主义和历史唯物主义分析历史事物,运用历史思维和科学的方法分析和阐述历史事物。

如:2019年文科综合全国卷Ⅱ第45题

【历史——选修1:历史上重大改革回眸】

材料

日本明治政府成立后,推行"四民平等",中下级武士被列为士族,并在士族中占绝大多数。给士族支出的俸禄占政府财政收入的25%以上,政府负担沉重,多次采取措施进行改革,最终以30年期公债的形式,一次性解决。许多士族将所得公债债券投入到经济领域,但多因不善经营而失败,急剧没落,生活艰难,对政府极度不满。1877年,明治维新的功臣西乡隆盛在多数士族的拥戴下,发动了大规模武装叛乱,对政府构成严重威胁。政府派兵镇压,史称"西南战争"。战争历时8个月,以政府的胜利而结束。武士阶级逐渐消亡。

——摘编自(日)坂本太郎《日本史》

(1)根据材料并结合所学知识,分别说明中下级武士在明治维新前期和后期的作用及其原因。(9分)

(2)根据材料并结合所学知识,简析明治政府在"西南战争"中取胜的意义。(6分)

解析:要求学生将日本中下级武士的命运置于明治维新的历史环境中进行分析,运用比较、归纳等思维方法分析明治维新的相关问题。

考查批判性思维和辩证思维,即要求学生具有独立思考的能力,能够自觉运用分析、推理、联系、发展等方法思考和解决问题。高考历史试题结合学生实际认知水平和高中历史教学实际,强调自主发现问题、合理论证,允许学生多角度思考,在思考问题时表现出鲜明的主动性,能够对同一问题或现象得出不同的结论,甚至形成具有创新性的观点。历史学科命题借助任务驱动、增强探究与开放性、改进作答指向等手段,加强对学生批判性思维、历史辩证思维的考查。

如:2020年文科综合全国卷Ⅱ第35题

1958年,美苏签订"文化、技术和教育领域的交流协议"。两国展开了一系列文化往来,赴美的苏联学者90%为科学家、工程师,而赴苏联的美国学者90%是人文社会科学领域的专家。这表明(　　)。

A.美国旨在缓和与苏联的紧张关系　　B.经济全球化的进程进一步加快

C.冷战格局下美苏交流与对抗并存　　D.苏联旨在对美国输出先进科技

解析:本题要求学生打破传统观念对冷战的认识与评价,深入思考冷战格局下美苏之间交流与对抗的交织和外交关系的复杂性。

如:2021年文科综合全国乙卷第47题

【历史——选修4:中外历史人物评说】(15分)

材料一

冯道(882—954),"少纯厚,好学能文"。后唐、后晋、后汉、后周时,皆居高官显爵,自号"长乐老"。其自诩:"在孝于家,在忠于国。口无不道之言,门无不义之货。所愿者下不欺于地,中不欺于人,上不欺于天……非人之谋,是天之祐。六合之内有幸者,百岁之后有归所。"

——据《长乐老自叙》等

材料二

史臣曰:(冯)道之履行,郁有古人之风;(冯)道之宇量,深得大臣之体。然而事四朝,相六帝,可得为忠乎!

——《旧五代史》

材料三

予读冯道《长乐老叙》,见其自述以为荣,其可谓无廉耻者矣,则天下国家可从而知也。予于五代得全节之士三,死事之臣十有五……然使忠义之节,独出于武夫战卒,岂于儒者果无其人哉?

——《新五代史》

(1)分别概括材料一、二、三对冯道的评价。(9分)

(2)根据材料并结合所学知识,简析影响人物评价的因素。(6分)

解析:本题引用不同时期史料和不同评价者对于五代时期"长乐老"冯道的评价,这些评价有自评,有他评,评价的角度和所持的标准各不相同,体现了历史学研究对象的特点,即历史人物是客观的,但对历史人物的评价往往是多元的。试题要求学生通过对史料的梳理分析影响人物评价的因素,从不同角度着眼完整地认识和评价历史人物,从而形成客观描述历史对象的方法和途径,透过现象探究本质。

考查历史探究能力,即要求学生能够发现和提出问题、论证问题,最终得出历史结论。

如:2019年文科综合全国卷Ⅱ第42题

阅读材料,完成下列要求。(12分)

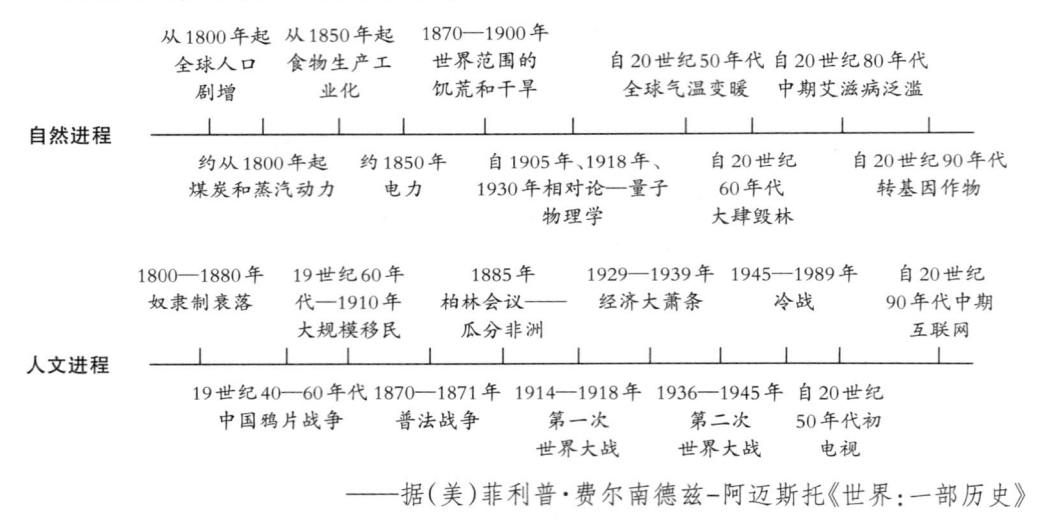

自然进程	从1800年起全球人口剧增	从1850年起食物生产工业化	1870—1900年世界范围的饥荒和干旱	自20世纪50年代全球气温变暖	自20世纪80年代中期艾滋病泛滥
	约从1800年起煤炭和蒸汽动力	约1850年电力	自1905年、1918年、1930年相对论—量子物理学	自20世纪60年代大肆毁林	自20世纪90年代转基因作物

人文进程	1800—1880年奴隶制衰落	19世纪60年代—1910年大规模移民	1885年柏林会议——瓜分非洲	1929—1939年经济大萧条	1945—1989年冷战	自20世纪90年代中期互联网
	19世纪40—60年代中国鸦片战争	1870—1871年普法战争	1914—1918年第一次世界大战	1936—1945年第二次世界大战	自20世纪50年代初电视	

——据(美)菲利普·费尔南德兹-阿迈斯托《世界:一部历史》

(注:"自然进程"是指人与自然的互动;"人文进程"是指文明与文明、人群与人群的相互作用和影响。)

有史以来,人们试图以各种方式认识历史。材料反映了一位学者对19、20世纪世界历史的认识,对此认识提出你自己的见解(赞成、质疑、修改皆可),并说明理由。(要求:见解明确,持论有据,表述清晰。)

解析:考查批判性思维,要求学生独立提出历史见解,对已有历史认识进行审辨式思考,并进行逻辑清晰的表述。

语言表达和组织论述能力,是进行历史研究、论文撰写的重要能力,影响学生今后学习、工作长远发展。高考历史试题通过增加主观题设问的针对性,加强对学生语言表达和组织论述能力的考查。

如:2020年文科综合全国卷Ⅲ第41题

阅读材料,完成下列要求。(25分)

材料一

公元前11世纪下半叶,周公东征胜利后,在广阔的征服地域内分封其亲属子弟,拓殖建"城","国人"居于城内,"野人"居于城外,他们都享有一定的政治权利,国人政治身份高于野人。西周时期的"国"指天子诸侯之都城,其建设有一套理想化的标准模式。都城必置宗庙,立社稷,建高墙,是国家的象征,秦以后两千多年都城的修建往往继承了这种规划传统。

——摘编自白寿彝总主编《中国通史》等

材料二

公元前8世纪,希腊城邦兴起,为数众多的城邦一般都建在高地或山丘上,建有城墙等防御设施。城邦大多建立了大规模的神庙,是城邦的宗教中心,城市的中心广场即市政广场是城邦社会与政治活动中心。在许多城邦,人民凭着对土地的拥有权而获得公民权,可以参与城邦公共事务的讨论和执行。城邦一般以一个城市为中心,周围有大片的农村地区,这是城邦的主要经济基础。

——摘编自黄洋等主编《世界古代中世纪史》等

(1)根据材料并结合所学知识,分别概括西周时期的都城和古希腊城邦的特点。(12分)

(2)根据材料二并结合所学知识,概括古希腊城邦兴起的历史条件。(6分)

(3)根据材料并结合所学知识,分析西周政治制度对中华文明发展的影响。(7分)

解析:本题通过罗列西周时期的都城和古希腊城邦的相关史料,要求学生比较认识二者的特点,并论述西周政治制度对中华文明的影响,考查学生面对复杂情境和多层次、连环设问时进行语言组织和逻辑表达的能力。

如:2021年文科综合全国甲卷第45题

【历史——选修1:历史上重大改革回眸】(15分)

材料

地方行政制度改革是北魏孝文帝改革的重要内容。北魏前期,在少数民族聚集的地区广设军镇,相当于州,镇下置戍,相当于郡,对所在地区实行军事控制。孝文帝为推行均田制、三长制,下令将全国分为38州,除北方边境地区外,中原各地全面裁撤镇、戍,改为州、郡、县,地方管理回归汉晋体制。孝文帝还将州、郡、县依所管地区大小、民户多少等,各分为上、中、下三等,各等级地方长官的品级不同,其下所设属员的多少也有相应的差别,规定地方长官"依户给俸",即据民户多少确定俸禄;又将州刺史带将军号的办法推而广之,各州刺史、各郡太守例加将军号,将军府僚属纳入吏部管理,实际管理一州一郡行政事务,这为隋朝时将地方官吏全部纳入朝廷管理奠定基础。"依户给俸"在孝文帝以后停用,而地方行政机构分为三等九级,到唐代一直没有改变。

——据《魏书》等

(1)根据材料并结合所学知识,概括孝文帝地方行政制度改革的主要内容。(8分)

(2)根据材料并结合所学知识,简析孝文帝地方行政制度改革的意义。(7分)

解析:本题材料介绍了北魏孝文帝在地方行政制度改革方面的一系列措施,要求学生清晰论述孝文帝行政制度改革对于树立北魏政权自身形象的意义和对隋唐大一统时期政治制度的影响,考查学生面对复杂情境和不同层次、不同思维深度的设问时,紧密围绕论题、史实,进行语言组织和逻辑表达的能力。

四、必备知识为主的试题

高考评价体系提出的必备知识,是指即将进入高等学校的学习者在面对与学科相关的生活实践或学习探索问题情境时,有效地认识问题、分析问题、解决问题所必须具备的知识。"必备知识"的概念除了强调知识的基础性外,更加强调另外两方面的内容:一是能够帮助学生解决真实生活情境和学术情境中所出现问题的知识;二是有助于学生进入高等学校后继续深造的知识。从命题操作的层面来看,必备知识有两个来源:一是高校的人才选拔要求,二是国家课程标准。对必备知识的理解,可以依据《普通高中历史课程标准(2017年版2020年修订)》的表述,确定为三点:重点内容、核心概念和关键问题。这三点也就是必备知识的分类方法。历史学科甄选必备知识的原则是有利于高考与课程标准的衔接,有利于高考与中学教学的对接,有利于学生整体把握历史知识体系。根据中学历史教学的实际,对学生掌握历史知识的要求主要是三方面:广度、深度和准确度。广度是指历史知识的掌握量,即学生记忆的历史知识越多越好。深度是指对历史知识的理解程度,即学生对历史知识理解得越透彻越好。准确度是指再认再现历史知识的准确率,即学生能够准确地说出或写出历史知识。要考查学生掌握历史知识的深度,务必跟各种能力和素养结合在一起方能进行。如果是单纯的历史知识考查,我们认为主要还是考查知识的记忆能力,那就只涉及记忆的广度和精确度。广度和精确度的层次划分是比较容易的,广度有"多"与"寡"之分,精确度有"准确""模糊""错误"之分。

《普通高中历史课程标准(2017年版2020年修订)》将课程内容分为"中外历史纲要""国家制度与社会治理""经济与社会生活""文化交流与传播"这4个主题,分别在必修课和选择性必修课中讲授。历史学科考试的知识体系对历史课程标准进行整合,按照逻辑体系进行分类,将分散在必修课和选择性必修课中相互衔接的内容组成有机的结构体系。新高考试题强调对学生认识、分析和解决历史问题所必须具备的知识和能力进行考查。

整体而言,新高考历史试题考查的知识点涵盖了中外文明,现代化历程和影响人类历史发展的重大事件、重大制度、重大现象,包括古代中国政治制度、经济发展、主流文化,近代中国的民主革命、经济结构变迁、维新思想、马克思主义传播,现代中国的政治建设、对外关系、改革开放、科技成就,古代世界的古希腊民主政治、罗马法、人文主义,近代世界的文艺复兴、资产阶级代议制、新航路开辟、世界市场,现代世界的十月革命、俄国社会主义建设、罗斯福新政、战后资本主义的发展、两极格局、全球化等。无论是主观题的问题设计还是选择题的选项设置均以高中历史必备知识为依托,对考试内容和要求进行了优化与整合,避免"偏、难、怪、深",强调考查历史学科的主干知识。

如:2018年文科综合全国卷Ⅰ第26题

北宋前中期,在今四川井研县一带山谷中,密布着成百上千个采用新制盐技术的竹筒井,井主所雇工匠大多来自"他州别县",以"佣身赁力"为生,受雇期间,若对工作条件或待遇不满意,辄另谋高就。这反映出当时(　　)。

A.民营手工业得到发展　　B.手工业者社会地位高

C.雇佣劳动已经普及　　　D.盐业专卖制度已经解体

解析:本题以"古代中国手工业的发展"为考点,考查了宋代民营手工业的发展情况。

如:2018年文科综合全国卷Ⅰ第27题

右图中的动物是郑和下西洋时外国使臣随船向明政府贡献的奇珍异兽。明朝君臣认为,这就是中国传说中的"麒麟",明成祖遂厚赐外国使臣。这表明当时(　　)。

A.对外交流促使中国传统绘画出现新的类型

B.朝廷用中国文化对朝贡贸易贡品加以解读

C.海禁政策的解除促进了对外文化交流

D.外来物品的传入推动了传统观念更新

解析:本题考查了明代的中外贸易,以明代朝贡贸易物品为线索,以书画作品为辅助呈现方式,考查学生准确掌握历史时序以及理解并辨析历史信息的能力。

如:2018年文科综合全国卷Ⅱ第32题

罗马共和国时期,平民和贵族展开了长达两个世纪的斗争,斗争的成就主要体现为其间所颁布的一系列法律。恩格斯曾评论说:"氏族贵族和平民不久便完全溶化在国家中了。"这一长期斗争的结果是(　　)。

A.贵族的特权被取消　　　　B.罗马法体系最终形成

C.公民与贵族法律上平等　　D.自由民获得相同的权利

解析:本题考查了古代罗马法的发展。

如:2018年文科综合全国卷Ⅱ第33题

下图可以用来说明,奴隶贸易(　　)。

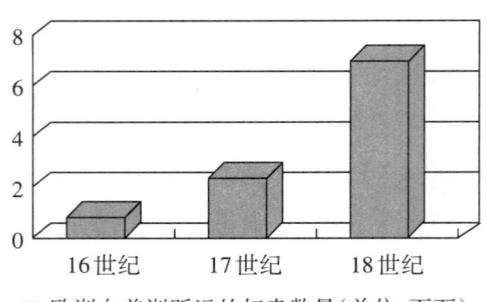

□ 欧洲向美洲贩运的奴隶数量(单位:百万)

A.是早期资本主义扩张的手段　　B.促成世界殖民体系最终确立

C.导致"日不落帝国"的产生　　　D.因白银开采的需要达到极盛

解析:本题考查了早期资本主义殖民扩张。

如:2018年文科综合全国卷Ⅱ第34题

1836年,俄国著名戏剧家果戈里发表剧作《钦差大臣》,描写的是一名小官吏路过某偏僻小城,当地人们误把他当作钦差大臣而竞相巴结、行贿。该作品(　　)。

A.抨击了资本主义政治腐败　　　B.揭露了专制体制的腐朽
C.体现了浪漫主义文学风格　　　D.讽刺了拜金主义的风气

解析:本题考查了文学作品对现实的批判。

如:2019年文科综合全国卷Ⅱ第27题

研究表明,明代大商人的资本一般为白银数十万两,多者上百万两。到清代中期,大商人的资本一般在一百万两以上,甚至多达千万两。这表明清代中期(　　)。

A.商人的地位发生根本性改变　　B.重农抑商政策明显松弛
C.商业活动的规模进一步扩大　　D.白银开始成为流通货币

解析:考查主干知识——中国古代商业经济和商品经济的发展。

如:2019年文科综合全国卷Ⅱ第32题

公元前5世纪以前,希腊哲人主要探讨的是宇宙本原等问题。其后,智者学派另提出一些命题,苏格拉底、柏拉图和亚里士多德皆有丰富的论述,希腊哲学的主题已转移到(　　)。

A.神　　　　B.自然　　　　C.人　　　　D.政治

解析:考查人文主义思想——注重人的价值的思想特点。

第三节　历史新高考测量的评价

根据国家需要的人才特征和素质教育的培养目标,高考评价体系以基础性、综合性、应用性、创新性为考查要求,历史学科考试根据学科特点,细化共同要求,制定学科化的考试要求,体现继承与发展的理念,体现鲜明的学科特点和时代性。基于这一设计,高考历史学科将考查要求学科化的同时,认识到其不仅是考查要求,也是试题质量指征,是从两个维度对学生和考试进行评价。高考历史命题以高考评价体系为依托,进一步完善顶层设计,通过科学设计试题内容与形式,着重考查学生对基础性和通用性知识的掌握、综合运用所学知识解决问题的能力以及发现问题、分析问题和价值选择与判断的能力。试题设计进一步增强了情境性、探究性和开放性,丰富了考核功能,提升了选拔效果。

近三年,国家教育考试院连续开展面向全国卷使用省份的调研,意在把握学情变化,了解师生预期。调研结果显示,部分高三学生曾数次中断线下学习,进行线上听课和复习备考,学习效果受到不同程度影响。历史学科命题组充分掌握各方因素对学情、教情、考情的影响,在保证试题选拔效果的前提下,保持难度总体稳定。一是注意合理配置不同难度试题的比例,在客观题和主观题中都能科学配置困难、中等和容易试题,使不同水平学生均能发挥真实水平,展现学习成果。二是合理设计入手题难度,尽量稳定学生在考场上的心情和预期,提升作答信心。三是科学设计主观题的设问梯度和层次,遵循问题设计由浅层概括到深度挖掘的原则,为不同水平学生提供发挥空间,使他们在作答中能有效组织语言、有话可说,增强获得感。四是优化评分标准,既避免活题死评,也克服见字给分。高考全国卷历史学科命题在能力目标、考查内容、试卷结构、题型题量、语言风格等方面尽量与前一年对标,使试题更加符合教学实际和学生心理预期,助力学生在考场上保持平稳心态。在素材选取方面,高度重视试题风貌的积极正面性,力求真实生动、贴近学生所学和社会实际,将历史学的人本理念和积极向上的时代风貌融入试题,帮助学生保持积极健康的心态。

一、基础性

基础性考查主要是考查学生对主干知识和基本理论的掌握程度,关注其今后生活、学习和工作所必须具备、不可或缺的知识、能力和素养,具体包括全面合理的知识结构、扎实灵活的能力要求和健康健全的人格素养。试题注重考查中外历史上的重大历史事件、历史现象、文明成果、重要历史人物和历史发展线索,考查基础的学科方法、能力、素养。历史试题设计切实把学科主干知识作为能力考查的主要载体,突出对基础知识和基本能力的考查,无论是考试内容比例还是分值权重,重点都在学科主干内容上,以此保障基础教育人才培养质量。此外,更加强调对学科基本概念、技能和思想方法的理解和内化。

如:2017年文科综合全国卷Ⅰ第24题

周灭商之后,推行分封制,如封武王弟康叔于卫,都朝歌(今河南淇县);封周公长子伯禽于鲁,都奄(今山东曲阜);封召公奭于燕,都蓟(今北京)。分封( )。

A.推动了文化的交流与文化认同　　B.强化了君主专制权力

C.实现了王室对地方的直接控制　　D.确立了贵族世袭特权

如:2017年文科综合全国卷Ⅱ第34题

1800年,美国总统、联邦党人亚当斯要求政见不同的内阁成员皮克林辞职,遭到皮克林拒绝,于是亚当斯将其免职。皮克林因此成为美国历史上第一位被总统免职的内阁成员。亚当斯此举( )。

A.加强了联邦政府的行政权力　　B.体现了总统与内阁之间权限不明

C.行使了宪法赋予总统的职权　　D.反映了联邦党与其他党派的斗争

解析:全国Ⅰ卷第24题以分封制为依托,全国Ⅱ卷第34题考查美国三权分立政体等,这些题目切入角度呈现多元化,但均以基础知识为考查内容,着眼于学生对知识的理解和运用。

如:2018年文科综合全国卷Ⅱ第26题

武则天时期,将中书、门下二省名称分别改为凤阁、鸾台,通过加授"同凤阁鸾台平章事"头衔,使低品级官员得以与凤阁、鸾台长官共同议政。宰相数量大增,且更替频繁。这一做法的目的是( )。

A.扩大中书、门下二省的职权　　B.为官员提供迅速晋升的机会

C.便于实现对朝政的全面控制　　D.强化宰相参政议政职能

解析:本题以主干知识"汉到元政治制度的演变"为考点,考查学生对三省六部制度演变的认识。

如:2018年文科综合全国卷Ⅲ第31题

中国乡镇企业行业分布表　　　　　　　　　　(单位:万个)

年份	农业	工业	建筑业	交通运输业	商、饮、服务业
1982	29.28	74.92	5.38	9.58	17.01
1988	23.28	773.52	95.58	372.55	623.23

上表中的数据变化说明,这一时期我国(　　　)。

A.农村剩余劳动力大量转移　　　　B.城乡一体化逐步实现

C.社会主义市场经济体制已建立　　D.工业结构趋于合理

解析:本题以"中国特色社会主义建设的道路"为考点,考查改革开放后我国市场经济的发展、农村剩余劳动力转移等问题。

如:2019年文科综合全国卷Ⅰ第45题

【历史——选修1:历史上重大改革回眸】(15分)

材料

秦朝推行的"二十等爵"制,始创于商鞅变法时为奖励军功所设立的军功爵制。汉承秦制,继续沿用"二十等爵"制,但根据实际情况有所调整。

曹魏末年,专权的晋王司马昭为取代曹魏政权,"深览经远之统,思复先哲之轨,分土画疆,建爵五等,或以进德,或以酬功",此次改革仿照《周礼》,设公、侯、伯、子、男五个等级,把爵位封授给支持司马氏的群臣。受封者获得民户数量不等的"封邑",爵位由子孙承袭。"自骑督以上六百余人皆封",由此,面向文武官员的"五等爵"制确立,通过五等爵分封,司马昭对曹魏朝廷中的大臣进行了一次比较彻底的区分,将那些倾向于司马氏的大臣与其他曹魏大臣明确区别开来,成为司马氏建立晋朝的前奏。

——摘编自杨光辉《汉唐封爵制度》等

(1)根据材料并结合所学知识,分别说明秦"二十等爵"制和曹魏末年"五等爵"制所反映的思想流派。(5分)

(2)根据材料并结合所学知识,分别概括秦"二十等爵"和曹魏末年"五等爵"的授予对象,并简析两种爵位制的各自作用。(10分)

解析:结合商鞅变法的历史知识涉及两个时代的历史情境对比,体现出情境的"复杂性",要求学生结合所学进行合理迁移,考查学生运用比较等方法分析历史问题的水平和基本能力。

如:2019年文科综合全国卷Ⅱ第46题

【历史——选修3:20世纪的战争与和平】(15分)

材料

1941年12月,太平洋战争爆发,蒋介石信心大增,表示抗战到底,并建议各友邦成立军事同盟。美、英、中等国相继对日、德、意宣战。同月,美、英两国首脑在华盛顿举行会议,商讨在远东设立中国战区,包括中国、泰国、越南等地区,由蒋介石担任最高统帅。1942年1月1日,由中、英、美、苏四国领衔的26个反法西斯国家,签署了对德、意、日共同采取行动的《联合国家宣言》,规定:签字国保证运用军事和经济的全部资源,打击共同敌人;相互合作,不得与任何敌人单独媾和,世界反法西斯统一战线正式形成。同月,中国战区统帅部成立。中国以多年独立抗日所显示的伟大力量,赢得了世界大国的地位。

——摘编自张海鹏主编《中国近代通史》等

(1)根据材料并结合所学知识,概括设立中国战区的背景。(6分)

(2)根据材料并结合所学知识,说明中国战区设立的意义。(9分)

解析:结合抗日战争和第二次世界大战的相关知识,要求学生理解中国战区建立的原因和意义,强调对主干知识和基本能力、素养的考查。

二、综合性

综合性考查是指考查学生对必备知识与关键能力、学科素养、核心价值的融会贯通,能否形成具备内在逻辑联系的整体网络。综合性体现在历史价值观与社会主义核心价值观的有机结合、历史知识体系的内部联系,强调历史各分支内容的相互交叉与渗透,要求学生能够触类旁通、举一反三;能够综合运用历史学科的知识、理论和方法,从多角度、多层次进行观察,思考历史事件,发现问题、分析问题和解决问题。试题设计更加注重素材选取的普遍性,突出知识之间的联系和体系,要求学生能够基于试题情境深入思考,整合所学知识和史料线索,得出自己的观点和结论。要求学生能够综合运用学科知识、思维方法,多角度观察、思考,发现、分析和解决问题。高考历史试题考查学生对历史知识的整合和迁移能力,在题目设计中做到古今贯通、中外结合,并以问题为导向,对知识与能力、理论与方法、情感态度与价值观进行分层、综合、有效的考查。

如:2017年文科综合全国卷Ⅰ第41题

阅读材料,完成下列要求。(25分)

材料一 在专制王权下的法国,国王曾自视为民族的代表,路易十四声称"朕即国家""朕即民族"。启蒙思想家主张人民主权,抨击君主专制,阐述了与之相适应的民族思想:一个民族可以没有国王而将国家治理得井井有条,相反,一个国王若无国民则不存在,更不必说治理国家了,甚至表示"专制之下无祖国"。在法国大革命中,人们认为法兰西民族的成员不仅居住在同一地域、使用相同的语言,而且相互之间是平等的,全体法国人组成法兰西民族。一般认为,法国大革命是法兰西民族诞生和民族主义形成的标志。

——摘编自李宏图《西欧近代民族主义思潮研究》

材料二 盖民族主义,对于任何阶级,其意义皆不外免除帝国主义之侵略。其在实业界,苟无民族主义,则列强之经济的压迫,致自国生产永无发展之可能。其在劳动界,苟无民族主义,则依附帝国主义而生存之军阀及国内外之资本家,足以蚀其生命而有余。故民族解放之斗争,对于多数之民众,其目标皆不外反帝国主义而已。

——《中国国民党第一次全国代表大会宣言》(1924年)

(1)根据材料一并结合所学知识,说明法国大革命对近代民族主义形成的促进作用。(8分)

(2)根据材料一、二并结合所学知识,概括国民党"一大"《宣言》中的民族主义与近代法国民族主义内涵的相同之处,并说明不同之处及其产生的原因。(17分)

解析:本题提供了法国大革命和近代中国对于民族主义的阐述,采取多层次设问方式,使不同水平的学生均有发挥空间,具有"古今贯通、中外关联"的厚重大气感。该题要求学生在获取信息的基础上综合运用知识进行深入思考,分别说明两种阐述的内涵及产生原因,综合考查了联系、判断、概括、说明、比较、评价等学科方法,体现了"历史问题现实思考,现实问题历史借鉴"的学科特点。

如:2018年文科综合全国卷Ⅲ第28题

英国科学家赫胥黎的《进化论与伦理学及其他》认为不能将自然的进化论与人类社会的伦理学混为一谈。但严复将该书翻译成《天演论》时,"煞费苦心"地将二者联系起来,提出自然界进化规律同样适用于人类社会。严复意在(　　)。

A.纠正生物进化论的错误　　B.为反清革命提供理论依据

C.传播"中体西用"思想　　D.促进国人救亡意识的觉醒

解析：本题要求学生解释严复在将赫胥黎的《进化论与伦理学及其他》翻译为《天演论》时"煞费苦心"地将生物进化论与人类社会联系起来的目的，学生需联系所学近代中国的民族危机、维新思想和辛亥革命的相关知识进行适当整合和迁移方能作答。

如：2018年文科综合全国卷Ⅱ第29题

1923年底，孙中山认为："俄革命六年成功，而我则十二年尚未成功，何以故？则由于我党组织之方法不善，前此因无可仿效。法国革命八十年成功，美国革命血战八年而始得独立，因均无一定成功之方法。惟今俄国有之，殊可为我党师法。"其意在（　　）。

A.走苏俄革命的道路　　　　B.放弃资产阶级代议制
C.加强革命的领导核心　　　D.改变反封建的斗争目标

解析：本题题干材料涉及俄国革命、法国革命、美国革命成功的历史经验与教训，需要学生综合中外历史知识全面考量，才能深刻理解孙中山讲话的内在含义。

如：2019年文科综合全国卷Ⅱ第31题

1979—1981年，中国减少粮食播种面积5 000万亩，有计划地扩大了经济作物的种植面积，在有条件的地方还开始逐步退耕还林还牧，鼓励农村在经济合理原则下举办社队企业。这些政策（　　）。

A.推动了农村经济结构的调整　　B.加快了私营企业发展
C.完善了家庭联产承包责任制　　D.健全了市场经济体制

解析：本题要求结合经济学相关知识分析改革开放史。

三、应用性

应用性是指运用必备知识、关键能力和学科素养解决实际问题，发挥历史学科的应用价值。应用性体现在运用历史学科的知识和能力发现问题、分析问题、解决问题；运用正确的价值观和方法论，总结历史经验教训，为现实提供有意义、有价值的借鉴；从现实出发，回溯历史，探究历史，形成对现实问题的正确认识，提高改造现实世界的能力，强调历史最为实际的应用功能。

如：2018年文科综合全国卷Ⅰ第28题

甲午战争时期，日本制定舆论宣传策略，把中国和日本分别"包装"成野蛮与文明的代表，并运用公关手段让许多欧美舆论倒向日方。一些西方媒体甚至宣称，清政府战败"将意味着数百万人从愚蒙、专制和独裁中得到解放"。对此,清政府却无所作为。这反映了(　　)。

  A．欧美舆论宣传左右了战争进程　　B．日本力图变更中国的君主政体
  C．清政府昏庸不谙熟近代外交　　　D．西方媒体鼓动中国的民主革命

解析:以甲午战争期间清政府与日本在舆论宣传策略方面态度差异的对比,引导学生正确认识近代外交宣传在引导国际舆论、争取国际社会理解和支持等方面的重要性。"铭记伤痛是为了警醒",历史昭示我们,舆论领域的斗争是极为重要和复杂的。当前,国际环境局势复杂多变,我国周边环境也充满危机和挑战,一旦爆发危机事件,我们必须首先抢占舆论制高点,牢牢掌握主动权、快速反应、沉着应对,开展舆论斗争。

如:2019年文科综合全国卷Ⅰ第46题
【历史——选修3:20世纪的战争与和平】(15分)

材料
  苏德战争爆发后,开辟第二战场成为苏、美、英三国外交活动的重要内容之一。英国极力拖延第二战场的开辟,它的战略是首先保卫大不列颠的安全,维护其海上运输线。而只有控制住北非、地中海和中东地区,英国才可能实现上述战略目的。这其中,北部非洲的战略地位极为重要。谁控制了北非、苏伊士运河和直布罗陀海峡,谁就掌握了地中海这条重要的海上航运线。第二次世界大战之前,利比亚是意大利的殖民地,毗邻的埃及受英国控制。墨索里尼为实现其建立"新罗马帝国"的梦想,极力要把英国势力赶出北非和地中海。1942年6月,德意军队越过埃及边界,向亚历山大港和开罗逼近。由此,爆发了阿拉曼战役。
                ——摘编自王绳祖《国际关系史》

(1)根据材料并结合所学知识,概括阿拉曼战役爆发的背景。(9分)
(2)根据材料并结合所学知识,简析阿拉曼战役的意义。(6分)

解析:以第二次世界大战中的阿拉曼战役为素材,引导学生以史为鉴,珍惜和平。

四、创新性

  创新性是指创造性地运用必备知识、关键能力、学科素养和核心价值,发现新问题、运用新方法、得出新认识。创新性体现在对史料进行新的解释和新的运用,对历史事物之间的联系进行新的发掘;对已有的历史观点、方法与历史结论进行批判性思考,得出新结论;运用创新思维,利用历史学知识和方法回应现实问题。

要求学生要具有独立思考能力,能够自觉运用批判性和探究性思维方法。高考历史试题结合中学教学实际及学生认知发展水平,强调发现问题、合理论证,要求学生在思考问题时表现出鲜明的主动性,形成创新性的观点和结论。试题通过创新设计,增强情境的探究性和设问的开放性,允许学生从多角度思考,对同一问题或现象可以得出不同的结论,使学生能够从标准答案的束缚中解放出来,发展他们的个性,增强他们的探究意识。

如:2017年文科综合全国卷Ⅲ第41题

阅读材料,完成下列要求。(12分)

材料

近代中国接触的西洋"除了强大的武力,尚有别具一格的政治组织、经济力量、高度文化,一旦彼此短兵相接,中国的藩篱为之突破,立国基础为之震撼"。面对这"旷古未有的变局",中国"应付的困难就从此开始了,但前途放大光明、得大幸福的希望亦即寄托在这个大变化上"。

——摘编自吕思勉《中国通史》等

围绕材料,结合中国近代史的具体史实,自拟论题,并就所拟论题进行阐述。(要求:明确写出论题,阐述须史论结合。)

解析:本题为开放性试题,考查学生独立提出历史观点、论证历史问题和得出结论的能力。本题题干材料是关于中国近代史发展特征的若干论述,学生可以选择中国近代史的任意一个角度作为切入点,自拟论题,并围绕论题进行逻辑清晰和有一定深度的阐述。本题关于中国近代史的论述较为宏观,学生可选论题的余地较大,但所拟论题与题意的切合程度及阐述的思路、逻辑和深度会有高低之分,呈现出论证问题能力的差异,能够较好地考查学生在唯物史观的指导下运用学科思维和方法发现问题、分析问题和解决问题的能力。此外,本题采用等级评分制,根据不同维度划分得分区间,并在评分标准中给出示例,增强了评卷的可操作性。

如:2019年文科综合全国卷Ⅲ第41题

材料

《汤姆叔叔的小屋》描写了美国内战前奴隶制下黑人奴隶的悲惨命运。主人公黑奴汤姆是一位虔诚的基督教徒,逆来顺受,受尽折磨而死。该书是第一部被翻译成中文的美国小说,并被多次搬上话剧舞台。

《汤姆叔叔的小屋》翻译与改动的部分情况

《黑奴吁天录》(1901年译)	译者称"非代黑奴吁也",鉴于"为奴之势逼及吾种","为振作志气,爱国保种之一助";删除了原著中部分宗教思想较浓的内容,增加反映孔孟思想的内容。
话剧《黑奴吁天录》(中国留日学生改编,1907年)	黑人奴隶奋起反抗奴隶主的残暴统治,为了独立和自由,手持长枪与奴隶主殊死搏斗,最后胜利出逃。
话剧《黑奴恨》(1961年上演)	突出汤姆的阶级觉悟,最后一幕安排他因反抗而遭受火刑,临死前发表痛斥殖民者罪行和鼓舞被压迫者抛弃幻想、争取民族解放斗争的演说。

——据陈白尘、董健主编《中国现代戏剧史稿》等

从材料中提出一个论题,结合所学知识,加以论述。(要求:论题明确,持论有据,表述清晰。)

解析:本题采用了创新的呈现方式和设问方式,要求学生围绕《汤姆叔叔的小屋》在中国不同历史时期的翻译和改编情况,独立提出观点,并结合所学知识运用恰当方法进行论证,鼓励学生主动思考,强调见解的独到性。

第四节　历史新高考试题情境的评价

试题情境是指呈现问题的模式和背景环境,包括与题目内容相关的文化、环境、活动等,是实现学科考查目的和考查要求的载体。情境可以是客观存在的,也可以是抽象的:如果试题情境取材于实际现象或已经发生的事实,那么情境就是现实的、客观的;如果试题情境源自学科知识,那么情境就是抽象的、学科化的。情境化试题有利于考查学生在问题情境中的知识掌握程度,更能精准考查学生分析问题、解决问题的能力。

根据历史学科的学科特点和试题情境的复杂程度,历史学科试题情境可以分为简单情境、综合情境和复杂情境:简单情境是指对历史素材的基本理解,其材料信息构成单一,问题指向是显性的,方法和路径是展现的,作答指向是材料和已有知识的对应;综合情境是对素材的理解、分析、整合与论述,其材料的信息构成多样,问题指向是显性和多维度的,方法和路径需要比较、概括和说明,作答指向需要叙述和论证;复杂情境是指对素材的解释、辨析、探究与实证,其材料的信息构成复杂,问题指向是多维度和多层级的,方法和路径需要分析和论证,作答指向需要现实材料、观点、论述和历史价值观的有机统一。学生能否应对和解决陌生的、复杂的、开放性的真实问题,是检验其学业水平的重要标准。

历史学科试题情境按照素材又可以分为四类:一是学习情境,指在历史学习中遇到的问题,包括史料、图表、历史叙述、史论等问题;二是生活情境,指在现实生活中遇到的与历史有关的问题,包括长辈的回忆、影视剧、名胜古迹中的问题等;三是社会情境,指对社会问题的历史考察,包括社会风俗的来源、国际争端中的历史背景问题等;四是学术情境,指历史学术研究中的问题,包括历史学家对某一历史问题有多种看法等。

历史学科的试题情境是学科前沿与社会生活的融合,是科学性和专业特色的高度体现,是教育功能和测量功能的高度统一。情境的各种类型既可以各自独立呈现,也可以复合呈现,复合呈现具有综合性的特点。历史学科试题的情境对历史教学具有引导意义,是历史学科评价的必要依据和重要标准。高考历史试题在考查历史学科基本思维能力和方法的基础上,通过增强情境的探究性和设问的启示性、开放性,考查学生独立思考和分析、解决问题的能力。以解决历史问题的水平和运用知识探究历史的能力作为衡量学生水平、服务高校选拔的重要标准,从而通过考试促进批判性、创新性思维能力的培养,达到提升历史与现实认识水平的目的。

(一)通过考试升华对历史与现实的认识

如:2018年文科综合全国卷Ⅲ第46题

【历史——选修3:20世纪的战争与和平】(15分)

材料

德国侵占捷克斯洛伐克后,欧洲紧张局势不断加剧,英法两国酝酿对德实行经济封锁。英国成立经济作战部,开始从陆地到海洋,从武器、军备到石油、机械甚至牲畜,对德实行全面经济封锁。1939年11月,英法成立经济协调委员会,其主要任务是共同派代表团到海外进行采购军火和战略原料的谈判,试图以优惠购买政策阻止战略物资流入德国。英法两国海军对中立国港口向德国转运的货物进行检查,扣留数百艘德国在海外的商船。为了切断对方和保护自己的经济供应线,敌对双方在北海和北大西洋多次展开海战。截止到1940年4月,英法击沉德国潜艇及其他舰只多艘。经济封锁使德国的进口额下降到战前的43%。

——摘编自(英)利德尔·哈特《第二次世界大战史》等

(1)根据材料,概括英法对德施行经济封锁的措施。(9分)

(2)根据材料并结合所学知识,简析英法对德采取经济封锁的作用。(6分)

解析:本题以第二次世界大战期间英法两国对德国采取经济封锁的历史情境设计题目,引导学生深入理解经济制裁与当下国际关系的相关问题。

(二)广泛选材,丰富情境

如:2018年文科综合全国卷Ⅰ第25题

据学者研究,唐朝"安史之乱"后百余年间的藩镇基本情况如下所示。

"安史之乱"后百余年间唐朝藩镇基本情况表

藩镇类型	数量(个)	官员任免	赋税供纳	兵额与功能
河朔型	7	藩镇自擅	不上供	拥重兵以自立
中原型	8	朝廷任命	少上供	驻重兵防骄藩
边疆型	17	朝廷任命	少上供	驻重兵守边疆
东南型	9	朝廷任命	上供	驻兵少防盗贼

由此可知,这一时期的藩镇(　　)。

A.控制了朝廷财政收入　　B.彼此之间攻伐不已

C.注重维护中央的权威　　D.延续了唐朝的统治

解析:本题提供了唐朝"安史之乱"后百余年间的藩镇基本情况表,学生须提取图表中的有效信息,并进行必要的综合与概括。

如:2018年文科综合全国卷Ⅲ第45题

【历史——选修1:历史上重大改革回眸】(15分)

材料

19世纪后期,近代警察制度从西方传入中国。清代社会治安由八旗、绿营、衙役以及保甲、团练等承担。近代湖南治安尤难,地方官向来重视,戊戌变法时期,湖南维新运动颇为活跃。1898年,湖南按察使黄遵宪在巡抚陈宝箴的支持下,参照日本警察制度与租界巡捕制度,在省城长沙创设了湖南保卫局。根据《湖南保卫局章程》,保卫局由官商合办,职责是"去民害,卫民生,检非违,索罪犯"。其机构设置实行三级体制,即总局、分局、小分局。戊戌变法失败后,湖南保卫局被清廷裁撤。

——摘编自韩延龙等《中国近代警察史》

(1)根据材料并结合所学知识,简析湖南保卫局创建的原因。(8分)

(2)根据材料并结合所学知识,说明湖南保卫局相对于以前的治安机构有何不同。(7分)

解析:本题简要描述了戊戌变法时期湖南保卫局的成立与裁撤,材料摘编自学者著述,内容所涉及的中国古代治安体制和近代警察制度对学生来说是新颖的,通过创设新情境考查学生调动所学历史知识获取和解读历史信息以及运用归纳、概括、比较等方法分析问题的能力。

如：2022年历史全国甲卷第34题

蒸汽机发明后，日益成为欧美国家雇佣大农场机器动力的重要来源，需要多人协同操作。20世纪初，农业机器的使用变得个人化、小型化，家庭农场在劳动生产率方面缩小了与雇佣大农场的差距，后者日趋衰落。这一系列变化表明（　　）。

A. 内燃机的应用改变农业生产组织形式

B. 农业技术发展导致失业人口大量增加

C. 蒸汽机成为农业生产的机器动力来源

D. 农业生产效率的提高依赖于生产规模

解析：以第二次工业革命中内燃机的发明和应用为考查点，试题的落脚点并没有落在常见的交通运输业和石油化工工业领域，而是另辟蹊径，将情境创设重点集中在内燃机推动农业生产组织形式的变化和农业生产的进步方面，考查学生对两次工业革命特点的深度理解辨析和对蒸汽机、内燃机在促进生产力发展方面的作用的掌握情况，体现了灵活迁移所学知识的考查要求。

（三）考查独立发现、分析和解决问题的能力，引导学生提高自主学习能力

如：2018年文科综合全国卷Ⅰ第42题

阅读材料，完成下列要求。（12分）

材料

英国作家笛福创作的小说《鲁滨孙漂流记》出版于1719年，其中许多情节反映了世界近代早期的重大历史现象，小说梗概如下：

鲁滨孙出生于英国一个生活优裕的商人家庭，渴望航海冒险。他在巴西开办了种植园，看到当地缺少劳动力，转而去非洲贩卖黑奴。在一次航海途中，鲁滨孙遇险漂流到一座荒岛上。他凭借自己的智慧和力量，制造工具，种植谷物，驯养动物，经过十多年，生活居然"过得很富裕"。宗教信仰是支撑鲁滨孙的重要力量，且是"在没有别人的帮助和教导下，通过自己阅读《圣经》无师自通的"。后来，鲁滨孙救出一个濒临被杀的"野人"，岛上居民也有所增加，整个小岛是他的个人财产。鲁滨孙获救回国后，还去"视察"过他的领地。

结合世界近代史的所学知识，从上述梗概中提取一个情节，指出它所反映的近代早期重大历史现象，并概述和评价该历史现象。（要求：简要写出所提取的小说情节及历史现象，对历史现象的概述和评价准确全面。）

解析：本题材料选取自小说《鲁滨孙漂流记》，小说的情节不仅能够反映出近代早期新航路开辟和大航海时代殖民扩张、奴隶贸易等重大史实，也折射出文艺复兴、宗教改革等许多历史文化现象，试题将阅读文学作品与分析历史现象联系在一起，强调对学生完整思维过程的考查。通过开放式设问，引导学生从多个角度入手发现问题，最大限度地发挥自身优势和特长进行思维发散，运用透过历史现象看本质和独立得出历史结论的能力。

如：2019年文科综合全国卷Ⅰ第42题

阅读材料，完成下列要求。(12分)

材料

凡读本书请先具下列诸信念：

一、当信任何一国之国民，尤其是自称知识在水平线以上之国民，对其本国已往历史，应该略有所知。

二、所谓对其本国已往历史略有所知者，尤必附随一种对其本国已往历史之温情与敬意。

三、所谓对其本国已往历史有一种温情与敬意者，至少不会对其本国已往历史抱一种偏激的虚无主义，亦至少不会感到现在我们是站在已往历史最高之顶点，而将我们当身种种罪恶与弱点，一切诿卸于古人。

四、当信每一国家必待其国民具备上列诸条件者比数渐多，其国家乃再有向前发展之希望。

——钱穆《国史大纲》(1940)

评析材料中的观点(任意一点或整体)，得出结论。(要求：结论不能重复材料中观点，持论有据，论证充分，表述清晰。)

解析：体现出情境的"开放性"，允许学生灵活运用所学知识回答，对所持论据的来源是完全开放的。

如：2019年文科综合全国卷Ⅰ第33题

有研究认为，美国独立后不到半个世纪，拉丁美洲经过独立战争，推翻了殖民统治，但拉美国家并没有像近邻美国那样独立后进入现代化的快车道，而是发展停滞，究其原因，殖民统治难辞其咎。"难辞其咎"主要是指殖民者在拉丁美洲(　　)。

A.奴役掠夺土著居民　　　　B.建立的殖民统治最早

C.进行了大量的移民　　　　D.移植了本国生产方式

解析:涉及两个地域,未用拉丁美洲的历史来解释拉丁美洲发展停滞的现状,而是通过对比美国与拉丁美洲的历史来解释,体现出情境的"复杂性"。稍有争议的是,有人认为本题内容超纲,但美国与拉丁美洲的不同道路是高校教学的重点内容,从"依据高校人才选拔要求"来看,也可以成立。

如:2022年历史全国甲卷第35题

1951年,美国黑人团体民权大会向联合国发起请愿活动,指控美国政府对黑人犯有种族灭绝罪行。美国政府指责请愿活动是共产主义的宣传,并寻找支持政府的黑人来驳斥这些指控。这反映出当时(　　)。

A.美苏两极对峙格局的正式形成

B.民权大会的指控缺乏事实依据

C.美国对待种族问题的态度受冷战意识影响

D.美国政府对国内的种族平等问题漠不关心

解析:以冷战初期美国黑人团体民权组织向联合国指控美国政府犯有种族灭绝罪行的历史事实创设情境,以黑人问题为切入点考查美苏冷战,要求学生对历史现象做出正确识别和判断,深入理解冷战思维在美国政治、经济、文化等领域的渗透,把握美苏冷战实质。

(四)探索多种题型多元开放

高考历史在开放性试题以外的综合性试题和选考模块试题中也增加了开放性设问。这样的试题设计有助于引导高中教学改变追求唯一标准答案、总结答题套路等重复、机械、固化的训练方式和备考模式,把学习、思考的主动权还给学生。

如:2021年文科综合全国甲卷第41题

阅读材料,完成下列要求。(25分)

材料一

中华人民共和国成立前夕,美国制定了严格管制对华贸易的政策。尽管英国也要"防止共产主义的扩张",但由于香港是东亚的转口贸易中心,英国不愿对除军火外的其他物资实行严格控制。在美国的一再施压下,英国同意对战略物资实行有选择的禁运。朝鲜战争结束后,包括英国在内的盟国要求放松对华贸易管制,但美国这一政策在艾森豪威尔任内一直保持下来。

——摘编自陶文钊等《中美关系史》

材料二

1955年,对外贸易部部长讲道,五年多来,我们在中央和毛主席正确领导下,贯彻了和继续贯彻着下列基本政策:进口与出口政策必须贯彻发展生产促进国家工业化的原则;稳步发展同苏联和各人民民主国家的贸易,同时根据平等互利的原则采取争取利用与斗争、分化相结合的策略,积极开展对资本主义国家的贸易;加强国营对外贸易企业,实行对私营进出口商的社会主义改造。

——摘编自《中华人民共和国经济档案资料选编》

材料三

中国进出口贸易总额计划完成情况　　　　单位:亿元

	1950	1952	第一个五年计划时期				
			1953	1954	1955	1956	1957
进出口国别总额合计	41.54	64.61	80.92	84.72	109.80	108.65	104.50
苏联及人民民主国家 其中:苏联	13.94 12.86	52.50 40.44	62.44 47.82	69.39 49.07	90.16 68.02	81.60 57.91	77.00 51.86
亚非及西方国家 其中:西方国家	27.60 14.87	12.11 1.59	18.48 7.08	15.33 5.01	19.64 7.42	27.05 9.69	27.50 11.37

——据《中华人民共和国经济档案资料选编》

(1)根据材料一、二并结合所学知识,分析20世纪50年代前期美英对华贸易政策存在异、同的原因。(10分)

(2)根据材料三,概括1950—1957年中国进出口贸易的特征。(7分)

(3)根据材料并结合所学知识,评价20世纪50年代前期中国的对外贸易政策。(8分)

解析:本题第三问是在前两问分析、提炼的基础上设计的开放性问题,重点考查学生评价历史问题的情感、态度、价值观,引导学生从民族国家立场思考问题,清醒认识国际形势的复杂性,树立正确的历史观、世界观、价值观。

如:2022年历史全国乙卷第42题

阅读材料,完成下列要求。(12分)

材料

解读史料,获得历史认识,探寻史料表象背后的意蕴,是历史学的魅力所在。下表为史书所载东汉时期几位良吏的事迹。

姓名	任职地	事迹
刘陵	安成（今属江西）	先时多虎，百姓患之，皆徙他县。陵之官，修德政，逾月，虎悉出界去，民皆还之。
法雄	南郡（今属湖北）	（郡）多虎狼之暴，前太守赏募张捕，反为所害者甚众。雄乃移书属县曰："凡虎狼之在山林，犹人民之居城市。古者至化之世，猛兽不扰。皆由恩信宽泽，仁及飞（禽）走（兽）……其毁坏槛阱，不得妄捕山林。"是后虎害稍息，人以获安。
刘平	全椒（今属安徽）	县多虎为害，平到修政，选进儒良，黜贪残，视事三月，虎皆渡江而去。
童恢	不其（今属山东）	民尝为虎所害，乃设槛捕之，生获二虎。恢闻而出，咒虎曰："天生万物，唯人为贵……汝若是杀人者，当垂头服罪；自知非者，当号呼称冤。"一虎低头闭目，状如震惧，即时杀之。其一视恢鸣吼，踊跃自奋，遂令放释。吏人为之歌颂。

——据《后汉书》等

阐述从上述材料中发现的历史现象，并得出一个结论。（要求：现象源自材料，结论明确，史论结合，表述清晰。）

解析：本题选取《后汉书》等史籍中关于东汉良吏与老虎相关的四段材料，要求学生自行发现历史现象，并得出结论。学生既可以将史料作为真实历史记录，就良吏与地方治理、历史时期老虎分布地域、老虎活动与生态环境、虎患与地方社会经济发展关系等问题得出结论，也可以质疑史料的真实性，对历史文献中的非真实记叙加以讨论，还可以思考"苛政猛于虎"的政治文化理念对史书记录特定人物事迹的影响。该题在材料呈现、设问形式上皆有创新，信息主题集中且扩散性强，对高中历史教学中的史料教学和核心素养培养也具有积极意义。

参考文献

[1]中华人民共和国教育部.普通高中历史课程标准(2017年版2020年修订)[M].北京:人民教育出版社,2020.

[2]束鹏芳.中学历史教学评价[M].长春:东北师范大学出版社,2005.

[3]陈伟国,何成刚.历史教育测量与评价[M].北京:高等教育出版社,2003.

[4]张大均.教与学的策略[M].北京:人民教育出版社,2003.

[5]约翰·杜威.经验与教育:汉英双语版[M].盛群力,译.北京:中国轻工业出版社,2016.

[6]李龙.教学过程设计[M].呼和浩特:内蒙古人民出版社,2000.

[7]张春兴.教育心理学[M].杭州:浙江教育出版社,2008.

[8]李雁冰.课程评价的新途径:教育鉴赏与教育批评——艾斯纳的课程评价观再探[J].外国教育资料,2000(4):14-18.

[9]安超.艾斯纳质性评价理论述评[J].教育测量与评价,2015(8):4-10.

[10]南纪稳.量化教学评价与质性教学评价的比较分析[J].当代教师教育,2013,6(1):89-92.

[11]黄静.高中历史课堂教学评价的应用研究——以聊城市三所高中为例[D].聊城:聊城大学,2022.

[12]段芳林.核心素养背景下高中历史课堂教学评价指标设计研究[D].黄石:湖北师范大学,2022.

[13]刘鑫.高中历史课堂教学评价实践研究[J].高考,2021(3):57-58.

[14]张权.基于核心素养的高中历史课堂评价策略研究[D].杭州:杭州师范大学,2020.

[15]李楚.高中历史教师课堂评价用语的策略研究[D].杭州:杭州师范大学,2019.

[16]方霞.对高中历史课堂评价标准的反思[J].教学与管理,2016(4):49-51.

[17]谢丽贞.高中历史课堂教学中的评价策略探讨[J].新校园(中旬刊),2015(6):87.

[18]李明铭.高中历史课堂教学评价研究[D].重庆:西南大学,2013.

[19]代育国.试论高中历史课堂教学如何给学生评价历史的机会[J].新课程(教育学术),2012(5):60.

[20]仁钦琼妮.谈高中历史课堂评价[J].西藏教育,2012(4):38-39.

[21]刘军.历史教学的新视野[M].北京:高等教育出版社,2003.

[22]于友西.中学历史教学法[M].3版.北京:高等教育出版社,2009.

[23]张铁城.行远自迩——提高中学历史课堂教学有效性的实践和研究[M].北京:世界图书出版公司,2022.

[24]周海华,周熙.教育评价及评价体系[M].南宁:广西教育出版社,1989.

[25]钟启泉.现代课程论:新版[M].上海:上海教育出版社,2003.

[26]徐奉先.基于高考评价体系的历史科考试内容改革实施路径[J].中国考试,2019(12):59-64.

[27]黄牧航,张庆海.历史学科核心素养分类分层测评标准例析[J].历史教学(上半月刊),2019(15):3-12.

[28]黄牧航,张庆海.论历史学科核心素养的分类分层测评模型[J].历史教学(上半月刊),2019(13):9-15.

[29]刘芳,王辉,成学江.基于学科核心素养的高考历史命题例说[J].中国考试,2017(4):34-43.

[30]徐奉先.构建科学考查体系 助力学生全面发展——2022年高考全国卷历史试题述评[J].历史教学(上半月刊),2022(15):3-8.

[31]徐奉先.传承红色基因 把握历史规律——2021年高考历史试题述评[J].历史教学(上半月刊),2021(13):7-12.

[32]教育部考试中心.知史爱国 读史明智——2020年高考历史全国卷试题评析[J].中国考试,2020(8):52-56.

[33]教育部考试中心.深化考试内容改革 凸显学科育人功能——2019年高考历史试题评析[J].中国考试,2019(7):29-33.

[34]教育部考试中心.激扬家国情怀 传承时代精神——2018年高考历史试题评析[J].中国考试,2018(7):36-42.

[35]教育部考试中心.落实立德树人根本任务 推进历史学科考试改革——2017年高考历史试题评析[J].中国考试,2017(7):32-35.

[36]教育部考试中心.中国高考评价体系[M].北京:人民教育出版社,2019.

[37]教育部考试中心.中国高考评价体系说明[M].北京:人民教育出版社,2019.

[38]徐蓝,朱汉国.普通高中历史课程标准(2017年版)解读[M].北京:高等教育出版社,2018.

[39]徐蓝.普通高中课程标准(2017年版)教师指导[M].上海:上海教育出版社,2020.